Ceffinato
Strafrecht BT/1

Strafrecht BT/1

Delikte gegen die Person
und die Allgemeinheit

von

Dr. Tobias Ceffinato

Staatsanwalt
Privatdozent
an der Universität Bayreuth

2. Auflage 2022

C.H.BECK

www.beck.de

ISBN 978 3 406 77596 3

Wilhelmstraße 9, 80801 München
Druck: Druckerei C. H. Beck Nördlingen
(Adresse wie Verlag)

Satz: DTP-Vorlagen der Autoren
Umschlaggestaltung: Druckerei C. H. Beck Nördlingen

chbeck.de/nachhaltig

Gedruckt auf säurefreiem, alterungsbeständigem Papier
(hergestellt aus chlorfrei gebleichtem Zellstoff)

Vorwort

In den vier Jahren, die seit Erscheinen der ersten Auflage vergangen sind, waren sowohl der Gesetzgeber (man denke an die Ausgliederung des tätlichen Angriffs auf Vollstreckungsbeamte in § 114 StGB, die Erweiterung bspw. der Beleidigungsdelikte im Zuge der Bekämpfung der Hasskriminalität oder die Neuschaffung des § 315d StGB) als auch die Rspr. (etwa zur Sterbehilfe oder zum mittelbaren Gebrauch einer verfälschten Urkunde) überaus geschäftig. Die Neuauflage wurde deshalb grundlegend aktualisiert und in diesem Zuge auch erweitert, um dem vielfachen Wunsch Studierender der Anfangssemester nach einer umfassenderen Darstellung nachzukommen. Die Grundkonzeption der beiden Bücher zum Besonderen Teil des Strafrechts wurde dabei beibehalten.

Bayreuth/Leipzig, September 2021 *Tobias Ceffinato*

Vorwort zur 1. Auflage

Das vorliegende Buch richtet sich in erster Linie an Examenskandidaten und Referendare. Es soll den unmittelbar vor dem Examen stehenden Kandidaten eine Möglichkeit zur schnellen und komprimierten Wiederholung des examensrelevanten Stoffes im Strafrecht BT/1 bieten. Zugleich soll es den am Beginn der Examensvorbereitung stehenden Studierenden/Referendaren bei der eigenen Standortbestimmung behilflich sein. Das Buch will deshalb fundierte Lernhilfe und Arbeitsmittel sein und ausdrücklich nicht klassisches wissenschaftliches Lehrbuch. Das zugrundeliegende Konzept ist dabei maßgeblich auf selbstreflektiertes und -kritisches Arbeiten ausgerichtet und wurde im Bayreuther Crashkurs für Examenskandidaten im Strafrecht und Strafprozessrecht über mehrere Jahre erprobt und verfeinert.

Ausgehend von der Struktur der jeweiligen Delikte werden deren einzelne Tatbestandsmerkmale mitsamt der dort verorteten Problematiken dargestellt und im Anschluss durch aktuelle Entscheidungen des Bundesgerichtshofs in die konkrete Klausursituation eingekleidet. Dabei wurde bewusst darauf verzichtet, die Fälle auf Einzelprobleme bzw. die im jeweiligen Kapitel behandelten Delikte zu reduzieren. Der Aufbau des Buches folgt der Häufigkeit des Vorkommens der einzelnen Delikte in den Staatsprüfungen.

Den nachweislich größten Erfolg bei der Arbeit mit diesem Konzept wird derjenige erzielen, der sich die Lösungen der jeweiligen Fälle in Eigenleistung erarbeitet und nicht im Anschluss an die Fallangabe lediglich zur Kenntnis nimmt.

Diejenigen, denen bei dieser kritischen Durcharbeit des Buches Fehler auf- oder Verbesserungsvorschläge einfallen, bitte ich herzlich, mir diese unter Jurakompakt@beck.de mitzuteilen.

Bayreuth, Februar 2017 *Tobias Ceffinato*

Inhaltsverzeichnis

Abkürzungsverzeichnis

aA	andere Ansicht
Abs.	Absatz
Aufl.	Auflage
BGH	Bundesgerichtshof in Strafsachen
Bsp.	Beispiel
bspw.	beispielsweise
BVerfG	Bundesverfassugsgericht
bzw.	beziehungsweise
ders.	derselbe
dh	das heißt
ggf.	gegebenenfalls
ggü.	gegenüber
hM	herrschende Meinung
idR	in der Regel
insb.	insbesondere
iSd	im Sinne des
Lit.	Literatur
mM	Mindermeinung
Rspr.	Rechtsprechung
S.	siehe/Seite
st.	ständige
vgl.	vergleiche

Literaturübersicht

Lehrbücher

Arzt/Weber/Heinrich/Hilgendorf, Strafrecht Besonderer Teil, 4. Aufl. 2021

Eisele, Strafrecht Besonderer Teil I, Straftaten gegen die Person und die Allgemeinheit, 6. Aufl. 2021

Hohmann/Sander, Strafrecht Besonderer Teil, 4. Aufl. 2021

Kindhäuser/Schramm, Strafrecht Besonderer Teil I, Straftaten gegen Persönlichkeitsrechte, Staat und Gesellschaft, 9. Aufl. 2020

Kleszewski, Strafrecht Besonderer Teil, 2016

Maurach/Schröder/Maiwald/Hoyer/Momsen, Strafrecht Besonderer Teil, Teilband 1, Straftaten gegen Persönlichkeits- und Vermögenswerte, 11. Aufl. 2019, Teilband 2, Straftaten gegen Gemeinschaftswerte, 10. Aufl. 2013

Otto, Grundkurs Strafrecht, Die einzelnen Delikte, 7. Aufl. 2005

Rengier, Strafrecht Besonderer Teil II, Delikte gegen die Person und die Allgemeinheit, 22. Aufl. 2021

Roxin, Strafrecht Allgemeiner Teil, Band II, 2003

Wessels/Hettinger/Engländer, Strafrecht Besonderer Teil I, 44. Aufl. 2020

Kommentare

Cirener/Rissing-van Saan/Radtke/Rönnau/Schluckebier, Leipziger Kommentar, Strafgesetzbuch, 12., teilw. 13. Aufl. 2020 ff.

Erb/Schäfer, Münchener Kommentar, Strafgesetzbuch, 3., teilw. 4. Aufl. 2020 ff.

Fischer, Strafgesetzbuch, 68. Aufl. 2021

Kindhäuser/Neumann/Paeffgen, Nomos Kommentar, Strafgesetzbuch, 5. Aufl. 2017

Lackner/Kühl, Strafgesetzbuch, 29. Aufl. 2019

Satzger/Schluckebier/Widmaier, Strafgesetzbuch, 5. Aufl. 2021

Schönke/Schröder, Strafgesetzbuch, 30. Aufl. 2019

Ausbildungsliteratur

Bosch, Übungen im Strafrecht, 8. Aufl. 2017

Jäger, Examens-Repetitorium Strafrecht Besonderer Teil, 8. Aufl. 2019

Kudlich, PdW Strafrecht Besonderer Teil I, Delikte gegen die Person und die Allgemeinheit, 5. Aufl. 2021

Fallübersicht

Kapitel 1. Mord und Totschlag

Literatur: *Bosch* Jura 2015, 803; *Ceffinato/Kalb* JA 2014, 878; *Kühl* JuS 2010, 1041; *Satzger* Jura (JK), 2017, 115; *Trück* JZ 2013, 179.

Das Erfolgsdelikt des Totschlags hält mit der kausalen und vorsätzlichen Verursachung des Todes eines Menschen keine Spezifika des Besonderen Teils bereit. Und auch der hieran anknüpfende Mordtatbestand ändert mit seinen durch Rspr. und Lehre geformten Mordmerkmalen an diesem Befund zunächst nichts. Die Prüfungsschwerpunkte liegen bei diesen Delikten daher regelmäßig auch nicht im Besonderen, sondern im Allgemeinen Teil, wie etwa im Bereich objektiver und subjektiver Zurechnungsprobleme oder der Strafbarkeit von Beteiligten bei Verwirklichung von Mordmerkmalen durch einen (anderen) Täter. 1

Hinweis: Dies bedeutet keineswegs, dass die Prüfung der Tötungsdelikte einfach zu handhaben wäre. Die Menge an (aufhebenden) Revisionsentscheidungen in diesem Bereich zeigt (unbesehen von Fehlern im Rahmen der Beweiswürdigung) vielmehr, dass die Vorgaben des BGH oft nicht eingehalten werden. Grundstein für eine erfolgreiche Subsumtion ist deshalb auch hier Strukturkenntnis der einzelnen Norm, die sich in folgendem einfachen Schema niederschlägt. 2

A. Prüfungsschema im Einheitsaufbau

Prüfungsschema: § 212 StGB [§ 211 StGB] 3

I. Tatbestand

1. Objektiver Tatbestand

   a) Erfolg (Tod eines Menschen = Erlöschen der Hirnströme)

   b) Tathandlung (Tun oder Unterlassen eines Garanten)

   c) Kausalität iSd Äquivalenztheorie

   d) Objektive Zurechnung

[e) Objektive Mordmerkmale der 2. Gruppe]

2. Subjektiver Tatbestand

a) Vorsatz bzgl. I. 1.

[b) Subjektive Mordmerkmale der 1. und 3. Gruppe]

II. Rechtswidrigkeit

III. Schuld

B. Die einzelnen Prüfungspunkte

I. Erfolg

4 Der Erfolg als solcher ist der verursachte Tod eines Menschen. Das menschliche Leben beginnt mit dem Einsetzen der Eröffnungswehen bzw. bei einer operativen Entbindung mit der Eröffnung des Uterus zum Zweck der dauerhaften Trennung des Kindes vom Mutterleib (BGH NJW 2021, 645). Der Grund der zeitlichen Vorverlagerung gegenüber dem Zivilrecht ist der Schutz des Neugeborenen vor Fahrlässigkeit während des Geburtsvorgangs; vor diesem Zeitpunkt kommt nur eine Strafbarkeit wegen Schwangerschaftsabbruchs in Betracht. Das Lebensende tritt mit dem Erlöschen der Hirnströme ein. Nach diesem Zeitpunkt kommt ein Totschlag nicht mehr in Betracht, allenfalls ein Leichenfrevel.

II. Tathandlung

5 Tathandlung ist die kausale Verursachung des Todes eines Menschen, die einem Täter als sein eigenes Verhalten zurechenbar sein muss. Ausführungen zu diesem Punkt sind regelmäßig nur im Grenzbereich zwischen Tun und Unterlassen veranlasst. Die hM fragt in diesem Fall danach, ob der Schwerpunkt der Vorwerfbarkeit in einem Tun oder einem Unterlassen zu erblicken ist (eine mM will – wenig klarer – auf den Energieeinsatz abstellen), was freilich das Ergebnis bereits voraussetzt und deshalb einen klassischen Zirkelschluss beschreibt. Überzeugender ist es demgegenüber ausgehend von der objektiven Zurechnungslehre nach demjenigen Verhalten des Täters zu fahnden, von welchem die Gefahr für das Rechtsgut ausgeht.

6 **Beispiel:** A und B begehen einen Wohnungseinbruchdiebstahl. Beim Einsteigen in das Fluchtfahrzeug wird B durch den Wachschutz angeschossen. A steuert das Fahrzeug noch außer Sichtweite, flüchtet dann aber zu Fuß weiter, B

überlässt er seinem Schicksal, obwohl dieser bei Verbringung in ein Krankenhaus mit an Sicherheit grenzender Wahrscheinlichkeit hätte gerettet werden können. B verstirbt.

Mit dem Verlassen des Fahrzeugs hat A sicherlich Energie aufgewendet. Im Hinblick auf das beeinträchtigte Rechtsgut Leben des B ist aber entscheidend, dass A nichts zu dessen Erhaltung unternommen hat. Denn die Gefahr an der Schussverletzung zu versterben hat sich deshalb realisiert, weil A den B nicht in ein Krankenhaus verbracht hat.

Problematisch im Hinblick auf die Abgrenzung von Tun und Unterlassen sind insbesondere die berühmten Fälle des **Abbruchs von Rettungshandlungen**: 7

1. Das Opfer O ist in einem zugefrorenen See eingebrochen. Der des Weges kommende Spaziergänger S erkennt das Unglück, unternimmt jedoch nichts, um O zu retten. O ertrinkt.
   S hat sich durch das Unterlassen der Rettung des O einer unterlassenen Hilfeleistung nach § 323c StGB schuldig gemacht.
2. S ist der Vater des Opfers.
   Die natürliche Verbundenheit zwischen Vater und Sohn begründet eine Schutzgarantenstellung des S. Sein für den Tod des O kausales Unterlassen führt bei bestehender Erfolgsabwendungsmöglichkeit (ist S Nichtschwimmer muss er nicht zu seinem Sohn ins Wasser, wohl aber versuchen Hilfe zu holen o.ä.) zu dessen Strafbarkeit nach den §§ 212, 13 I StGB.
3. S wirft dem Opfer einen Rettungsring zu und zieht ihn, bevor O diesen erreichen kann, wieder weg.
   S ist strafbar wegen unterlassener Hilfeleistung, § 323c StGB. Ein Totschlag durch aktives Tun käme nur in Betracht, wenn S eine neue Gefahr für O geschaffen oder die bereits bestehende gesteigert hätte. Da der Rettungsring das Opfer noch nicht erreicht hat, hat S indes keine neue Gefahr für O begründet. Vielmehr hat er nur seine eigene Rettungsaktion wieder rückgängig gemacht, weshalb die Situation dieselbe ist, wie wenn er überhaupt nichts in die Wege geleitet hätte. Anders wäre nur zu entscheiden, wenn O bereits den Rettungsring zu fassen bekommen hätte (bzw. dieser auf O zutreiben würde), weil dann durch den S die bereits existent gewordene Rettungsmöglichkeit aktiv zunichtegemacht worden wäre.
4. S schlägt den Passanten Y, der dem O gerade einen Rettungsring zuwerfen wollte, nieder.
   Nach der hM ist S Täter eines Totschlags an O durch aktives Tun (neben der Körperverletzung gegenüber Y). Begründen lässt sich dies damit, dass S eine akut gewordene Rettungschance für den O zunichtegemacht hat und damit die bereits bestehende Gefahr des Ertrinkens erhöht hat (BGHSt 64, 135).

III. Kausalität

8 Kausalität ist gegeben, wenn die Handlung des Täters nicht hinweggedacht werden kann, ohne dass der Todeserfolg in seiner *konkreten* Gestalt mit an Sicherheit grenzender Wahrscheinlichkeit entfällt (conditio sine qua non-Formel). Folgende stets wiederkehrenden (und keineswegs rein akademischen) Sonderfälle sollten gerade im Bereich der Tötungsdelikte bekannt sein.

1. Hypothetische Kausalität

9 A erschießt B. Hätte A ihn nicht erschossen, wäre er von einem Auto überfahren worden: Die Ursächlichkeit des A für den Tod des B wird nicht berührt; die hypothetische Kausalität ist unerheblich.

2. Überholende Kausalität

10 A gibt dem B ein langsam wirkendes Gift. Bevor das Gift seine Wirkung entfalten kann, kommt der C und erschießt den B: Die Handlung des A kann hinweggedacht werden, ohne dass der Erfolg entfällt, weil sie durch die von C gesetzte Ursache überholt wurde. Die Annahme eines vollendeten Totschlags des A ggü. B scheitert damit nicht erst an der objektiven Zurechnung (vorsätzliches Dazwischentreten eines Dritten), sondern bereits an der Kausalität. Es bleibt nur eine Strafbarkeit des A wegen versuchten Totschlags (vgl. auch BGH NStZ 2016, 664).

11 Nicht hierher gehört der Fall, in welchem A den von ihm lebensgefährlich verletzten B liegen lässt, der nunmehr vom des Weges kommenden C erstochen wird. Hier führt das Hinwegdenken der Handlung des A nicht dazu, dass der Erfolg in seiner konkreten Gestalt (Tötung des bereits am Boden liegenden, wehrlosen B durch den C) entfällt. Die Zweithandlung baut, anders als oben, auf der Ersthandlung auf, die bis zum Erfolg fortwirkt (BGH BeckRS 2020, 20164). Es handelt sich vielmehr um ein Problem der objektiven Zurechnung, da es nicht in der Erstgefahr angelegt ist, dass ein Dritter die Situation vorsätzlich ausnutzt.

3. Kumulative Kausalität

12 A und B geben dem C unabhängig voneinander 1g Gift. Erst eine Menge von 2g Gift ist für einen Menschen tödlich. Die Verabreichung jeder einzelnen Menge Gift ist erforderlich um den Tod herbeizuführen, kann also nicht hinweggedacht werden. Allerdings ist eine objektive Zurechenbarkeit nicht gegeben, weil jeder Täter nur die Gefahr von 1g Gift begründet hat. Konkret: Es ist nicht die Gefahr von 1g Gift, dass man an 2g stirbt! Anders ist zu entscheiden, wenn die Täter ge-

meinsam und im Wissen voneinander gehandelt haben. § 25 II StGB eröffnet hier die Möglichkeit einer Zurechnung der einzelnen Tatbeiträge.

4. Alternative Kausalität

A und B geben C unabhängig voneinander und zu derselben Zeit eine jeweils tödliche Menge Gift in die Suppe. Denkt man hier die Handlung hinweg, bleibt der Erfolg bestehen, da jeder der Täter eine tödliche Menge Gift verabreicht hat; die Äquivalenztheorie versagt. Die hM behilft sich ergebnisorientiert mit einer Modifizierung der Formel dahingehend, dass die Handlung alternativ, aber nicht kumulativ hinweggedacht werden kann. Da jede Giftmenge für sich besehen geeignet war den Erfolg herbeizuführen, hat auch jeder Täter die Gefahr des Todes begründet. 13

5. In dubio pro reo

A schlägt ihrem Ehemann B mit der Bratpfanne mehrmals auf den Kopf und entfernt sich. Danach kommt die Tochter T und schlägt noch einmal auf den Kopf des regungslos am Boden liegenden B. Zum Abschluss schlägt die A später noch einmal auf Bs Kopf. Es ist unklar, welcher der Schläge zum Tode führt (BGH NJW 1966, 1823). 14

T ist nicht wegen vollendeten Totschlags strafbar. In dubio pro reo kann ihre Handlung hinweg gedacht werden, ohne dass der Erfolg entfällt, da zu ihren Gunsten davon auszugehen ist, dass die ersten Schläge bereits den Erfolg herbeigeführt haben. Es bleibt nur ein versuchter Totschlag nach §§ 212, 22, 23 I StGB.

A hingegen war kausal für den Tod des B. Als Erstverursacherin können ihre Schläge nicht hinweggedacht werden, ohne dass der Tod entfällt. Selbst wenn die Schläge der T den Tod herbeiführten, konnten diese in ihrer konkreten Gestalt nur deshalb ausgeführt werden, weil B durch die ersten Schläge bereits regungslos am Boden lag (vgl. Rn. 11). Fraglich ist aber, ob der Erfolg auch zurechenbar ist. Zu Gunsten der A ist nämlich davon auszugehen, dass erst die Schläge der Tochter die Todesgefahr begründet haben. Anders als in der Konstellation eines Verkehrsunfalls ist es auch nicht die typische Gefahr eines Schlages mit der Bratpfanne auf den Kopf, dass das Opfer durch die von einer dritten Person verübten Schläge stirbt (aA vertretbar). Auch hier bleibt nur die Annahme eines versuchten Totschlags.

Keine Zweifel sollen nach der Rspr. allerdings verbleiben, wenn zwar die Kausalität einer Ursache für einen Erfolg nicht positiv nachgewiesen werden kann, aber sämtliche anderen in Betracht kommenden 15

Quellen nach dem gegenwärtigen Stand von Wissenschaft und Technik als erfolgsverursachend ausgeschlossen werden können (BGHSt 37, 106).

IV. Objektive Zurechnung

16 Ein naturalistisch verstandener Kausalitätsbegriff, als einzige Verbindung zwischen Tathandlung und Erfolg, würde aufgrund seiner Weite zu teilweise widersinnigen Ergebnissen führen. IRd Korrektivs der **objektiven Zurechnung** ist nach der hL deshalb danach zu fragen, ob der Täter eine Gefahr für das Rechtsgut Leben begründet oder erhöht hat, die sich auch im Erfolg realisiert hat. An dieser Stelle besteht ein weiteres Einfallstor für das Strafrecht AT, da sämtliche Konstellationen der Unterbrechung des Zurechnungszusammenhangs (wichtig: der Kausalverlauf kann nie unterbrochen werden, weil es sich um etwas Faktisches handelt, das entweder vorliegt oder nicht) hier auftreten können.

17 Die Rspr. löst diese Fälle bekanntlich über die Vorsatzabweichung, indem sie fragt, ob eine wesentliche Abweichung des tatsächlichen vom vorgestellten Kausalverlauf besteht (*Wessels/Beulke/Satzger* Rn. 260).

1. Risikoverringerung

18 Gemeint sind diejenigen Konstellationen, in denen der Täter zwar ursächlich für eine Rechtsgutsbeeinträchtigung (bspw. der körperlichen Unversehrtheit) wurde, hierdurch aber die Beeinträchtigung eines höherwertigen Rechtsguts (bspw. des Lebens) abgewendet hat. Ein solcher Fall liegt insbesondere nicht vor, wenn eine Mutter ihr Kind aus dem Fenster eines brennenden Hauses in ein Sprungtuch der Feuerwehr wirft und das Kind dabei verstirbt, weil von der Mutter eine *neue* Gefahr geschaffen wurde. Die Mutter ist aber nach § 34 StGB gerechtfertigt, denn der Grad drohender Gefahren ist unterschiedlich.

2. Rechtmäßiges Alternativverhalten

19 **Fall 1** (nach BGH NStZ 2013, 231): Tibor (T) schaut gerne mal tief ins Glas und setzt sich danach noch ans Steuer seines Pkw. So auch in der Tatnacht. Der stark angetrunkene T (1,3 ‰), der sich seiner Alkoholisierung und Beeinträchtigung seiner Fahrtüchtigkeit bewusst war, hatte gerade seine Stammkneipe verlassen und befuhr mit seinem Pkw mit einer Geschwindigkeit von 40–50 km/h eine

Hauptstraße. Aufgrund einer Baustelle war die aus Fahrtrichtung des T linke Fahrspur gesperrt. Der Verkehr wurde mittels einer Ampelanlage geregelt. Auf dieser Fahrspur stand ein Nachtbus an der roten Ampel. Der dunkel gekleidete Otmar (O) stieg an dieser Stelle aus dem Bus und betrat die dunkle Fahrbahn hinter dem Bus, ohne sich zu vergewissern, ob die Straße frei war. T erfasste O ungebremst. Dieser wurde durch den Aufprall schwer verletzt und blieb auf der Fahrbahn liegen. O war erst eine Sekunde vor dem Aufprall zu sehen. T hatte ihn überhaupt nicht bemerkt, weil er sich nach einem heruntergefallenen Feuerzeug gebückt hatte. T fuhr unbeirrt weiter, wobei er billigend in Kauf nahm, einen Menschen angefahren zu haben, der sich in Lebensgefahr befand und seine Hilfe benötigte. O erlitt schwere Verletzungen, u. a. ein geschlossenes Schädelhirntrauma Grad I und Blutungen. In einer Eingabe an das Gericht trägt der Anwalt Listig (L) des T vor, dass der Unfall auch für einen nüchternen Autofahrer nicht zu vermeiden gewesen wäre. Strafbarkeit des T?

A. Das Geschehen bis zum Unfall

I. § 316 I StGB

1. T führte sein Kfz im Straßenverkehr. Erforderlich ist, dass jemand das Kfz in Bewegung setzt oder es unter Handhabung seiner technischen Vorrichtungen während der Fahrbewegung lenkt. Das Anlassen des Motors oder das Lösen der Bremsen genügen nicht für das Führen.

2. Fahruntüchtigkeit infolge des Genusses alkoholischer Getränke

Der Täter muss sich zum Tatzeitpunkt in einem Zustand befinden, in dem er nicht in der Lage ist, das Fahrzeug sicher zu führen.

Relative Fahruntüchtigkeit ist gegeben ab **0,3‰** <u>und</u> alkoholbedingter Ausfallerscheinung. Nicht jeder individuelle Fahrfehler beruht dabei aber auf einer Ausfallerscheinung. So passieren auch in nüchternem Zustand zuweilen Unfälle durch Auffahren.

Absolute Fahruntüchtigkeit bedeutet Unwiderleglichkeit des Indizwerts der Blutalkoholkonzentration, dh der Gegenbeweis des Täters, er sei noch fahrtüchtig gewesen, ist unzulässig. Sie ist erreicht ab **1,1‰** bei Führern von Kraftfahrzeugen bzw. ab 1,6‰ bei Radfahrern.

Hier: T ist ohne weitere Feststellungen aufgrund seiner 1,3‰ infolge des Genusses alkoholischer Getränke nicht in der Lage gewesen, sein Kfz sicher zu führen.

3. T handelte vorsätzlich, da er sich bereits bei der Fahrt vor dem Unfall seiner Fahruntüchtigkeit bewusst gewesen ist.

II. § 229 StGB

1. Der Erfolg der Körperverletzung ist mit den schweren Verletzungen des O eingetreten.

2. Kausalität zwischen Handlung und Erfolg. Die Trunkenheitsfahrt kann nicht hinweggedacht werden, ohne dass der Erfolg entfiele.

3. Objektive Sorgfaltspflichtverletzung bei objektiver Voraussehbarkeit des Erfolgs. Die Sorgfaltspflichtverletzung liegt bereits in der Verwirklichung der Trunkenheitsfahrt (§ 316 I StGB) begründet. Ebenso war für einen objektiven Dritten voraussehbar, dass es aufgrund der bestehenden (hohen) Alkoholisierung des T zu Schädigungen Dritter kommen konnte.

4. Pflichtwidrigkeitszusammenhang zwischen Sorgfaltspflichtverstoß und Erfolg?

Die von T durch die Trunkenheitsfahrt begründete Gefahr hat sich dann nicht im Erfolg realisiert, wenn dieser auch bei rechtmäßigem Alternativverhalten nicht vermeidbar gewesen wäre. Es ist also danach zu fragen, ob bei rechtmäßigem Alternativverhalten der Erfolg mit an Sicherheit grenzender Wahrscheinlichkeit entfallen wäre. Es handelt sich damit um die ausnahmsweise Beachtlichkeit eines hypothetischen Kausalverlaufs.

Der BGH bestätigt in der dem Fall zugrundeliegenden Entscheidung seine umstrittene Rspr., wonach bei der Prüfung, ob ein Verkehrsunfall für einen alkoholbedingt fahruntüchtigen Kraftfahrer vermeidbar war, nicht darauf abzustellen ist, ob der Fahrer im nüchternen Zustand den Unfall bei Einhaltung derselben Geschwindigkeit hätte vermeiden können. Maßgeblich sei vielmehr bei welcher geringeren Geschwindigkeit er noch seiner herabgesetzten Reaktionsfähigkeit hätte Rechnung tragen können und ob es auch bei dieser Geschwindigkeit zu dem Unfall gekommen wäre. Da T auch bei einer herabgeminderten Geschwindigkeit selbst im Falle eines auch dann unvermeidbaren Anstoßes zumindest geringere Verletzungen des O bewirkt hätte, sei ein Pflichtwidrigkeitszusammenhang gegeben.

Dem ist nicht zuzustimmen. Das rechtswidrige Verhalten (Trunkenheit) ist durch ein hypothetisch rechtmäßiges (0‰) zu ersetzen. Bei diesem rechtmäßigen Alternativverhalten wäre der Erfolg aber nicht mit an Sicherheit grenzender Wahrscheinlichkeit entfallen, da

O erst eine Sekunde vor dem Aufprall überhaupt zu sehen war und bei Berücksichtigung einer auch bei einem nüchternen Fahrer anzusetzenden Reaktionszeit und einer angemessenen Geschwindigkeit der Unfall zumindest in dubio pro reo nicht vermieden worden wäre. Der BGH hingegen wählt den Anknüpfungspunkt für das rechtmäßige Alternativverhalten anders, wenn er nach einer für den alkoholisierten Zustand angemessenen Geschwindigkeit fragt. Eine solche kann es jedoch nicht geben, da es, wie § 316 StGB zeigt, für eine Alkoholisierung von 1,3‰ überhaupt keine angemessene Geschwindigkeit gibt. Deshalb ist das Verhalten, an welches der BGH anknüpft, gerade nicht rechtmäßig, sondern allenfalls weniger rechtswidrig, was der aufgestellten Prämisse widerspricht.

Erg.: T hat sich nicht nach § 229 StGB schuldig gemacht (aA vertretbar).

III. § 315c I Nr. 1a, III Nr. 1 StGB

1. T hat im Verkehr in fahruntüchtigem Zustand ein Fahrzeug geführt (s.o.).

2. Eine konkrete Gefahr für das Leben des O ist eingetreten und hat sich sogar in der Verletzung seiner körperlichen Unversehrtheit realisiert.

3. Zurechnungszusammenhang zwischen missbilligtem Verhalten und Gefahrerfolg („dadurch" = Pflichtwidrigkeitszusammenhang)? Die konkrete Gefahr muss Folge der Tathandlung sein, dh im Fall von § 315c I Nr. 1 StGB Folge der Fahruntüchtigkeit. Zu fragen ist deshalb danach, ob ein nüchterner Fahrer bei sonst gleichbleibenden Umständen die Gefährdung hätte vermeiden können. Verbleibende Zweifel führen dabei zu einem Freispruch nach dem Grundsatz in dubio pro reo.

Erg.: T hat sich nicht wegen einer vorsätzlichen Gefährdung des Straßenverkehrs strafbar gemacht (aA wiederum vertretbar).

B. Das Geschehen nach dem Unfall

I. §§ 211, 212, 22, 23 I, 13 I StGB

1. Vollendung ist nicht eingetreten; O wurde gerettet. Versuchter Mord ist strafbar, weil es sich um ein Verbrechen handelt (§ 12 I und III StGB).

2. Vorbehaltloser Tatentschluss, dh T müsste Vorsatz bzgl. der Tötung des O gehabt und die Umstände, die eine Garantenposition begründen, erfasst haben.

a) T erkannte, dass er O angefahren hatte und dieser sich in Lebensgefahr befand.

b) Garantenstellung aus vorangegangenem gefährlichem Tun (Ingerenz)?

Der BGH geht in der vorliegenden Entscheidung vom Vorliegen einer Garantenstellung aus. Er begründet dies folgendermaßen: „Es liegt nahe, daß der Angeklagte angesichts seines alkoholisierten Zustands zu schnell gefahren ist und dadurch pflichtwidrig den Unfall oder jedenfalls schwere Verletzungen des Nebenklägers verursacht hat. In diesem Fall wäre ohne weiteres eine Garantenstellung des Angeklagten gegeben." Dies ist in Anbetracht der Bejahung des Zurechnungszusammenhangs im Bereich des § 229 StGB nur konsequent, da dann die Trunkenheitsfahrt als pflichtwidrig eingestuft werden kann.

Hat man den Pflichtwidrigkeitszusammenhang der fahrlässigen Körperverletzung verneint, würde die Annahme einer Garantenstellung aus Ingerenz eine Befürwortung der sog. Verursachungstheorie bedeuten, wonach es für die Annahme von Ingerenz ausreicht, dass T für die Gefahrentstehung kausal geworden ist. Dies erscheint jedoch nicht sachgerecht, weil sich vorliegend gerade nicht die unerlaubte Gefahr der Alkoholisierung im Erfolg realisiert hat; der Erfolg wäre auch bei Fahren in nüchternem Zustand eingetreten.

Erg.: Mangels Garantenstellung hat sich T nicht wegen versuchten Totschlags durch Unterlassen strafbar gemacht. Folgt man hingegen dem BGH, ist sogar ein versuchter Mord durch Unterlassen in Verdeckungsabsicht zu bejahen.

Zusatz: In einem Examensfall war das Opfer nach dem Aufprall sofort tot. Der Täter wusste dies nicht und fuhr, um nicht entdeckt zu werden, weiter. Hier scheidet ein vollendeter Totschlag durch Unterlassen aus, da der Tod nicht durch Unterlassen eingetreten ist. Zu prüfen bleibt ein untauglicher Versuch.

II. §§ 221 I Nr. 2, III, 22, 23 I StGB

(Ob der Versuch des erfolgsqualifizierten Delikts strafbar ist, wenn der Versuch des Grunddelikts nicht unter Strafe steht, ist sehr umstritten. Der Grund hierfür liegt in der dann strafbegründenden Wirkung der besonderen Folge).

Vollendung ist nicht eingetreten, da O bereits schwer verletzt war, als T weiterfuhr. Es fehlt am Zurechnungszusammenhang („dadurch"). Mangels Obhutspflicht des T (s.o.) ist auch eine versuchte Aussetzung mit Todesfolge zu verneinen.

III. § 316 I StGB

Ein Unfall im Straßenverkehr stellt nach der st. Rspr. eine Zäsur innerhalb einer Trunkenheitsfahrt dar, weshalb mit dem Entschluss zur Unfallflucht eine neue Tat gegeben ist. Hätte der Täter seine Fahruntauglichkeit bis zu diesem Zeitpunkt nicht gekannt, wäre mit dem alkoholbedingten (!) Unfall nun Kenntnis gegeben.

IV. § 323c StGB

1. Ein Unfall im Straßenverkehr ist ein plötzlich eintretendes Ereignis, das eine erhebliche Gefahr für das Rechtsgut Leben des O mit sich bringt und deshalb einen Unglücksfall markiert.

2. T ist weitergefahren und hat keine Hilfe geleistet.

3. Zumutbarkeit der Hilfeleistung. Die Gefahr einer Strafverfolgung wegen möglicher schuldhafter Verursachung des Unglücksfalls befreit nicht von der Pflicht zur Hilfe (*Rengier* § 42 Rn. 14 f.), jedenfalls dann nicht, wenn der Täter den Unglücksfall fahrlässig verschuldet hat. Nicht anwendbar ist § 323c StGB hingegen, wenn die aus einer vorangegangenen vorsätzlichen Tat entspringende Gefahr im Rahmen des bei dieser Tat gewollten Verletzungserfolgs bleibt.

4. Hilfe war auch erforderlich.

5. T unterließ die Hilfeleistung vorsätzlich. Er hat die Gefahrenlage, in der sich O befand, erkannt und darüber hinaus die Umstände, welche seine Hilfspflicht begründen, erkannt und gebilligt.

V. Der Tatbestand des **§ 142 I Nr. 2 StGB** ist erfüllt.

3. Dazwischentreten eines Dritten

Das vollverantwortliche Dazwischentreten eines Dritten schließt den Zurechnungszusammenhang aus. Es realisiert sich dann nicht mehr die vom ursprünglichen Täter begründete Gefahr im Erfolg, sondern die neu begründete, dem dazwischentretenden Dritten zurechenbare. Der BGH formuliert diesbezüglich anschaulich, dass der Verantwortungsbereich des Täters dort endet, wo derjenige eines Dritten beginnt. **20**

Einen Sonderfall stellt in diesem Zusammenhang der *ärztliche Heileingriff* dar. Nur grobe Kunstfehler schließen den Zurechnungszusammenhang aus, leichte Kunstfehler sind grundsätzlich so spezifisch mit der Ausgangsgefahr verbunden, dass mit ihnen zu rechnen ist (vgl. auch Rn. 185). **21**

4. Opferverantwortung

a) Freiverantwortliche Selbstgefährdung

22 Der Zurechnungszusammenhang ist unterbrochen, wenn sich in dem Erfolg gerade das mit der Selbstgefährdung vom Opfer bewusst eingegangene Risiko realisiert. Eine eigenverantwortlich gewollte und verwirklichte Selbstgefährdung – und ebenso die Selbsttötung – unterfällt grundsätzlich nicht den Tatbeständen eines Körperverletzungs- oder Tötungsdelikts, wenn sich das mit der Gefährdung vom Opfer bewusst eingegangene Risiko realisiert (BGHSt 61, 21; 59, 160).

23 Voraussetzung für einen Verantwortungsausschluss des Täters ist (1) die Tatherrschaft beim Opfer und (2) die Freiverantwortlichkeit, die sich nach der Schuldlösung nach §§ 19, 20, 35 StGB, 3 JGG entsprechend bzw. nach der Einwilligungslösung nach den Grundsätzen der rechtfertigenden Einwilligung (natürliche Einsichts- und Urteilsfähigkeit, Disponibilität, Umstandskenntnis) bemisst. Die Rspr. entscheidet im Einzelfall und hat Freiverantwortlichkeit abgelehnt, wenn der Entschluss auf einem Wissens- oder Verantwortlichkeitsdefizit beruht, bspw. Zwang, Drohung oder Täuschung, wenn das Opfer minderjährig ist oder aus einer depressiven Augenblicksstimmung heraus handelt (BGHSt 64, 135). Erfasst der Dritte aufgrund überlegenen Sachwissens das Risiko besser als der sich selbst Gefährdende, nimmt die Rspr. eine strafbare Förderung der eigenverantwortlichen Selbstschädigung an (BGH NStZ 2021, 364); unter Wertungsgesichtspunkten liegt die Tatherrschaft in diesem Fall beim Täter.

24 Den BGH hat diese Form des Zurechnungsausschlusses mehrfach im Zusammenhang mit Drogenkonsumenten und deren behandelnden Ärzten beschäftigt (etwa BGH NStZ 2014, 709). Zur Versinnbildlichung dieser Problematik sei ein Fall genannt, in welchem ein Substitutionsarzt seinem Patienten Fentanylpflaster ohne Prüfung des Einzelfalls verordnete und der Patient den Wirkstoff durch Auskochen extrahierte, sich intravenös verabreichte und an einer Überdosis verstarb. Entscheidend für die Abgrenzung der Verantwortungsbereiche im Zusammenhang mit qualifiziertem Fachpersonal ist dabei, inwieweit ein Wissensgefälle zwischen Täter und Opfer besteht. Kann das Opfer die mit seiner Selbstgefährdung verbundene Gefahr nicht hinreichend überblicken, kommt Freiverantwortlichkeit nicht in Betracht (BGH NJW 2017, 418). Konstruktiv steht dahinter die Überlegung, dass dem Täter, der das Risiko kraft überlegenen Wissens besser erfasst als der Selbstgefährdende, eine strafrechtlich relevante Handlungsherrschaft zukommt. Dieses Wissensdefizit kann jedoch durch eine hinreichende Risikoaufklärung (Maßstab: Grad der drohenden Gefahren) überwunden werden. Ebenso sind Sonderkenntnisse des Opfers oder besondere

Umstände, wie die lange Suchtkarriere eines Drogenkonsumenten, zu berücksichtigen.

Ein rechtlich anzuerkennender Selbstgefährdungsentschluss führt jedoch nicht automatisch zur Straffreiheit des Gefahrschaffenden. Entwickelt sich die Selbstgefährdung anders, als der sich selbst Gefährdende sich dies vorstellte, nimmt die Rspr. eine Erfolgsabwendungspflicht des das Tatmittel bereitstellenden Täters an (BGHSt 61, 21; BGH NStZ 2017, 219; NStZ 1984, 452). Dies ist insofern fraglich, als der Entstehungsgrund dieser Erfolgsabwendungspflicht allein in der pflichtwidrigen Gefahrschaffung (Ingerenz) erblickt werden kann, die erst deshalb vorliegt, weil sich die Situation erwartungswidrig entwickelt. In Suizidfällen soll demgegenüber keine Garantenstellung begründet werden (BGHSt 64, 121), weil der Suizident – anders als der sich selbst Gefährdende – nicht darauf vertraut, dass sich die Gefahr, in die er seine Rechtsgüter bringt, nicht realisiert; auf den Eintritt der Rechtsgutsbeeinträchtigung kommt es dem Suizidenten gerade an. 25

Im Sonderfall des **ärztlichen Heileingriffs** verlangt die Rspr., dass der Patient über Art, Umfang, Gefahren, Folgen und Ziele des Eingriffs aufgeklärt wird. Inhaltlich ist der Patient über die Chancen und Risiken der Behandlung im „Großen und Ganzen" aufzuklären. Ihm muss ein zutreffender Eindruck von der Schwere des Eingriffs und von der Art der Belastungen vermittelt werden, die für seine körperliche Integrität und seine Lebensführung auf ihn zukommen werden. Dabei muss umso ausführlicher über Erfolgsaussichten und mögliche Folgen aufgeklärt werden, je weniger der Eingriff medizinisch notwendig ist. Ebenso ist umso ausführlicher aufzuklären, etwa über mögliche Risiken, je schwerwiegender die mit dem Eingriff verbundenen Folgen sind. 26

b) Einverständliche Fremdgefährdung

Das Opfer willigt in dieser Konstellation nicht in den Erfolg ein (sonst handelte es sich um eine Rechtfertigung), sondern in seine Gefährdung, da es gerade darauf vertraut, alles würde gutgehen (neueres Beispiel: Autosurfen). Der Unterschied zur freiverantwortlichen Selbstgefährdung besteht darin, dass der Täter die Tatherrschaft über das Geschehen weiterhin innehat, die Gefahrrealisierung deshalb grundsätzlich in seinen Verantwortungsbereich fällt (vgl. auch *Eisele* JuS 2012, 577). Teile der Lehre ziehen die Merkmale der Einwilligung heran. 27

Folgende Kriterien sind unter den Befürwortern dieses Instituts weitgehend anerkannt: 28

- Der Schaden muss Folge des eingegangenen Risikos sein.
- Der Gefährdete muss das Risiko in demselben Maße überschauen wie der Gefährdende.
- Keine einverständliche Fremdgefährdung bei Allgemeingütern. Gleiches gilt bei einer Einwilligung in eine lebensgefährdende Behandlung (Rechtsgedanke des § 216 StGB).

V. Objektive Mordmerkmale

29 Die **Mordmerkmale der 2. Gruppe** sind nach der hM sog. tatbezogene Merkmale und enthalten Beschreibungen besonders gefährlicher und verwerflicher Ausführungsarten; demgegenüber sollen die Mordmerkmale der 1. Gruppe die besondere Verwerflichkeit des Beweggrundes und diejenigen der 3. Gruppe den besonders verwerflichen Zweck der Tötungshandlung regeln. § 28 StGB findet auf tatbezogene Merkmale keine Anwendung. Ihrem Charakter als „objektive" Mordmerkmale ist schon im Aufbau dadurch Rechnung zu tragen, dass sie im objektiven Tatbestand verortet werden.

1. Heimtücke

30 **Definition:** Heimtückisch handelt, wer eine zum Zeitpunkt des Angriffs bestehende **Arg- und Wehrlosigkeit** des Opfers bewusst zur Tat **ausnutzt**. Arglos ist, wer sich im Zeitpunkt der Tat (= *Beginn des ersten mit Tötungsvorsatz geführten Angriffs*, also des Eintritts des Tötungsdelikts in das Versuchsstadium) keines Angriffs versieht. Wehrlos ist, wer aufgrund der Arglosigkeit in seiner Verteidigungsbereitschaft eingeschränkt ist.

31 Um die Weite des Begriffs vor dem Hintergrund der hohen Strafdrohung des Mordtatbestandes (lebenslang) einzufangen, verlangt das BVerfG zur Gewährleistung einer schuldangemessenen Strafe seit jeher eine restriktive Interpretation des Mordmerkmals (BVerfGE 45, 187). Der BGH versucht dem dadurch Rechnung zu tragen, dass er verlangt, die Arg- und Wehrlosigkeit müsse in feindlicher Willensrichtung ausgenutzt werden (dazu BGHSt 64, 111 m. Bespr. *Eisele* JuS 2019, 1124: Feindliche Willensrichtung kann nur fehlen, wenn die Tötung dem ausdrücklichen Willen des Getöten entspricht oder mit dem mutmaßlichen Willen des zu einer Entscheidung nicht fähigen Opfers geschieht). Für das Ausnutzungsbewusstsein genügt es, dass der Täter die die Heimtücke begründenden Umstände in ihrer Bedeutung für die Tat erfasst hat

(BGH NStZ 2021, 609); das bloße kognitive Wahrnehmen der Umstände genügt dabei nicht (BGH NStZ 2021, 162).

Demgegenüber verlangt die hL einen verwerflichen Vertrauensbruch (andere Teile wollen eine sog. negative Typenkorrektur vornehmen, wonach konkrete Verwerflichkeitserwägungen herangezogen werden sollen, vgl. *Otto* § 4 Rn. 24 ff.). Die Rspr. hat derartigen Einschränkungen auf Tatbestandsebene eine Absage erteilt. Sie lässt allerdings eine Strafmilderung analog § 49 Abs. 1 Nr. 1 StGB zu (sog. *Rechtsfolgenlösung*), wenn außergewöhnliche mildernde Umstände vorliegen (BGH NStZ 2021, 105 m. Bespr. *Hecker* JuS 2021, 464), die dazu führen, dass die Verhängung lebenslanger Freiheitsstrafe das Gebot schuldangemessenen Strafens missachten würde (letztlich geht es also um eine Anwendung des Verhältnismäßigkeitsgrundsatzes). **32**

Standardargumente der jeweiligen Ansichten sind, dass durch die Einführung des Kriteriums eines Vertrauensverhältnisses der Anwendungsbereich der Heimtücke unzweckmäßig auf Tötungen im Nahbereich verengt werde. Demgegenüber lässt auch ein bewusstes Ausnutzen der Arg- und Wehrlosigkeit nicht zwingend auf Verschlagenheit/Tücke schließen, woran auch das Merkmal „in feindlicher Willensrichtung“ nichts geändert hat, weil dieses letztlich nur Mitleidstötungen vom Anwendungsbereich des Heimtückemerkmals ausnimmt. **33**

Die Rspr. musste sich im Kontext des Heimtückemerkmals vermehrt mit der Frage des maßgeblichen Beurteilungszeitpunktes auseinandersetzen. Relevant wird dies, wenn dem eigentlich todbringenden Akt bereits Angriffshandlungen oder Feindseligkeiten vorausgegangen sind. Kann die erste Tathandlung als unmittelbares Ansetzen zum Versuch (des Totschlags) qualifiziert werden und versah sich das Opfer zu diesem Zeitpunkt keines Angriffs, ist Heimtücke anzunehmen (BGH NStZ 2016, 340). Deshalb hindert es die Annahme von Heimtücke auch nicht, wenn der Täter seinem Opfer offen feindselig gegenübertritt, sofern dem Opfer zwischen Erkennen der Gefahr und unmittelbarem Angriff keine Möglichkeit bleibt, dem Angriff zu begegnen (BGH BeckRS 2020, 20933; NStZ 2016, 405); ein heimliches Vorgehen erfordert das Mordmerkmal der Heimtücke indes nicht (BGH NStZ 2021, 287). Fehlt es an diesen Voraussetzungen, kann eine heimtückische Begehungsweise dennoch vorliegen, wenn der Tat eine feindselige Auseinandersetzung vorausging, das Tatopfer aber nicht (mehr) mit einem erheblichen Angriff gegen seine körperliche Unversehrtheit rechnet, bspw. weil es eine vorausgegangene Auseinandersetzung als beendet ansieht (vgl. BGH BeckRS 2020, 20933; NStZ 2018, 97 m. Bespr. *Hecker* JuS 2018, 721; NStZ 2014, 633), sprich die Situation sich aus seiner Sicht zunächst beruhigt hat. Befindet sich das Opfer in **34** ständiger Todesangst, entfällt seine Arglosigkeit erst bei *akutem* Anlass des bevorstehenden Angriffs (BGH NStZ 2013, 337).

35 An der äußersten Grenze der Heimtückedefinition bewegen sich die Fälle, in denen das Opfer mit Tötungsabsicht in eine Falle gelockt wird und erst im Anschluss an weitere Handlungen (bspw. Raub- oder Erpressungshandlungen) getötet wird. In diesem Fall liegt im Zeitpunkt des Eintritts der Tötung in das Versuchsstadium schon aufgrund des gestreckten zeitlichen Ablaufs keine Arglosigkeit des Opfers mehr vor (BGH NStZ 2021, 609). Nach der Rspr. kann das Heimtückische aber in den Vorkehrungen liegen, die aus Tätersicht eine günstige Gelegenheit zur Tötung schaffen, sofern sie bei der Ausführung der Tat noch fortwirken (BGH NStZ 2020, 609; NStZ 2018, 654 m. Bespr. *Hecker* JuS 2019, 80).

36 **Sonderfall:** Heimtückemord an Kleinkind

Arglosigkeit setzt die Fähigkeit zum Argwohn voraus. Gegenüber Personen, die konstitutionell unfähig sind, Argwohn zu bilden, kommt eine heimtückische Begehungsweise des Totschlags dann nicht in Betracht. Die hM geht davon aus, dass Arglosigkeit bei Kindern ab dem Lebensalter von drei Jahren gegeben sein kann. Von diesem als unbefriedigend empfundenen Ergebnis werden zum Teil zwei Ausnahmen zugelassen. Weniger bedeutend ist das Umgehen natürlicher Abwehrmechanismen des Kleinkindes, bspw. durch Gabe eines Giftes in einem wohlschmeckenden Brei. Häufiger aktuell wurde vielmehr ein vom BGH angenommener Perspektivenwechsel, demzufolge in den vorliegenden Konstellationen maßgeblich die Arg- und Wehrlosigkeit eines im Hinblick auf das Kind schutzbereiten Dritten sei (BGH NStZ-RR 2020, 313 m. Bespr. *Hecker* JuS 2021, 183; NStZ 2013, 158). Dies ist jede Person, die den Schutz eines Kleinkindes vor Leib- und Lebensgefahren dauernd oder vorübergehend übernommen hat und diesen im Augenblick der Tat entweder tatsächlich ausübt oder dies deshalb nicht tut, weil sie dem Täter vertraut (kritisch hierzu *Ceffinato/Kalb* JA 2014, 887).

2. Grausam

37 **Definition:** Grausam tötet, wer dem Opfer aus gefühlloser, unbarmherziger Gesinnung Schmerzen oder Qualen körperlicher oder seelischer Art zufügt, die über das normale für die Tötung erforderliche Maß hinausgehen.

Typische (und schon deshalb zumindest in der juristischen Ausbildung zugleich seltene) Fälle der Tatbegehung durch aktives Tun sind diejenigen der vom Tötungsvorsatz getragenen Folter des Opfers. Eine Tatbegehung ist auch durch Unterlassen möglich, insbesondere wenn der Täter sein Opfer verhungern, verdursten oder ertrinken lässt. Erforderlich ist hier – wie stets bei einem unechten Unterlassungsdelikt –, dass dem Täter eine Garantenposition zukommt. **38**

3. Gemeingefährliche Mittel

Definition: Gemeingefährlich ist ein (abstrakt gefährliches) Tatmittel, wenn der Täter dessen Auswirkungen nach Freisetzung der in ihm ruhenden Kräfte nicht (mehr) beherrscht, dh wenn damit *in der konkreten Situation* eine Gefahr für eine unbestimmte Zahl anderer Personen einhergeht. Der Täter muss die gemeingefährliche Situation selbst schaffen, ein Ausnutzen genügt nicht. In subjektiver Hinsicht muss er die mangelnde Beherrschbarkeit der Wirkung des Tötungsmittels und die daraus resultierende Möglichkeit der Gefährdung einer unbestimmten Zahl von Personen erkennen und billigend in Kauf nehmen. **39**

Paradigma solcher, die Rücksichtslosigkeit des Täters zum Ausdruck bringender, unberechenbarer Gefahren für andere (vgl. BGH NStZ 2020, 614 m. Bespr. *Eisele* JuS 2020, 1221) ist der Sprengsatz, platziert in einer bewohnten Gegend, die Tötung durch Brandstiftung oder das Steinewerfen von einer Autobahnbrücke. Nicht hierher gehört der Einsatz eines Messers oder die Abgabe eines vereinzelten Schusses in Richtung einer Traube von Menschen. Ob sog. „schlichte" Mehrfachtötungen, dh Angriffe gegen eine bestimmte Anzahl individualisierter Opfer, erfasst sind, ist umstritten (einerseits BGH NStZ 2020, 284; NStZ 2019, 607; andererseits BGH NStZ 2020, 614). Dafür spricht jedenfalls, dass die Konkretisierung der Opfer durch den Täter an der Qualifizierung der Rücksichtslosigkeit seines Vorgehens nichts zu ändern vermag, zumal es sich gerade um ein objektives Mordmerkmal handelt. Auch das Übergießen des Opfers mit Benzin in einem Wohnhaus und dessen Anzünden stellt jedenfalls dann keine unberechenbare Gefahr dar, wenn das Wohnhaus von der nächsten Bebauung entfernt ist (BGH NStZ 2021, 361). **40**

VI. Vorsatz

41 Der subjektive Tatbestand erfordert grundsätzlich Vorsatz, § 15 StGB. In der Klausur genügt regelmäßig die Feststellung „der Täter handelte vorsätzlich", ohne eine Einordnung in eine der Vorsatzformen vorzunehmen.

42 Einer genaueren Stellungnahme bedarf es jedoch im Rahmen der Abgrenzung des Eventualvorsatzes von der bewussten Fahrlässigkeit. In diesen Kontext gehört auch die sog. Hemmschwellentheorie. Der BGH fordert in st. Rspr. für die Feststellung des Tötungsvorsatzes die Überschreitung einer psychologischen Grenze, der sog. *Hemmschwelle*, was sich mit der herausgehobenen Stellung des Totschlags im Deliktssystem begründen lässt. Hierbei handelt es sich indes nicht um ein zusätzliches qualitatives Vorsatzmerkmal, sondern um eine (bloße) Anweisung an die Instanzgerichte, alle Tatumstände besonders sorgfältig zu berücksichtigen (BGHSt 57, 183), insbesondere also auch vorsatzkritische Momente (bspw. Spontantaten, affektive Handlungen, Alkoholisierung) zu bedenken (BGH NStZ 2020, 349). Die Bedeutung der Hemmschwellentheorie erschöpft sich demnach in einem Hinweis auf § 261 StPO, dh auf die Anforderungen an die richterliche Überzeugungsbildung (BGH NStZ-RR 2018, 371).

43 Für die Klausurpraxis ergeben sich keine Änderungen, weil im Grenzbereich zwischen Vorsatz und Fahrlässigkeit schon stets sauber zu argumentieren war (dazu *Kudlich* JA 2013, 152). Hier vermag als Orientierungspunkt dienen, dass äußerst gefährliche Gewalthandlungen nach der Rspr. ein gewichtiges Beweisanzeichen für die Annahme von Tötungsvorsatz sind, sofern der Täter die Gefahrendimension seines Vorgehens zutreffend erfasst (BGH StV 2021, 229; NStZ 2020, 618; 2016, 25; NStZ-RR 2014, 371). Demgegenüber kann bei riskanten Verhaltensweisen im Straßenverkehr (insbesondere in den Raserfällen) eine vom Täter als solche erkannte Eigengefährdung dafürsprechen, dass er auf einen guten Ausgang vertraut (BGHSt 65, 42; 63, 88); etwas anderes gilt allerdings, wenn die riskante Fahrweise darauf beruht, dass der Täter mit Suizidwillen einen Unfall herbeiführen wollte (BGH BeckRS 2021, 2968 m. Bespr. *Eisele* JuS 2021, 558).

44 **Fall 2** (nach BGH NStZ 2011, 699): Thore (T) und Richard (R) sind Mitglieder der „Hells Angels". Kürzlich hatte R in Nürnberg eine Auseinandersetzung mit Fritjoft (F), einem Mitglied einer gegnerischen Mopedfahrervereinigung („Outlaws"), weshalb T und R mit einem Pkw nach Nürnberg fuhren, um dort Präsenz zu zeigen. Als die beiden in Nürnberg kein Mitglied der „Outlaws" antrafen, fuhren sie weiter nach Augsburg, einer Hochburg der „Outlaws", um

dort eine Aktion gegen diese zu starten. Tatsächlich erspähten sie in Augsburg den „Outlaw“ Otto (O), der mit seinem Moped unterwegs nach Landsberg war. T und R folgten O mit ihrem Pkw. Sie hatten den Entschluss gefasst, dem O die „Kutte“ (eine Art Mitgliedsweste) abzunehmen und so auf dem Hoheitsgebiet der „Outlaws“ Präsenz zu zeigen. Ihnen war bewusst, dass es hierbei zu einer harten körperlichen Auseinandersetzung, auch mit Waffen und Werkzeugen, kommen würde, in deren Verlauf O sterben könnte. Diese Folge war ihnen aber höchst unerwünscht, da sie klubinterne Sanktionen nach sich ziehen könnte. Zur Realisierung ihres Plans überholte R nun das Moped des O und zwang diesen zum Anhalten, indem er seinen Wagen langsam bis zum Stillstand abbremste. Dabei achtete er darauf, dass es nicht zu einer Kollision kam und O nicht stürzte. Sofort sprangen T und R aus dem Pkw, zogen O von seinem Moped und schnitten ihm die rechte Hosentasche auf, in der O – erkennbar – ein Messer trug. Dieses warfen sie weg. Nachdem die Aktion durch ein vorbeifahrendes Fahrzeug kurz unterbrochen wurde und O diese Gelegenheit genutzt hatte, um sein Moped aufzurichten und einen Fluchtversuch zu starten, versetzte T dem O aus Verärgerung über diesen unbeabsichtigten Zwischenfall sechs Stiche kurz unterhalb des Arms in die rechte Seite. T wollte die „Aktion“ endgültig und sicher zum Erfolg führen. Er war sich dabei bewusst, dass O sterben könnte, was ihm jedoch gleichgültig war. R sah diese nicht abgesprochene Messerattacke, konnte allerdings nicht mehr eingreifen. Beide gingen zutreffend davon aus, dass für O jede Hilfe zu spät kommen würde. Sie zogen dem O noch die Kutte aus, um diese später zu vernichten oder verschwinden zu lassen, damit sie nicht wieder in den Besitz der „Outlaws“ gelangen konnte. O verstarb infolge der Stiche kurz darauf am Tatort. Wie haben sich T und R strafbar gemacht?

A. Strafbarkeit des Thore (T)

I. §§ 212, 211 StGB

1. Der Erfolg des Todes ist eingetreten, kausal beruhend und zurechenbar verursacht durch sechs Messerstiche (natürliche Handlungseinheit).

2. Objektive Mordmerkmale. Es liegt keine Heimtücke vor, weil O zum Zeitpunkt der Messerattacke wegen des vorausgehenden Angriffs nicht mehr arglos war.

3. Vorsatz. T war sich bewusst, dass O bei der Messerattacke sterben könnte.

4. Subjektive Mordmerkmale

a) Habgier. T strebte nicht um eines materiellen Vorteils willen. Er wollte die Weste vernichten oder verschwinden lassen.

b) Ermöglichungsabsicht. Es genügt, dass der Täter die Tötungshandlung vornimmt, weil er glaubt, auf diese Weise die andere Straftat schneller begehen zu können. T wollte die „Aktion", dh den Nötigungserfolg der sich in der Duldung der Wegnahme der Kutte zeigt, zum Erfolg führen.

Erg.: T ist strafbar wegen Mordes an O gem. §§ 212, 211 StGB.

II. § 249 I StGB

1. Gewalt gegen eine Person. Gewalt ist der nicht notwendig erhebliche Einsatz körperlicher Kraftentfaltung, der sich beim Opfer nicht nur als seelische, sondern als physische Zwangseinwirkung auswirkt. O wurde von T und R von seinem Moped gezogen.

2. Wegnahme einer fremden beweglichen Sache bedeutet den Bruch fremden und die Begründung neuen, nicht notwendig tätereigenen Gewahrsams. Auch ein lebensbedrohlich Verletzter hat nach der Verkehrsanschauung Herrschaftsgewalt über die ihm zugeordneten Sachen.

3. Verknüpfung zwischen Nötigung und Wegnahme. Kausalität ist der hM zufolge nicht erforderlich, weil der Tatbestand von „mit" Gewalt oder „unter" Anwendung von Drohung spricht und nicht von „durch" sie (str.!). Vorliegend ist dieser Streit jedoch irrelevant, da die geübte Gewalt für die spätere Wegnahme sogar kausal war.

4. T handelte vorsätzlich.

5. Zueignungsabsicht erfordert dolus eventualis bzgl. einer dauernden Enteignung und dolus directus 1. Grades bzgl. einer wenigstens vorübergehenden Aneignung. Problematisch ist vorliegend, dass die Weste dem O zwar dauernd entzogen werden sollte, aber nur zu dem Zweck, um diese später zu vernichten oder verschwinden zu lassen.

An der Voraussetzung, dass der Wille des Täters auf eine Änderung des Bestandes seines Vermögens oder das des Dritten gerichtet sein muss, fehlt es in den Fällen, in denen er die fremde Sache nur wegnimmt, um sie „zu zerstören", „zu vernichten", „preiszugeben", „wegzuwerfen", „beiseitezuschaffen" oder „zu beschädigen" (vgl. BT/2 Rn. 42). Die Wegnahme erfolgte allein aus demonstrativen

Gründen, um Präsenz zu zeigen und nicht zur günstigeren Gestaltung des Tätervermögens.

Bestätigt wurde diese Rspr. etwa durch BGH bei *Kudlich* JA 2015, 471 hinsichtlich des Verbrauchs von Drogen.

Erg.: T hat sich nicht eines Raubes schuldig gemacht.

III. §§ 253, 255 StGB

1. Gewalt gegen eine Person (§ 255 StGB).

2. Der Nötigungserfolg liegt in der Duldung der Wegnahme.

3. Eine Vermögensverfügung liegt nicht vor, da aus der Sicht des Opfers keine Mitwirkungshandlung für einen Gewahrsamsübergang erforderlich war. Damit wäre eigentlich eine Stellungnahme erforderlich, ob es bei der Erpressung einer Vermögensverfügung bedarf. Diese kann aber dahinstehen, wenn sich T aus anderen Gründen keiner Erpressung schuldig gemacht hat.

4. Erforderlich für die Annahme von Bereicherungsabsicht ist, dass der erstrebte Vorteil zu einer objektiv günstigeren Gestaltung der Vermögenslage für den Täter oder den Dritten führen soll. Hier hat T Besitz an der Weste erlangt, jedoch nur vorübergehend. Nach der Rspr. ist der bloße Besitz nur in den Fällen als Vermögensvorteil anerkannt, in denen ihm ein eigenständiger wirtschaftlicher Wert zukommt, was regelmäßig lediglich dann zu bejahen ist, wenn mit dem Besitz wirtschaftlich messbare Gebrauchsvorteile verbunden sind, die der Täter oder der Dritte nutzen will. T wollte die Weste jedoch nur vernichten oder verschwinden lassen, dh er erstrebte einen anderen als einen wirtschaftlichen Vorteil.

Erg.: T hat sich nicht einer räuberischen Erpressung schuldig gemacht.

IV. § 316a StGB wurde nicht verwirklicht, weil T nicht zur Begehung eines Raubes oder räuberischen Diebstahls handelte.

V. Eine Strafbarkeit nach **§ 240 StGB** ist gegeben.

VI. § 231 StGB

1. Die Beteiligung an einem von mehreren verübten Angriff liegt vor. Nach der Rspr. ist ein von mehreren verübter Angriff schon dann anzunehmen, wenn zwei Täter ein Opfer angreifen.

2. Vorsatz

3. Der Tod eines Menschen (= objektive Bedingung der Strafbarkeit, dh von Vorsatz und Schuld unabhängiges Merkmal, das die Grenze zwischen strafwürdigem und strafbedürftigem Verhalten beschreibt) ist eingetreten.

Erg.: T hat sich nach § 231 StGB strafbar gemacht.

B. Strafbarkeit des Richard (R)

I. § 315b I Nr. 3 StGB

§ 315b StGB erfasst grundsätzlich nur Eingriffe von außen, da verkehrswidriges Verhalten bereits abschließend von § 315c StGB erfasst wird. Ein verkehrsfremder Inneneingriff wird jedoch dann von § 315b StGB erfasst, wenn der Täter sein Fahrzeug zweckwidrig verwendet (sog. Pervertierung des Straßenverkehrs). Die Rspr. verlangt in diesen Fällen jedoch mittlerweile einen sog. **Schädigungsvorsatz**, der auch bedingt sein kann (vgl. etwa BGH NStZ 2014, 86). R achtete beim Abbremsen darauf, dass es zu keiner Kollision kam und der O nicht stürzte. Es fehlt am Schädigungsvorsatz.

II. § 249 StGB; **§§ 253, 255 StGB**; **§ 316a StGB** sind aus den bereits oben genannten Gründen nicht erfüllt.

III. §§ 212, 211, 25 II StGB

1. Objektiver Tatbestand

R hat nicht selbst gehandelt, die zum Tode des O führende Ausführungshandlung des T ist ihm jedoch nach den Grundsätzen der Mittäterschaft zuzurechnen, § 25 II StGB. Der gemeinsame Tatplan bestand darin, dem O notfalls mit Waffen die Kutte abzunehmen. Indem T und R den O von dessen Moped zogen, haben sie auch jeweils wechselseitige Tatbeiträge geleistet.

2. Subjektiver Tatbestand

a) Eventualvorsatz oder bewusste Fahrlässigkeit?

Gemeinhin wird der Vorsatz mit der (zu kurzen) Formel vom „Wissen und Wollen der Tatbestandsverwirklichung“ umschrieben. Darin kommt zum Ausdruck, dass sich die subjektive Tatseite durch ein kognitives und ein voluntatives Element auszeichnet, die je nach Vorsatzart unterschiedlich stark ausgeprägt sind. Das Willenselement des Vorsatzes lässt sich bei R nicht nachweisen. Zwar war R und T bewusst, dass es zu einer harten Auseinandersetzung, auch unter Einsatz von Waffen kommen könnte, in deren Verlauf O sterben könnte. Sie vertrauten jedoch darauf, dass ein lebensgefährliches Ausmaß der Gewaltanwendung nicht notwendig sein werde. Auch weil sie mit klubinternen Sanktionen rechnen mussten, war ihnen ein tödlicher Ausgang unerwünscht.

b) Auch eine Zurechnung nach den Grundsätzen der **sukzessiven Mittäterschaft** kommt nicht in Betracht. Grundsätzlich stellt sich dieses Problem immer dann, wenn einem nachträglich hinzutretenden Täter bereits verwirklichtes Tatunrecht zugerechnet werden soll. Nach der Rspr. ist dies, ausgehend von ihrem subjektiven Standpunkt innerhalb der Täterschaftslehre, möglich, sofern der Eintretende in Kenntnis, Billigung und Ausnutzung der durch einen anderen geschaffenen Lage eintritt (BGH NJW 2016, 2516). Nach der Tatherrschaftslehre ist eine solche Zurechnung ausgeschlossen, da der Eintretende schlicht im maßgeblichen Zeitpunkt der Ausführungshandlung keine Tatherrschaft hatte. Eine Zurechnung der Tatbeiträge kommt hiernach nur bis zur Vollendung der Tat durch den Tatnäheren in Betracht. Denkbar ist dann nur eine Beihilfe, welche auch noch im Stadium zwischen Vollendung und Beendigung möglich ist (so die Rspr.). R konnte die weitere Tatausführung nicht mehr fördern, weil für die Herbeiführung des tatbestandlichen Erfolgs schon alles getan war. Sein Handeln bleibt ohne Einfluss auf den späteren Tod des O. Auch eine Beihilfe kommt nicht in Betracht, da R die Haupttat nicht gefördert hat.

Erg.: R hat sich keines Totschlags an O schuldig gemacht.

IV. § 231 StGB ist verwirklicht, weil R zusammen mit T den O angegriffen hat, der hierdurch zu Tode kam.

V. § 227 StGB (zugleich Aufbauschema erfolgsqualifiziertes Delikt)

1. Unrechtstatbestand des Grunddelikts: §§ 223, 224 I Nr. 2, 4, 25 II StGB

2. Eintritt des besonderen Erfolgs

3. Erfolg als spezifische Folge des Grunddelikts

4. Der Erfolg ist dem R iRd § 25 II StGB zurechenbar, weil es dem gemeinsamen Tatplan entsprach, Gewalt gegen O einzusetzen. Die Täter rechneten mit Körperverletzungen auch unter Einsatz von Waffen und billigten diese.

5. Wenigstens Fahrlässigkeit, § 18 StGB. Für einen objektiven Dritten war vorhersehbar, dass bei einer Körperverletzung mit Waffen

auch der Tod des Opfers eintreten konnte. Die objektive Sorgfaltspflichtverletzung liegt bereits in der Begehung des Grunddelikts.

6. Schuld – subjektive Sorgfaltspflichtverletzung

Erg.: R hat sich einer Körperverletzung mit Todesfolge schuldig gemacht.

VI. §§ 212, 13 I StGB

Voraussetzung für die Zurechnung des Todeserfolgs an den Unterlassenden wäre eine Handlungspflicht. Diese entfällt jedoch, wenn die gebotenen Rettungsbemühungen sicher erfolglos geblieben wären. O wäre auch bei sofort herbeigerufener Hilfe gestorben. Den R traf keine Handlungspflicht.

VII. § 221 StGB ist nicht verwirklicht, weil es durch das Sichentfernen des R nicht zu einer Steigerung der für O bestehenden Gefahr kam.

VIII. § 323c StGB ist ebenfalls nicht verwirklicht, weil Hilfe von vornherein aussichtslos und offensichtlich nutzlos war.

VII. Subjektive Mordmerkmale

45 Die subjektiven Mordmerkmale der 1. und 3. Gruppe kennzeichnen nach der hM den Täter und sind besondere persönliche Merkmale iSd § 28 StGB. Im Deliktsaufbau ist dem wiederum durch deren Verortung im subjektiven Tatbestand Rechnung zu tragen.

46 **Klausurtipp:** Auch wenn es vorgeblich nur eine Feinheit darstellt, schlägt sich die Kategorisierung der Mordmerkmale auch in der Formulierung nieder: Der Täter hat Vorsatz bzgl. objektiver (Mord-) Tatbestandsmerkmale; subjektive Mordmerkmale müssen in der Person des Täters vorliegen.

47 Bei mehreren Mittätern ist streng darauf zu achten, dass das Vorliegen von Mordmerkmalen der 1. und 3. Gruppe für jeden Mittäter gesondert festgestellt wird. Eine wechselseitige Zurechnung wäre ein grober Verstoß gegen das Schuldprinzip (BGH NStZ-RR 2014, 203). Dies ergibt sich auch aus § 28 II StGB, der davon spricht, dass die strafschärfende Wirkung besonderer persönlicher Merkmale nur für denjenigen Beteiligten (Täter und Teilnehmer) gilt, bei dem sie vorliegen.

1. Habgier

Definition: Besonders rücksichtsloses (in der Regel durch ungehemmte triebhafte Eigensucht bestimmtes) und sozial anstößiges Streben um eines materiellen Vorteils willen (Gewinn) in einer Situation, in der ein unerträgliches Missverhältnis zwischen Vorteil und Rechtsgutsbeeinträchtigung besteht („um jeden Preis“). 48

Der Grund für den gesteigerten Tatvorwurf einer aus Habgier begangenen Tötung liegt im Streben nach materiellen Gütern und Vorteilen um jeden Preis, auch um denjenigen eines Menschenlebens. Typische Fälle sind Auftragsmörder oder Personen die töten um an Geldmittel oder andere Vermögenswerte zu gelangen (bspw. Erben). Wesensmerkmal beider Fallgruppen ist, dass (zumindest nach der Tätervorstellung) der Tod des Opfers zu einer unmittelbaren Mehrung seines Vermögens führen wird oder dass durch die Tat jedenfalls eine sonst nicht vorhandene Aussicht auf eine Vermögensmehrung entsteht (BGH NStZ 2020, 733). 49

Nach dem telos wird auch die *Ersparnis von Aufwendungen* (Beispiel: Scheidungskosten) erfasst, weil die unrechtmäßige Abwehr von Ansprüchen der Mehrung eigenen Vermögens gleichsteht. Ob die nicht rechtswidrige Abwehr eines Anspruchs, bzw. dessen Durchsetzung (Opfer ist Schuldner des Täters) die Annahme von Habgier trägt, hängt davon ab, ob das Vorteilsstreben oder die erlebte Hilflosigkeit eines nicht aussichtsreichen Rechtswegs die Tat prägt. 50

Das Streben nach materiellen Gütern und Vorteilen muss den Täter bei seinem Tötungsentschluss und dessen Umsetzung entscheidend beeinflusst haben. Sind mehrere Tatmotive feststellbar (Motivbündel), muss das Streben nach dem Vorteil bei der Tatausführung bewusstseinsdominant gewesen sein (BGH NStZ 2020, 613). 51

2. Sonstige niedrige Beweggründe

Definition: Niedrig sind Beweggründe, die nach allgemeiner, sittlicher Wertung auf tiefster Stufe stehen, durch hemmungslose triebhafte Eigensucht bestimmt und deshalb besonders verwerflich, ja verächtlich sind. 52

Um sich nicht der Unbestimmtheit dieser rein normativen Definition vollends preiszugeben, empfiehlt es sich für die Klausur als Kontrollkriterium die Frage nach einem unerträglichen Missverhältnis zwischen Anlass der Tat und deren Folge zu stellen (BGH NStZ 2020, 618). In der Praxis genügt ein solches Missverhältnis allein zur Annahme des Mordmerkmals nicht, weil zu den zu berücksichtigenden Gesamtumständen auch Besonderheiten in der Persönlichkeit des Täters und seine seelische Situation zur Tatzeit gehören (BGH NStZ 2020, 617).

53 *Gefühlsregungen* (Enttäuschung, Verärgerung, Wut, Neid, Hass ... etc.) kommen als niedrige Beweggründe nur dann in Betracht, wenn sie ihrerseits auf niedrigen Beweggründen beruhen und damit nicht menschlich nachvollziehbar (etwa als Ausdruck von Verzweiflung, innerer Ausweglosigkeit oder berechtigtem Ärger) erscheinen (BGH BeckRS 2021, 13193: Einschlagen auf Opfer unter Billigung des Messereinsatzes eines Mittäters aus der blinden Befolgung eines „Ehrenkodexes"; NStZ 2021, 226; 2015, 690: Abreagieren an einem für die Entstehung der Aggressionen unbeteiligten Opfer). Hinsichtlich dieser Plausibilitätskontrolle ist auf die *Vorstellung der hiesigen Rechtsgemeinschaft* abzustellen (BGH NStZ 2021, 287; NStZ-RR 2020, 40), was insbesondere in den sog. Ehrenmordfällen relevant wird; allenfalls in eng begrenzten Ausnahmefällen kann hier die Verwurzelung in einem anderen Kulturkreis oder einer bestimmten Glaubensform die Ablehnung niedriger Beweggründe rechtfertigen (BGH NStZ 2018, 92).

54 Wird der Täter, wie meist, von mehreren Motiven geleitet, steht dies der Annahme sonstiger niedriger Beweggründe nicht von vornherein entgegen. Allerdings dürfen Sachverhaltselemente, die bereits für ein Mordmerkmal herangezogen wurden, aufgrund der subsidiären Formulierung („sonst") nicht auch einen sonstigen niedrigen Beweggrund begründen (BGH NStZ-RR 2018, 76). Abgesehen davon gilt es beim Vorliegen eines Motivbündels die bewusstseinsdominanten Motive (= Hauptmotiv), die der Tat ihr Gepräge geben, zu ermitteln und auf ihre Verächtlichkeit hin zu überprüfen (BGH JR 2021, 216; *Bosch* Jura 2015, 803).

3. Ermöglichungsabsicht

55 **Definition:** Zur Ermöglichung einer anderen Straftat tötet, wer einen Menschen zur Erreichung eines weiteren kriminellen Ziels tötet.

56 Die andere Straftat muss keine selbständige prozessuale Tat iSv § 264 StPO sein, selbst Tateinheit genügt.

Beispiele: Bei Anwendung der Raubgewalt zur Realisierung der Wegnahme stirbt das Opfer. Tötung der Ehefrau zur Begehung eines Betrugs gegenüber dem Lebensversicherer (BGHSt 46, 73).

Der Tod des Opfers muss zudem nicht notwendiges Mittel zur Ermöglichung der Tat sein, vielmehr genügt es, dass der Täter glaubt, mit der vorgenommenen Handlung die andere Straftat schneller oder leichter begehen zu können (BGHSt 39, 159); bedingter Tötungsvorsatz steht der Annahme von Ermöglichungsabsicht damit nicht entgegen. Hinsichtlich der Verwirklichung zusätzlichen kriminellen Unrechts ist demgegenüber Absicht erforderlich. Der BGH hatte dies in einer Konstellation abgelehnt, in welcher der Täter das von ihm schwangere Opfer tötete, um die Geburt des Kindes zu verhindern (BGH NStZ 2015, 693), weil hierin nicht die besondere Verwerflichkeit der Tötung (Einsatz des Lebens eines anderen zur Begehung einer weiteren Tat) zu erblicken sei. 57

4. Verdeckungsabsicht

Definition: Zur Verdeckung einer anderen Straftat tötet, wer eine vorausgegangene Straftat oder Spuren, die einen Rückschluss auf den Täter oder bedeutsame Umstände der Tat (inbesondere zur Täterschaft) zulassen, verdecken möchte. 58

Der Täter muss die Aufdeckung oder Aufklärung einer *anderen* strafbaren Handlung verhindern wollen; das Vorliegen einer Ordnungswidrigkeit reicht demgemäß nicht (BGH NStZ-RR 2020, 141). Nicht erforderlich ist hierzu eine selbständige Tat iSv § 264 StPO. Es genügt auch, dass der Täter die spätere Tötung im Zeitpunkt der Begehung der zu verdeckenden Tat bereits geplant hat, wenn es sich um ein *zweiaktiges Geschehen* handelt (BGH NStZ 2020, 609; BeckRS 2020, 9285: Tötung einer Prostituierten zur Verdeckung des durch Vorspiegelung von Barzahlungsbereitschaft begangenen Eingehungsbetrugs). *Nicht erfasst* sind demgegenüber *einheitliche Geschehensverläufe*, in denen der Täter die Tat verdecken will, die er gerade begeht (BGH BeckRS 2020, 25261: Unterlassen von Rettungsmaßnahmen zugunsten des zuvor mit bedingtem Tötungsvorsatz misshandelten Opfers; BGH NStZ 2015, 458: Fortsetzung eines aus anderen Motiven begonnen Mordversuchs aus Angst vor Strafverfolgung, weil allein das Hinzutreten von Verdeckungsabsicht die zuvor begangenen Einzelakte nicht zu einer anderen Tat macht). Eine relevante Zäsur (mit der Folge eines mehraktigen Geschehens) liegt aber in einem *Vorsatzwechsel* des Täters, wenn sich bspw. die zu verdeckende Vortat gegen die körperliche Unversehrtheit richtete und der Täter nunmehr den Entschluss zur Tötung fasst (BGH StraFo 2019, 39). Verbleiben nach dem festgestellten Sachverhalt Zweifel hinsichtlich der Mehraktigkeit des Gesche- 59 hens, bedingt dies zugunsten des Täters die Annahme eines einaktigen Lebenssachverhalts.

60 Nach der Rspr. ist allein die Tötungs*handlung*, nicht der Tötungserfolg entscheidend, dh der Tod des Opfers muss gerade nicht Mittel zur Verdeckung der Straftat sein (Ausnahme: Der Täter geht davon aus, dass nur der Tod des Opfers zur Vortatverdeckung führt; dann reicht Eventualvorsatz nicht, vgl. BGH NStZ-RR 2021, 171), weshalb Verdeckungsabsicht *auch bei nur bedingtem Tötungsvorsatz* gegeben sein kann (BGH NStZ-RR 2020, 141; NStZ 2019, 605 m. Bespr. *Eisele* JuS 2020, 180; Beispiel: Der Täter setzt ein Haus in Brand, um Tatspuren zu vernichten und nimmt dabei billigend den Tod von schlafenden Hausbewohnern, die gerade keine Tatzeugen sind, in Kauf). Voraussetzung ist insoweit aber, dass die Verdeckungshandlung selbst nach der Vorstellung des Täters Mittel der Verdeckung sein soll (BGH NJW 2021, 326: Die angeklagte Altenpflegerin hatte einem Patienten versehntlich falsche Medikamente gegeben und es zur Vertuschung der Fehlmedikation unterlassen einen Arzt zu rufen. Das Unterlassen war selbst Mittel der Verdeckung).

61 Auch eine Entdeckung der zu verdeckenden Tat steht der Annahme von Verdeckungsabsicht nicht grundsätzlich im Weg, etwa im Hinblick auf die eigene Täterschaft oder die Überführung/Ergreifung, zumindest solange die Polizeibehörden von diesen Umständen (aus der Sicht des Täters) noch keine Kenntnis haben. Nach der Rspr. muss der Täter sich auch nicht zwingend der Strafverfolgung entziehen wollen, ausreichend ist die Absicht, außerstrafrechtliche Konsequenzen der anderen (Straf-)Tat zu vermeiden. Wie auch bei anderen Mordmerkmalen gilt, dass die Verdeckungsabsicht nicht das einzige Motiv des Täters sein muss („Motivbündel“); sie kann mit anderen Beweggründen zusammenfallen, muss aber Triebfeder des Täterhandelns sein (BGH NJW 2021, 326). Deshalb ist eine Tötung ausschließlich zu dem Zweck, sich der Ergreifung durch Flucht zu entziehen, nicht erfasst (BGH NStZ 2019, 605 m. Bespr. *Eisele* JuS 2020, 180); zu prüfen ist dann aber das Merkmal der niedrigen Beweggründe.

62 Zur Möglichkeit eines Verdeckungsmordes durch Unterlassen vgl. Fall 7, Rn. 102.

63 **Fall 3** (nach BGH NJW 2013, 1106): Valentin (V) verbüßt wegen Steuerhinterziehung eine Haftstrafe. Die Staatsanwaltschaft ermittelte gegen ihn zwar auch wegen des Verdachts des Betrugs, konnte ihm jedoch ohne Insiderinformationen bisher nichts nachweisen. Sie trat deshalb an den Bernhard (B), den Buchhalter des V heran, der wegen Beihilfe zur Steuerhinterziehung ebenfalls im Gefängnis saß, aber demnächst entlassen werden sollte. V entwickelte deshalb den Plan, den B „zum Schweigen“ zu bringen. Hierfür wollte er sich die Dienste des Profikillers Karsten (K) für 10.000 Euro sichern. Am Tag der Entlassung des B aus der JVA besuchte die Rechtsanwältin Renate (R) ihren Mandanten V und berichtete ihm von der Entlassung. Hierbei wurde der Plan zur Tötung des B besprochen und R erklärte sich bereit den Mordauftrag weiterzuleiten. Hierzu fertigte sie folgenden Aktenvermerk: „K soll für 10.000 Euro den B verramma, er erledigt die Geschichte“. R leitete, dem Tatplan entsprechend, den Aktenvermerk an die Frau des V, Fiona (F), weiter. Diese weigerte sich jedoch den K zu engagieren, weil ihr der Plan zu weit ging. Strafbarkeit des V?

§§ 211, 212, 30 I StGB

1. V wollte die R dazu bestimmen, dass diese den Auftrag zur Anwerbung des K an die F weiterleitet (sog. Kettenanstiftung = Anstiftung zum vorgestellten Verbrechen). Der Mord bzw. die Anstiftung zum Mord ist taugliche Tat; es handelt sich um ein Verbrechen.

BGH: „Der Tatbestand der versuchten Anstiftung nach § 30 StGB knüpft allein an die abstrakte Gefährlichkeit des Tatverhaltens an, die darin liegt, dass derjenige, der einen anderen zur Begehung eines Verbrechens auffordert, Kräfte in Richtung auf das angegriffene Rechtsgut in Bewegung setzt, über die er nicht mehr die volle Herrschaft behält … Deswegen genügt es bereits, dass der Täter es für möglich gehalten und billigend in Kauf genommen hat, dass der Aufgeforderte die Aufforderung ernst nehmen und durch sie zur Tat bestimmt werden könnte … Dass der Angekl. davon ausgegangen sein müsste, dass K zur Tötung eines Menschen für 10 000 Euro ‚ohne Weiteres bedingungslos bereit gewesen wäre‘ …, ist hierfür nicht erforderlich.“

V wollte damit den K über die Mittelspersonen R und F zu einer konkreten Tat bestimmen.

a) Nach der Vorstellung des V ist das subjektive Mordmerkmal der Habgier bei K gegeben (Auftragsmord für 10.000 Euro). Deshalb liegt nach Ansicht des BGH wegen der Kenntnis der Tatumstände durch V eine versuchte Anstiftung zum Mord vor, § 28 I StGB.

b) Die hL kommt zu demselben Ergebnis, weil in der Person des V ein täterbezogenes Merkmal (Verdeckungsabsicht: V wollte B an einer Aussage im Betrugsverfahren hindern) vorliegt, § 28 II StGB.

2. Indem V gegenüber R den Wunsch äußerte, K solle den B „verrama“ (= töten), worüber R, wie abgesprochen, die F informieren sollte, hat er die Bestimmungshandlung bereits selbst vorgenommen. Letztlich sind für eine Strafbarkeit damit zwei Anknüpfungs-

punkte gegeben. Erstens, die versuchte mittelbare Einwirkung auf K mittels R und F. Zweitens, die Anstiftung gegenüber der R, die F und diese wiederum den K anzustiften. Erforderlich ist aber nicht, dass die Anstiftererklärung dem präsumtiven Haupttäter zugeht. Der vom BGH angesprochene Strafgrund der versuchten Anstiftung, die abstrakte Gefährlichkeit des Tatverhaltens, ist bereits mit der Aufforderung an R, für eine Weiterleitung des konkretisierten Tötungsauftrags zu sorgen, gegeben. Damit hat V unmittelbar zum Bestimmen angesetzt.

3. Rechtswidrigkeit/Schuld

4. Rücktritt

Erg.: V hat sich einer versuchten Anstiftung zum Mord schuldig gemacht.

VIII. Rechtswidrigkeit

64 **Fall 4** (nach BGH NStZ 2011, 630): Der wegen einer Bypass-Operation und der Amputation zweier Zehen gesundheitlich angeschlagene Robert (R) wohnt in einem Mehrparteienhaus. Mit seinem Nachbarn Wolfgang (W), dem Hauswart, pflegt er ein von gegenseitigem Verständnis geprägtes Verhältnis. Am Tatabend dröhnte gegen 23.00 Uhr aus der Wohnung des W lautes Gegröle und Musik, was den R in seiner Ruhe störte. W hatte Besuch von Mesut (M) und Salvatore (S), die in der geöffneten Wohnungstür standen und Alkohol und Drogen konsumierten. R ging zu W, um diesen zu bitten, etwas Rücksicht zu nehmen, woraufhin W für Ruhe sorgte. Gegen 0.45 Uhr erwachte R, weil erneut laute Musik aus der Wohnung des W drang. Nunmehr wollte er endgültig für Ruhe sorgen und notfalls selbst den Stecker der Musikanlage ziehen. Die Polizei wollte er nicht herbeirufen, weil er mit W stets ein gutes Verhältnis hatte. Er nahm jedoch, da es in dem Haus häufiger zu Ruhestörungen mit anschließenden Körperverletzungen kommt, zur Sicherheit ein Küchenmesser in seinem Hosenbund mit. An der Wohnung angekommen, bemerkte er, dass er mit W nicht sprechen konnte, da dieser tief und fest schlief. Deshalb forderte er M auf, die Musik leiser zu machen. M trat nunmehr auf R zu, verwickelte ihn in eine verbale Auseinandersetzung und versuchte ihn aus der Wohnung zu drängen. Dabei entwickelte sich ein Handgemenge, was dem S nicht verborgen blieb, der deshalb dem M zur Hilfe eilte. M und S wollten den R nur aus der Wohnung bugsieren, hatten

aber zu keinem Zeitpunkt vor, ihn zu schlagen. R ging demgegenüber davon aus, dass M und S ihn gewaltsam aus der Wohnung „hinaus katapultieren" wollten und er aufgrund seines angeschlagenen Gesundheitszustands Schaden nehmen könnte, indem er stürzen könnte, was ihm sehr unlieb war. Deshalb zog er sein mitgeführtes Messer und stach zweimal schnell hintereinander, ungezielt aber heftig in Richtung von M und S. M erlitt eine 3 cm tiefe Stichwunde am Hals, S wurde in den Oberbauch gestochen. Lebensgefahr bestand zu keiner Zeit. Strafbarkeit des R?

I. Eine Strafbarkeit nach den **§§ 212, 22, 23 I StGB** kommt nicht in Betracht. Der Sachverhalt enthält keine Anhaltspunkte für die Annahme von Tötungsvorsatz, insbesondere wenn man die Hemmschwellentheorie berücksichtigt.

II. §§ 223 I, 224 I Nr. 2, 5 StGB gegenüber M und S

1. Tatbestand

a) Körperliche Misshandlung/Gesundheitsschädigung

b) Kausalität, objektive Zurechnung

c) Qualifikationsmerkmale

aa) § 224 I Nr. 2 StGB. Ein Küchenmesser ist nicht dazu bestimmt, erhebliche Verletzungen herbeizuführen und stellt damit keine Waffe dar. Die Körperverletzung wurde jedoch mittels eines anderen gefährlichen Werkzeugs begangen, weil das Küchenmesser nach der konkreten Art seiner Verwendung geeignet ist, erhebliche Verletzungen herbeizuführen.

bb) Mittels einer das Leben gefährdenden Behandlung, § 224 I Nr. 5 StGB?

Die konkret von R vorgenommene Handlung (ungezieltes, aber heftiges Stechen mit einem Messer in Richtung von Personen) ist abstrakt, dh nach den Umständen des Einzelfalls generell geeignet das Leben zu gefährden, jedoch mangels Eintritts einer Lebensgefährdung nicht im vorliegenden Fall, dh konkret. Eine Vergleichbarkeit mit den sonstigen gefährlichen Begehungsweisen des § 224 I StGB kann bereits durch ein Abstellen auf die abstrakte Gefährlichkeit der Verletzungshandlung erreicht werden. Zudem kann der Wortlaut („Handlung") für diese Lösung angeführt werden (aA vertretbar).

d) R handelte mit Eventualvorsatz hinsichtlich körperlichen Misshandlungen und Gesundheitsschädigungen. Auch war sich R der

Umstände bewusst, die das Küchenmesser zu einem gefährlichen Werkzeug erheben, dh der Eignung, bei konkretem Einsatz erhebliche Verletzungen herbeizuführen. Die Gefährlichkeit seiner Tathandlung für die Leben von M und S nahm R dabei in Kauf. Diese Kenntnis der Tatumstände (Stichwort: Parallelwertung in der Laiensphäre) genügt für die Annahme von Vorsatz.

2. Rechtswidrigkeit

Notwehr, § 32 II StGB?

a) Notwehrlage

aa) Ein Angriff ist die drohende Beeinträchtigung eines Individualrechtsguts durch einen Menschen (mM: bewusste Rechtsgutsbedrohung).

M und S wollten R gegen dessen Willen (durch Schubsen als Form körperlicher Gewalt) aus der Wohnung des W befördern. Eine Bedrohung seiner körperlichen Unversehrtheit lag hingegen zu keinem Zeitpunkt vor.

bb) Gegenwärtig ist ein Angriff, wenn er unmittelbar bevorsteht, gerade stattfindet oder noch fortdauert. Unmittelbar bevor steht der Angriff, wenn es ohne weitere Zwischenschritte zu einer Verletzung kommen kann. Fortdauernd ist der Angriff, solange eine Wiederholung zu befürchten ist. Außerdem zählt der tatbestandsmäßig vollendete aber noch nicht beendete Angriff hierzu. M und S waren gerade dabei, R aus der Wohnung zu schieben.

cc) Ein Angriff ist rechtswidrig, wenn auf Seiten des Notwehrübenden keine Duldungspflicht besteht. Die Rechtswidrigkeit entfällt damit, wenn der Angreifer seinerseits gerechtfertigt handelt (vgl. auch BGH NJW 2015, 3109 zur Rechtmäßigkeit bei hoheitlichem Handeln). Zwar könnte man überlegen, ob M und S das Hausrecht des W durchsetzten und deshalb ihrerseits gerechtfertigt waren. Allerdings befand sich R nicht gegen den Willen des Hausrechtsinhabers W in dessen Wohnung. W war auch daran gelegen, dass auf das Anliegen des R Rücksicht genommen wurde (aA vertretbar).

b) Notwehrhandlung

aa) Die vorgenommene Verteidigungshandlung war ausschließlich gegen die Rechtsgüter der Angreifer gerichtet.

bb) Erforderlichkeit der Verteidigungshandlung bedeutet, dass das eingesetzte Mittel nach der objektiven Sachlage geeignet sein muss, den Angriff zu beenden und dabei zugleich das mildeste Mittel darstellen muss. Einzubeziehen sind auf der Seite des Angreifers Art und Gefährlichkeit des Angriffs, die von ihm eingesetzten Mittel und seine körperlichen Fähigkeiten, auf der Seite des Angegriffenen die Gesamtheit der zur Verfügung stehenden Verteidigungsmöglichkeiten. Maßgeblich sind die tatsächlichen Verhältnisse im Zeitpunkt der Verteidigungshandlung. Ungewollte Auswirkungen der Abwehrhandlung sind vom Notwehrrecht erfasst, weil bei Bejahung der Erforderlichkeit die typische Gefahr des eingesetzten Verteidigungsmittels bereits berücksichtigt ist.

Der Angriff von M und S war gegen die Willensfreiheit des R gerichtet (§ 240 StGB). Zur Unterbindung dieser Rechtsgutsbeeinträchtigung war der Messereinsatz sicherlich geeignet, wie der vorliegende Fall auch zeigt. Allerdings fehlt es an der Erforderlichkeit. Die gebotene ex-ante Betrachtung der konkreten Kampflage (M und S schubsen R aus der Wohnung) ergibt, dass Art und Maß der Verteidigung (Messereinsatz) der drohenden Gefahr (Willensbeeinträchtigung) nicht entsprechen. R hätte nicht sofort zum Messer greifen dürfen, sondern hätte den Einsatz eines potenziell lebensgefährlichen Gegenstandes anzeigen müssen. Als milderes Mittel stand ihm zudem der Einsatz körperlichen Widerstandes offen.

Allerdings ging R fälschlich davon aus, dass sich der Angriff nunmehr intensivieren („hinaus katapultieren“) und rein körperlicher Widerstand seinerseits nicht mehr zur Abwehr ausreichen würde. Legt man die Vorstellung des R zugrunde, ändert sich demnach die Beurteilung, da nunmehr nicht mehr nur eine drohende Gefahr für das Rechtsgut der Willensfreiheit bestand, sondern auch eine solche für die körperliche Unversehrtheit. R durfte dabei auf das ihm in dieser Situation zur Verfügung stehende Verteidigungsmittel zurückgreifen und war nicht verpflichtet, sich auf weniger gefährliche Verteidigungsmittel, deren Erfolgsaussicht fraglich ist, verweisen zu lassen. R irrte damit über die tatsächlichen Voraussetzungen der Notwehr (hier: Intensität des Angriffs). Es handelt sich um einen Fall des Erlaubnistatbestandsirrtums in Form der sog. Putativnotwehr.

cc) Gebotenheit der Notwehr, § 32 I StGB. Fraglich ist, ob vorliegend die Fallgruppe des krassen Missverhältnisses zwischen beeinträchtigtem und verteidigtem Rechtsgut einschlägig ist. Der Hintergrund des Kriteriums ist das erlebte Bedürfnis, in bestimmten Konstellationen (besondere Schutzbedürftigkeit des Angreifers, Rechtsmissbrauch) aus sozialethischen Gründen Einschränkungen des

Notwehrrechts vorzunehmen zu können (hierzu BGH NStZ 2016, 526; 2014, 451; NStZ-RR 2013, 139).

Ein solches Missverhältnis dürfte vorliegend, gerade auch in Anbetracht der eng auszulegenden Konstellationen der Gebotenheit (Paradigma: Kirschbaumfall), nur schwer zu begründen sein, da der Einsatz des Messers erfolgte, um der angenommenen Intensivierung des Angriffs durch M und S zu begegnen. Die Rspr. geht zudem von einer rechtsmissbräuchlichen und damit nicht mehr gebotenen Verteidigungshandlung erst aus, wenn die bedrohten Rechtsgüter in einem *unerträglichen Missverhältnis* stehen.

Erg.: Damit lagen die Voraussetzungen der Notwehr objektiv bis auf die Erforderlichkeit der Verteidigungshandlung vor. Diese war aber nach dem Vorstellungsbild des R gegeben. Wie ein solcher Erlaubnistatumstandsirrtum zu behandeln ist, ist bekanntlich umstritten. Folgt man der herrschenden eingeschränkten Schuldtheorie, handelte R analog § 16 I 1 StGB ohne Vorsatz, bzw. es entfällt der Vorsatzschuldvorwurf.

III. §§ 229, 16 I 2 StGB

Ein Erlaubnistatumstandsirrtum entbindet nicht von einer etwaigen Fahrlässigkeitsstrafbarkeit, § 16 I 2 StGB. Maßgeblich ist insoweit, ob R sich fahrlässig in einem Irrtum befand.

1. Der Unrechtstatbestand der fahrlässigen Körperverletzung wurde von R verwirklicht. Insbesondere ist die objektive Sorgfaltspflichtverletzung bei objektiver Voraussehbarkeit des Erfolgs gegeben, da der Irrtum für R vermeidbar war.

2. R handelte rechtswidrig. Insbesondere war die Notwehrhandlung nicht erforderlich, s.o.

3. Schuld?

Würde der (vermeidbare) Irrtum des R auf einem der in § 33 StGB genannten asthenischen Affekte beruhen, wäre die Annahme schuldhaften Handelns des R verschlossen. Zwar findet § 33 StGB nach hM keine Anwendung auf den Putativnotwehrexzess (*Fischer* § 32 Rn. 51a: „Der in Putativnotwehr Handelnde darf zur Verteidigung nicht mehr tun, als wenn er in wirklicher Notwehr wäre"), weil § 33 StGB an das Bestehen einer objektiven Notwehrlage anknüpft. Beim Putativnotwehrexzess irrt der Täter über das Vorliegen einer Notwehrlage und überschreitet aufgrund eines asthenischen Affekts die Grenzen der Notwehr. Ein solcher Fall liegt jedoch nicht vor. M und S versuchten ja tatsächlich den R aus der Wohnung zu drängen.

Deshalb bestand eine objektive Notwehrlage (s.o.). An diese schließt sich der intensivere Notwehrexzess lediglich an.

R hatte Angst zu stürzen und überschritt deshalb die Notwehrgrenzen (aA ebenso vertretbar).

C. Strafbarkeit des Teilnehmers: Die Problematik des § 28 StGB

I. Prüfungsschema

Prüfungsschema am Beispiel von § 26 i.V.m. § 28 StGB 65

1. Vorsätzlich begangene rechtswidrige Haupttat
2. Bestimmen des Täters zur Tat
3. Anstiftervorsatz
   a) bzgl. Haupttat
      Ggf. Tatbestandsverschiebung nach § 28 II StGB
   b) bzgl. Bestimmen
4. Rechtswidrigkeit
5. Schuld
   Ggf. Strafrahmenverschiebung nach § 28 I StGB

II. Akzessorietätsdurchbrechungen

Der Vorsatz des Anstifters muss auf eine bestimmte Haupttat gerichtet sein. Zwar muss sich der Anstifter die Haupttat nicht in allen Einzelheiten vorstellen, aber er muss die wesentlichen Merkmale der konkretisierten Tat vor Augen haben. 66

Verwirklicht nur der Haupttäter Mordmerkmale, der Anstifter hingegen nicht, ist stets an § 28 StGB zu denken. Hierzu sind drei Prüfungsschritte erforderlich: 67

– Ist das Mordmerkmal ein besonderes persönliches Merkmal?
– Wenn ja, ist § 28 I oder § 28 II StGB anzuwenden?
– Welche Auswirkungen haben § 28 I oder § 28 II StGB auf den Anstifter?

Nach umstrittener, aber für die Examensklausur zugrundezulegender, hM handelt es sich bei den Mordmerkmalen der 1. und 3. Gruppe 68 um sog. täterbezogene Merkmale, die besondere persönliche Merkmale iSd § 28 StGB sind. Demgegenüber sind die Merkmale der 2. Gruppe sog. tatbezogene Merkmale, weshalb es hier bei der Akzessorietät der Teilnahme bleibt, dh es ist danach zu fragen, ob der Anstifter Vorsatz (Kenntnis) bezüglich der Verwirklichung eines heimtückischen, grausamen oder gemeingefährlichen Mordes hatte. Hat der Anstifter das Vorliegen der Mordmerkmale nicht gekannt, scheidet wegen § 16 I 1 StGB eine Teilnehmerhaftung im Hinblick auf den Mord aus.

69 Ob § 28 I oder § 28 II StGB Anwendung findet, bestimmt sich danach, ob die besonderen persönlichen Merkmale strafbegründend (dann § 28 I StGB) oder strafschärfend (dann § 28 II StGB) sind. Entscheidend ist damit das Verhältnis der Tatbestände des § 212 zu § 211 StGB. Nach der Rspr. handelt es sich um eigenständige Delikte, was zur Konsequenz hat, dass die Mordmerkmale die Strafbarkeit begründen und § 28 I StGB Anwendung findet (vgl. die lesenswerte Zusammenfassung in BGHSt 50, 1). Nach der Lit. ist § 211 StGB der Qualifikations- und § 212 StGB der Grundtatbestand, § 28 II StGB findet Anwendung.

Überblick über die seit langem ausgetauschten Standardargumente:

Contra Lit.: Ungewöhnlich, dass Qualifikationstatbestand vor dem Grundtatbestand steht; ungerechte Privilegierung des Anstifters, der Mordmerkmale verwirklicht, die beim Haupttäter fehlen.

Contra Rspr.: Mord enthält tatbestandliche Anforderungen des § 212 StGB plus Strafschärfung.

70 Folgt man der Rspr., ist beim Anstiftervorsatz bezüglich der Haupttat eine Tatbestandsverschiebung nach § 28 II StGB abzulehnen, weil die Mordmerkmale nicht strafschärfend wirken. Entscheidend ist hiernach allein, ob der Teilnehmer das Vorliegen der Mordmerkmale in der Person des Haupttäters gekannt hat. Ist diese Kenntnis zu bejahen, ist der Teilnehmer wegen einer Anstiftung zum Mord schuldig und seine Strafe allenfalls nach §§ 28 I, 49 I StGB zu mildern, wenn in seiner Person die Mordmerkmale nicht vorlagen.

71 Folgt man der Lit., ist nach dem subjektiven Tatbestand eine Tatbestandsverschiebung nach § 28 II StGB zu prüfen und hierbei die Auffassung der Rspr. zu verwerfen.

72 **Übung 1:** A stiftet B an, den C zu töten, weil er als dessen Erbe früher an die Erbschaft gelangen möchte. B tötet ohne eigenes Motiv den C.

B hat sich eines Totschlags schuldig gemacht. A ist nach der Lit. einer Anstiftung zum Mord schuldig, weil in seiner Person mit der Habgier ein besonderes persönliches Merkmal iSd § 28 II StGB vorliegt. Es kommt zu einer Tatbestandsverschiebung. Nach der Rspr. kommt dagegen nur eine Anstiftung zum Totschlag in Betracht, da es wegen § 28 I StGB bei den üblichen Akzessorietätsgrundsätzen bleibt.

Übung 2: Nunmehr hat der Haupttäter B das Habgiermotiv und tötet deswegen den C. Anstifter A versprach sich von der Tat keine eigenen Vorteile

B ist strafbar wegen Mordes. Nach der Rspr. sind die allgemeinen Akzessorietätsregeln anzuwenden, dh entscheidend ist, ob A das Motiv des B gekannt hat. Liegt demnach Kenntnis bei A vor, ist er einer Anstiftung zum Mord schuldig. Da das besondere persönliche Merkmal der Habgier bei ihm allerdings nicht vorliegt, ist die Strafe nach §§ 28 I, 49 I StGB zu mildern. Fehlt die Kenntnis vom Mordmerkmal, kommt nur eine Anstiftung zum Totschlag in Betracht. Nach der Lit. erfolgt über § 28 II StGB eine Tatbestandsverschiebung, weil das qualifizierende Merkmal der Habgier in der Person des Anstifters nicht vorlag. A ist danach strafbar wegen Anstiftung zum Totschlag.

Übung 3: A tötet den B, indem er ihm auflauert und seine Arg- und Wehrlosigkeit ausnutzt. C hatte ihn zu der konkreten Ausführung der Tat angestiftet.

A ist strafbar wegen Mordes. Bei ihm liegt das Merkmal der Heimtücke vor. Da es sich hierbei um ein tatbezogenes Merkmal handelt, gelten nach allgemeiner Ansicht die Akzessorietätsregeln. C hatte das Vorliegen des tatbezogenen Mordmerkmals Heimtücke im Hinblick auf den Haupttäter gekannt, § 16 I StGB. Er ist strafbar wegen einer Anstiftung zum Mord. **Wichtig:** Nach BGHSt 50, 1 hat der Anstifter auch dann Vorsatz bzgl. der Heimtücke, wenn er einen Profikiller anheuert, von der genauen Ausführung aber nichts wissen will.

Übung 4: A tötet die B, weil er sie zutiefst hasst (niedriger Beweggrund). C hatte ihn auf die Idee gebracht, weil er an die Erbschaft der B kommen will (Habgier).

A ist strafbar wegen Mordes. Nach der Rspr. kommt es wiederum auf die Kenntnis vom Mordmerkmal des Haupttäters beim Anstifter an. Liegt diese vor, ist C Anstifter zum Mord. Eigentlich wäre seine

Strafe nach §§ 28 I, 49 I StGB zu mildern, weil in seiner Person kein niedriger Beweggrund vorliegt. In Anbetracht der Tatsache, dass C aber selbst ein Merkmal der 1. Gruppe verwirklicht hat, erscheint dieses Ergebnis unbillig. Die Rspr. operiert in diesen Fällen mit der Theorie der *gekreuzten Mordmerkmale*. Eine Strafmilderung ist danach ausgeschlossen, wenn dem Teilnehmer zwar das Mordmerkmal des Haupttäters fehlt, in seiner Person aber ein vergleichbares Mordmerkmal erfüllt ist. Die Lit. wendet ohne größere Schwierigkeiten § 28 II StGB doppelt an und kommt zum Ergebnis einer Anstiftung zum Mord.

D. Besonderheiten der Versuchsstrafbarkeit

73 Die Erscheinungsform des versuchten Delikts, und hierbei insbesondere die Rücktrittsproblematik, tritt nicht nur in der Klausurpraxis regelmäßig im Zusammenhang mit den Tötungsdelikten auf. Der Schwerpunkt liegt hier häufig in der Festlegung der Rücktrittsanforderungen und damit in der Abgrenzung des unbeendeten vom beendeten Versuch. Exemplarisch ist folgender

74 **Fall 5:** Timo (T) wollte Otmar (O) töten. Um dies zu erreichen stach er dem O in dessen Wohnung ein mitgeführtes und bis zu diesem Zeitpunkt versteckt gehaltenes Messer mit 10cm langer Klinge plötzlich und völlig unerwartet in die Herzgegend. Nach seiner Vorstellung handelte es sich nur noch um eine Frage der Zeit, bis O sterben würde. Deshalb wandte er sich Siegfried (S) zu, der sich ebenfalls in der Wohnung befand und begann mit diesem eine Rangelei. S und dem sich einmischenden O gelang es jedoch, den T am Boden zu fixieren. Der den beiden körperlich überlegene T ging nunmehr davon aus, die dem O zugeführten Verletzungen seien doch noch nicht tödlich und leistete dementsprechend Gegenwehr. Er glaubte, seinen Plan ohne größere Schwierigkeiten noch in die Tat umsetzen zu können. O begab sich in ein Nebenzimmer um Hilfe zu rufen. Dort brach er unter lautem Stöhnen zusammen. T, der sich zwischenzeitlich befreit hatte und ihm gefolgt war, vernahm dies und ging nunmehr wieder davon aus, die Verletzungen seien tödlich. Er verließ die Wohnung. O konnte durch den Notarzt noch gerettet werden. Strafbarkeit des T?

Strafbarkeit des Timo (T)

I. §§ 212, 211, 22, 23 I StGB

1. Vollendung ist aufgrund des Überlebens des O nicht eingetreten. Der versuchte Mord ist strafbar.

2. T müsste vorbehaltlosen Tatentschluss gehabt haben, dh Vorsatz bezüglich der Tötung eines Menschen, Bewusstsein der Täterstellung und ggf. Vorsatz bezüglich objektiver bzw. dem Vorliegen subjektiver Mordmerkmale: T wollte O töten.

T hatte auch Vorsatz hinsichtlich einer heimtückischen Tötung, da nach seinem Vorstellungsbild der O das versteckt gehaltene Messer nicht bemerken konnte und infolge des für ihn dann überraschenden Angriffs in seiner Verteidigungsbereitschaft eingeschränkt sein sollte.

3. T hatte unmittelbar zur Tatbestandsverwirklichung angesetzt, d.h auf der Grundlage seines Vorstellungsbilds ist eine unmittelbare, konkrete Gefährdung des geschützten Rechtsguts Leben des O eingetreten. Dies ergibt sich bereits aus dem Umstand, dass T den Stich in die Herzgegend des O vorgenommen hatte.

4. Rechtswidrigkeit/Schuld

5. Rücktritt?

a) Fehlgeschlagener Versuch?

Bei einem fehlgeschlagenen Versuch geht der Täter nach seiner Vorstellung zutreffend oder irrend davon aus, den erstrebten Erfolg mit den ihm in dieser Situation zur Verfügung stehenden Mitteln nicht mehr erreichen zu können. Konstruktiv handelt es sich um einen unfreiwilligen Rücktritt.

„Entscheidend ist danach nicht, ob der Angeklagte seinen ursprünglichen Tatplan nicht verwirklichen konnte, sondern ob ihm infolge einer Veränderung der Handlungssituation oder aufkommender innerer Hemmungen das Erreichen seines Zieles nicht mehr möglich erschien“ (vgl. BGH BeckRS 2013, 17555).

(P:) Bewertungszeitpunkt bei mehraktigen Geschehensabläufen

aa) Tatplantheorie: Maßgeblich ist der Tatplan bei Beginn der Tat

Contra: Privilegierung des skrupellosen Täters, da demjenigen, der nur eine Ausführungsmöglichkeit in Betracht gezogen hat, nach deren Fehlgehen keine Rücktrittsmöglichkeit mehr offensteht.

bb) Einzelaktstheorie: Maßgeblich ist die Vorstellung des Täters vor Beginn eines jeden Einzelakts.

Contra: Ein natürliches Geschehen wird in unnatürliche Einzelakte aufgespalten. Hierdurch erfolgt eine starke Einschränkung der Rücktrittsmöglichkeit, was wiederum den Opferschutz einschränkt.

cc) Gesamtbetrachtungslehre (hM): Maßgeblich ist die Vorstellung des Täters nach dem letzten Ausführungsakt (BGH bei *Eisele* JuS 2016, 656). Dem ursprünglichen Tatplan kann je nach Fallgestaltung allenfalls Indizwirkung für den Erkenntnishorizont des Täters zukommen.

Hier: T ging davon aus, er könne O mit weiteren Messerstichen töten, verzichtete jedoch darauf, weil nach seiner Vorstellung die Stiche bereits tödlich waren. Selbst als er von S und O am Boden fixiert wurde, ging er aufgrund seiner körperlichen Überlegenheit davon aus, seinen Tatplan immer noch in die Tat umsetzen zu können. Ein fehlgeschlagener Versuch liegt nicht vor.

b) Versuch beendet oder unbeendet?

Bei einem *beendeten* Versuch geht der Täter davon aus, alles seinerseits zum Erfolgseintritt Erforderliche unternommen zu haben oder er hält dies zumindest für möglich. Nach der Rspr. liegt ein beendeter Versuch auch dann vor, wenn sich der Täter im Augenblick des Verzichts auf eine mögliche Weiterführung der Tat keine Vorstellung von den Folgen seines bisherigen Verhaltens macht; eine solche gedankliche Gleichgültigkeit muss aber positiv festgestellt sein (BGH NStZ-RR 2021, 272; NStZ 2014, 143).

Bei einem *unbeendeten* Versuch geht der Täter nach der letzten Ausführungshandlung davon aus, noch nicht alles zur Erfolgsherbeiführung Erforderliche getan zu haben, hält dies aber im direkten Fortgang noch für möglich.

Unmittelbar nach den Stichen ging T davon aus, alles seinerseits Erforderliche getan zu haben. Zu diesem Zeitpunkt war der Versuch beendet. Allerdings könnte eine Korrektur des Rücktrittshorizonts stattgefunden haben (BGH NStZ-RR 2014, 240). Voraussetzung wäre, dass der Täter in *unmittelbarem räumlichen und zeitlichen Zusammenhang* zur letzten Ausführungshandlung seine Vorstellung anhand der wahrgenommenen Wirklichkeit korrigiert. Als T von O und S überwältigt wurde, dachte er, O werde doch noch nicht sterben. Er ging aber weiterhin davon aus, den Erfolg noch herbeiführen zu können. Der Versuch war zu diesem Zeitpunkt unbeendet. Es erfolgte jedoch eine erneute (sog. umgekehrte) Korrektur des Rücktrittshorizonts, als O im Nebenzimmer röchelnd zusammenbrach. T ging nach der letzten Tathandlung in engstem räumlichen und zeitlichen Zusammenhang (vgl. dazu BGH NStZ 2010, 146) mit dieser davon aus, O werde doch sterben. Es liegt ein beendeter Versuch vor, weshalb sich die Rücktrittsvoraussetzungen nach § 24 I 1 Alt. 2 bzw. § 24 I 2 StGB richten.

aa) Ein Rücktritt nach § 24 I 1 Alt. 2 StGB scheidet aus, weil keine dem T zurechenbare Vollendungsverhinderung erfolgt ist, dh keine Handlung des Täters, welche die Rettung als sein Werk erscheinen lässt.

bb) Auch ein Rücktritt nach § 24 I 2 StGB kommt nicht in Betracht, da das schlichte Verlassen der Wohnung nicht die Voraussetzungen erfüllt, welche die Rspr. an ein ernsthaftes Bemühen stellt. Hierzu muss der Täter jedenfalls ein Verhalten an den Tag legen, das sich subjektiv als Abbruch des von ihm zurechenbar in Gang gesetzten Geschehens darstellt (BGH NStZ 2012, 28).

Erg.: T ist strafbar wegen versuchten Mordes.

II. §§ 223 I, 224 I Nr. 2, 5 StGB

Erg.: T ist strafbar wegen gefährlicher Körperverletzung. Diese tritt nicht in Gesetzeskonkurrenz hinter den versuchten Mord zurück, weil im Tenor zum Ausdruck kommen muss, dass es bei dem Mordversuch auch zu Verletzungen gekommen ist (Klarstellungsfunktion).

Gesamtergebnis: Versuchter Mord in Tateinheit mit gefährlicher Körperverletzung.

Diese mit dem Etikett der Opferfreundlichkeit ausgezeichnete **75**
Sichtweise führt für sich besehen nicht nur zu teilweise schwer tragbaren Ergebnissen, sondern sprengt auch das dem § 24 StGB zugrundeliegende System der Gefährdungsumkehr. Diese Spannungen werden durch eine neuere Tendenz in der Rspr. offenkundig, wonach Zweifel beim Täter für eine Korrekturannahme maßgeblich sein können.

Sonderproblem: Korrektur des Rücktrittshorizonts und Zweifel **76**
beim Täter

Ausgangspunkt ist eine Entscheidung des 3. Strafsenats (BGH NStZ-RR 2008, 335), wonach eine Korrektur des Rücktrittshorizonts besonderer Erörterung bedarf, wenn das Opfer nach der letzten Ausführungshandlung – vom Täter wahrgenommen – noch zu körperlichen Reaktionen fähig ist, die geeignet sind, Zweifel daran aufkommen zu lassen, das Opfer sei möglicherweise bereits tödlich verletzt. Ein solcher Umstand könne geeignet sein, die Vorstellung des Täters zu erschüttern, alles zur Erreichung des gewollten Erfolgs getan zu haben. Kurzum: Das Nachtatverhalten des Opfers kann zu einer Korrektur des Rücktrittshorizonts führen, wenn es nachvollziehbare Zweifel an der tödlichen Wirkung der Verletzung aufkommen lässt. Dies ist insofern konsequent, als der Zweifelssatz für die Feststellung des Rücktrittshorizonts Geltung beansprucht (*Fischer* § 24 Rn. 15c).

Im Fall von BGH NStZ 2013, 463 hatte der Täter einem Taxifahrer in den Hals gestochen und trat die Flucht an. Das Opfer hatte sodann angesetzt die Tür zu öffnen und aus dem Taxi auszusteigen. Dies soll für eine Korrektur noch nicht genügen, da das Opfer nach der Lebenserfahrung auch bei tödlichen Stichen noch bewegungsfähig sein kann.

Andererseits wiederum BGH NStZ-RR 2008, 335: Der Angeklagte stach dem Opfer in Rücken und Bauch, beobachtete dann aber, wie das Opfer sich in ein Fahrzeug hievte und das Eintreffen der Rettungskräfte abwartete, ohne bewusstlos zu werden. Deshalb erscheint es möglich (dh es bestehen Zweifel = Anwendung des in dubio pro reo-Grundsatzes), „dass der Angeklagte in Folge dieses von ihm beobachteten Verhaltens des Geschädigten alsbald nach der letzten Tathandlung nicht mehr davon ausging, diesen tödlich verletzt zu haben". Die Folge wäre, dass von einem unbeendeten Versuch auszugehen ist, mit den geringeren Anforderungen an den Rücktritt nach § 24 I 1 Alt. 1 StGB, dh bloßes Aufgeben der weiteren Tatausführung genügt. Vgl. auch BGH NStZ-RR 2015, 106 m. Bespr. *Hecker* JuS 2015, 657.

In BGH NStZ 2012, 688 spricht der 5. Strafsenat die Auswirkungen möglicher Zweifel hingegen gar nicht an und liegt damit auf einer restriktiven Linie wie später in NStZ 2013, 463 (s.o.): Der Angeklagte stach dem Opfer mit einem Messer (Klingenbreite 2,5cm) zweimal lebensgefährlich in die linke Hälfte des Brustkorbs unterhalb des Herzens. Einen dritten Stich konnte das Opfer, das die Stiche zunächst für heftige Schläge hielt, mit der Hand abwehren und zwei bis drei Schläge auf den Angeklagten abgeben, wovon mindestens einer diesen am Kopf traf. Als das Opfer erneut zuschlagen wollte, verlor es das Gleichgewicht und fiel auf den Boden, wo es einen Moment sitzen blieb. Der Angeklagte verzichtete auf einen erneuten Messerangriff und nutzte die Situation zur Flucht. Als er sich im Laufen umdrehte sah er, dass das Opfer wieder aufgestanden war und ebenfalls flüchtete. Eine Korrektur des Rücktrittshorizonts ist nach Ansicht des BGH fraglich, da ein räumlich-zeitlicher Zusammenhang, in welchem der Täter nach Erkennen seines Irrtums von weiteren Handlungen Abstand nimmt, wohl zu verneinen sei.

E. Tötung auf Verlangen

Literatur: *Bechtel* JuS 2016, 882; *Hecker* JuS 2012, 365; *Kühl* Jura 2011, 81; *Steinhilber* JA 2010, 430.

§ 216 StGB umschreibt eine Privilegierung gegenüber dem Totschlag (anders die Rspr., die wiederum von einem eigenständigen Tatbestand ausgeht) und beheimatet zugleich den Grundsatz, dass eine Einwilligung in einen Totschlag nicht zur Straflosigkeit des Täters führt (Ausnahme: Behandlungsabbruch, vgl. BGHSt 55, 191), das Rechtsgut Leben damit nicht frei disponibel ist. Der (umstrittene) Rechtsgrund dieser Privilegierung liegt im Bereich zwischen einer durch die Einwilligung erfolgten Unrechtsminderung und einer hierdurch beim Adressaten ausgelösten schuldmindernden Konfliktlage (etwa Handeln aus Mitleid). Zudem gibt der freiverantwortliche Sterbewillige in den Fällen des § 216 StGB die Herrschaft über den todbringen Akt aus den Händen und ist damit nicht gegen Fremdbestimmungen des Täters abgesichert. Unbesehen der Unstimmigkeiten hinsichtlich des systematischen Verhältnisses der Norm zu den §§ 211 bis 213 StGB ist anerkannt, dass § 216 StGB beim Zusammentreffen mit § 211 StGB diesem vorgeht. **77**

I. Prüfungsschema

Prüfungsschema: § 216 StGB **78**

I. Tatbestand

1. Objektiver Tatbestand
   a) Erfolg (Tod eines Menschen = Erlöschen der Hirnströme)
   b) Tathandlung (Töten = Abgrenzung zur straflosen Suizidbeihilfe)
   c) Ausdrückliches und ernstliches Verlangen des Getöteten
2. Subjektiver Tatbestand

II. Rechtswidrigkeit

III. Schuld

II. Im Einzelnen

Die Einzelheiten werden anhand des nachfolgenden Falles erläutert:

79 **Fall 6** (nach BGH NStZ 2012, 85): Henriette (H) und Justus (J) sind seit langem verheiratet. Der Gesundheitszustand des J verschlechterte sich zuletzt fortwährend, nachdem er nach zwei missglückten Hüftgelenksoperationen auf einen Rollstuhl angewiesen war und aufgrund einer Netzhauterkrankung zunehmend erblindete. Die H pflegte den zu Depressionen neigenden J so gut sie konnte, war der Situation aber nicht gewachsen und verfiel dem Alkohol. Als Folge dessen verlor sie Anfang 2015 ihren Arbeitsplatz, was sie J aber verschwieg, und erlitt eine Hirnschädigung, sowie ein Asthmaleiden und Epilepsie. Nun versorgte der in seiner Seh- und Hörfähigkeit zunehmend eingeschränkte J die H so gut er konnte, war der Situation aber ebenso nicht gewachsen. Am Morgen des Tattages erlitt H einen Epilepsieanfall, woraufhin J den Notarzt verständigte. Dieser wollte die H in ein Krankenhaus einweisen, was sie jedoch verweigerte. Gegen Mittag erlitt die H erneut einen Anfall. Diesmal rief der J aber keinen Arzt, weil er meinte, dass dieser die Lage nicht dauerhaft bessern könne. H äußerte nunmehr zum ersten Mal, dass sie sterben wolle. J entwickelte den Plan, seine Frau und sich umzubringen. Nach einem weiteren epileptischen Anfall erschlug er die H mit einem Hammer. Sein Selbsttötungsversuch scheiterte jedoch. Strafbarkeit des J?

Strafbarkeit des Justus (J)

I. § 216 I StGB

1. Tatbestand

a) Das Tatbestandsmerkmal „zur Tötung (eines Menschen)" beheimatet die Abgrenzung der strafbaren, mit Tatherrschaft vorgenommenen, Tötung auf Verlangen zur straflosen Suizidbeihilfe. Hier hatte T Tatherrschaft über den todbringenden Akt. T hat als Täter einen Menschen getötet.

Erheblich schwieriger kann die Entscheidung hingegen in den Fällen des einseitig fehlgeschlagenen Doppelselbstmords sein. Neben das Kriterium der tatsächlichen Herrschaft über das zum Tod führende Geschehen tritt hier das normative Moment der Stellung des Getöteten im Gesamtplan und damit die Frage, ob dieser bis zum Todeseintritt die Entscheidung über sein Schicksal innehatte (dann straflose Beihilfe).

b) Bestimmung durch das Opfer

aa) Verlangen meint nach der hM mehr als eine Einwilligung. Der Getötete muss auf den Willen des Täters eingewirkt haben, wobei die Initiative zur Tötung nicht zwingend von ihm ausgehen muss. Hier äußerte H den Wunsch zu sterben. Dieses Verlangen war auch ursächlich dafür, dass der J den Entschluss fasste, die H zu töten, dh er wurde hierdurch zur Tötung bestimmt.

bb) Ausdrücklichkeit des Verlangens bedeutet nicht notwendig dessen wörtliche Kundgabe, aber es muss zwingend unmissverständlich gestellt werden. H hat ihren Willen unmissverständlich zum Ausdruck gebracht, indem sie ihn gegenüber dem J artikulierte.

cc) Das den Dreh- und Angelpunkt der Norm bildende Kriterium der Ernstlichkeit qualifiziert das Verlangen dahingehend, dass es auf einer freien Willensbildung des Opfers beruhen muss, dh das Opfer muss Einsichts- und Willensfähigkeit besitzen (BGH: „Der seinen Tod verlangende Mensch muss dazu die Urteilskraft besitzen, um die Bedeutung und Tragweite seines Entschlusses zu überblicken und abzuwägen"). Hier ist zu berücksichtigen, dass H aufgrund ihrer Alkoholkrankheit mittlerweile eine Hirnschädigung erlitten hatte. Weiterhin hatte sie bisher nie eine Todessehnsucht geäußert. Vielmehr entsprang der Wunsch einer depressiven Augenblicksstimmung im Anschluss an die erlittenen epileptischen Anfälle, die nicht auf einen festen Willensentschluss zurückzuführen war (vgl. zum freiverantwortlichen Suizid BGHSt 64, 121; 64, 135). Auch Ausführungsart und Datum der Tat blieben unbestimmt. Das Verlangen war nicht ernstlich.

Erg.: J ist nicht strafbar nach § 216 I StGB.

Aufbautechnisch wäre es genauso gut möglich, vor dem Hintergrund der Tätervorstellung an dieser Stelle § 16 II StGB anzuführen und erst bei dessen Scheitern auf § 212 I StGB zurückzukommen.

II. § 212 I StGB

1. Objektiver Tatbestand. Der Erfolg (Tod eines anderen Menschen) wurde kausal und zurechenbar durch die Handlung des J veranlasst.

2. Subjektiver Tatbestand?

J wollte das Leiden seiner Frau beenden und sie zu diesem Zweck töten. Er handelte in Bezug auf die objektiven Tatbestandsmerkmale vorsätzlich und war sich seiner Täterstellung bewusst. Allerdings ging er davon aus, dass seine Handlung dem Willen seiner Frau entspreche. Er könnte sich somit eine Situation vorgestellt haben, die den Tatbestand eines milderen Gesetzes (§ 216 StGB) verwirklicht, § 16 II StGB, mit der Folge, dass er wegen vorsätzlicher Begehung nur nach dem milderen Gesetz bestraft werden kann. § 16 II StGB fingiert damit die Erfüllung des privilegierten Tatbestandes.

BGH: „Ein auf Tatsachen bezogener Irrtum des Angekl. in diesem Sinne ist jedoch vom LG rechtsfehlerfrei ausgeschlossen worden. Der Angekl. **kannte alle Umstände**, die zu der Äußerung des Todeswunsches seiner Ehefrau geführt hatten".

Dem ist zuzustimmen. J wusste um die Hirnschädigung seiner Frau, sowie darum, dass H nie zuvor einen Todeswillen geäußert hatte. Ihm war auch bewusst, dass die Äußerung des Todeswunsches der vorangehenden Situation entsprang. Auf dieser Grundlage kann seiner Vorstellung nicht die Wertung entnommen werden, H habe ihn durch ein ernstliches Verlangen zur Tötung bestimmt. Vergleichbar ist dies mit der „Parallelwertung in der Laiensphäre" bei normativen Tatbestandsmerkmalen. Auch hier genügt die Umstands(un)kenntnis (man denke etwa an den Klassiker mit dem Bierfilz als Urkunde). J ging damit nicht von der Ernstlichkeit des Verlangens aus, weshalb die Voraussetzungen des § 16 II StGB nicht erfüllt sind.

Erg.: J ist strafbar nach § 212 I StGB, zu denken ist an § 213 StGB.

80 Neben der Irrtumsproblematik des § 16 II StGB wird § 216 StGB klassischerweise auch noch mit der Figur der mittelbaren Täterschaft kombiniert. Hierbei sollte Folgendes bekannt sein:

Klassiker: In Klausuren findet sich häufig der Fall, dass der Täter vom Opfer ausdrücklich und ernsthaft zur Tötung bestimmt wurde, die Tat aber nicht selbst ausführen möchte. Deshalb setzt er einen Tatmittler ein, bspw. die Krankenschwester, die eine Spritze verabreicht, aber nicht darüber informiert wurde, dass sich kein Medikament, sondern ein Gift in der Spritze befindet. Das Opfer verstirbt wunschgemäß.

1. Strafbarkeit der Krankenschwester

a) Ist die Krankenschwester gutgläubig, kann sie mangels Vorsatzes nicht wegen § 212 StGB bestraft werden. Sie erkannte gerade nicht die konkrete unmittelbare Gefahr der Rechtsgutsbeeinträchtigung. Zu denken ist allenfalls an § 222 StGB (abhängig vom Einzelfall).

b) Erkannte die Krankenschwester den Austausch, verabreicht aber dennoch die Spritze, kommt § 216 StGB nicht in Betracht, weil sie vom Opfer gerade nicht bestimmt wurde, was sie auch wusste. Gegeben ist freilich ein vollendeter Totschlag. Vollendeter Heimtückemord scheidet demgegenüber aus, da das Opfer aufgrund der Abrede mit dem Täter wusste, dass es sterben werde. Allerdings ist ein versuchter Mord (Heimtücke) anzunehmen, wenn die Krankenschwester hiervon wiederum nichts wusste und davon ausging, die Arg- und Wehrlosigkeit des Opfers auszunutzen.

2. Strafbarkeit des Täters

a) Bei Gutgläubigkeit der Krankenschwester ist der Täter wegen Tötung auf Verlangen in mittelbarer Täterschaft strafbar.

b) Bei Bösgläubigkeit scheidet eine Tötung auf Verlangen in mittelbarer Täterschaft aus, weil der Täter tatsächlich keine Tatherrschaft kraft überlegenen Wissens über die Krankenschwester hatte, diese handelte vielmehr volldeliktisch und wies keinen Defekt auf. Da der Täter sich dies (Tatbegehung durch vermeintlich gutgläubige Krankenschwester und ernsthafte und ausdrückliche Bestimmung zur Tat durch Opfer) aber vorgestellt hatte, liegt die Konstellation einer versuchten Tötung auf Verlangen in mittelbarer Täterschaft vor. Hierbei ist auf die Problematik des unmittelbaren Ansetzens bei mittelbarer Täterschaft einzugehen (Einwirken auf Tatmittler/Ansetzen des Tatmittlers/Aus der Hand geben des Geschehens durch Hintermann). Da in dieser Konstellation eine vorsätzliche rechtswidrige Haupttat der Krankenschwester vorliegt, ist schließlich an eine Anstiftung zum Totschlag zu denken. Bei der Frage des Vorsatzes ist darauf einzugehen, ob im Tätervorsatz der Anstiftervorsatz als Minus enthalten ist oder ob es sich dabei um ein Aliud handelt. Bejaht man den Vorsatz, muss abschließend auf die Frage der Tatbestandsverschiebung (§ 28 I oder II StGB?) eingegangen werden. Die Lit. wendet § 28 II StGB an und kommt zu §§ 216 I, 26 StGB (Bestimmen als besonderes persönliches Merkmal und § 216 StGB als Privilegierungstatbestand). Zu demselben Ergebnis gelangt die Rspr. aufgrund angenommener Sperrwirkung

III. Sonderkonstellation Sterbehilfe

Nicht erst seitdem das BVerfG im Zuge der Nichtigerklärung des § 217 StGB (Geschäftsmäßige Förderung der Selbsttötung) ein Recht auf selbstbestimmtes Sterben anerkannt hat (BVerfG 153, 182), beschäftigen Fragen um die Unterstützung von Sterbewilligen Straf- **81** rechtswissenschaft und -praxis. Die genauen Trennlinien zwischen erlaubtem und unerlaubtem Verhalten haben sich entlang einer (Einzelfall-)Judikatur entwickelt. Im Grundsatz gilt Folgendes:

82 Begeht der Sterbewillige seine Tötung selbst, dh hat er die Herrschaft über den letzten, todbringenden Akt inne (bspw. Trinken eines Medikamentencocktails, Setzen einer Spritze), ist jede Teilnahme an der Selbsttötung (Reichen des Bechers, aber auch das Verschaffen der Medikamente) aufgrund der fehlenden Haupttat straflos. Strafrechtlich relevant kann dann allenfalls das Unterlassen im Anschluss an die Gefahrbegründung durch den Suizidwilligen sein. Zunächst ist hierbei an eine Tötung auf Verlangen durch Unterlassen (von Rettungsmaßnahmen) zu denken, wenn der Täter Garant für das Leben des Suizidwilligen ist; regelmäßig in Betracht kommen werden Garantenstellungen aus natürlicher Verbundenheit und aus einem Arzt-Patienten-Verhältnis; die Beschaffung der Medikamente begründet hingegen aufgrund des Selbstbestimmungsrechts des Suizidenten keine Ingerenzgarantenstellung (BGHSt 64, 135). Die Rspr. hatte hier früher eine Strafbarkeit ab dem Zeitpunkt angenommen, in dem der Suizidwillige das Bewusstsein verloren hatte, weil dann die Tatherrschaft auf den Garanten übergehe (BGHSt 32, 367). Für die Konstellation des Arzt-Patienten-Verhältnisses hat der 5. Strafsenat entschieden, dass die Garantenstellung eines Hausarztes bei einem freiverantwortlichen Suizidwillen endet (BGHSt 64, 135). In den verbleibenden Fällen, insbesondere der Ehegatten und nahen Angehörigen, kommt zwar eine Beendigung der Garantenstellung nicht in Betracht. Vor dem Hintergrund des verfassungsrechtlich garantierten Rechts des Suizidwilligen auf selbstbestimmtes Sterben (BVerfGE 153, 182) wird man aber mit der hL eine Suspendierung der aus diesen Garantenstellungen fließenden Erfolgsabwendungspflicht anzunehmen haben. Eine Strafbarkeit wegen unterlassener Hilfeleistung (nach der äußerst umstr. Rspr. stellt der Suizid einen Unglücksfall dar) scheitert schließlich daran, dass ein Handeln gegen den Willen des Suizidenten nicht zumutbar ist (BGHSt 64, 121).

83 Wird die Behandlung eines schwerkranken Patienten eingestellt, kommt es nicht (mehr) auf die an den äußeren Erscheinungsformen von Tun und Unterlassen orientierte Abgrenzung zwischen erlaubter passiver Sterbehilfe einerseits und nach den §§ 212, 216 StGB strafbarer aktiver Sterbehilfe andererseits an. Der 2. Strafsenat hat vielmehr alle Handlungen, die mit der Beendigung einer ärztlichen Behandlung im Zusammenhang stehen, in dem normativen Oberbegriff des *Behandlungsabbruchs* zusammengefasst. Dieser ist gerechtfertigt, wenn

– die betroffene Person lebensbedrohlich erkrankt und die (abgebrochene) Maßnahme medizinisch zur Erhaltung oder Verlängerung des Lebens geeignet ist,

- die Einwilligung des Patienten in Form einer Patientenverfügung unmittelbar auf eine medizinische Behandlung bezogen ist,
- das Tatverhalten sich darauf beschränkt einen Zustand (wieder-) herzustellen, der einem bereits begonnen Krankheitsprozess seinen Lauf lässt.
- Nicht erfasst sind Fälle eines gezielten Eingriffs, der die Beendigung des Lebens vom Krankheitsprozess abkoppelt.

Kapitel 2. Körperverletzungsdelikte

Literatur: *Bosch* JA 2006, 743; *ders.* Jura 2017, 909; *Jahn* JuS 2014, 559; *Ruppert* JR 2016, 686.

Neben den Tötungsdelikten sind die Körperverletzungsdelikte das typische Einfallstor des Allgemeinen Teils in die Strafrechtsklausur. Insbesondere wenn ein Tötungsvorsatz nicht nachweisbar ist oder ein Rücktritt vom versuchten Totschlag das Ergebnis bildet, ist stets an die §§ 223 ff. StGB zu denken. **84**

A. Vorsätzliche Körperverletzung

Das Erfolgsdelikt des § 223 StGB schützt die körperliche Unversehrtheit und das körperliche Wohlbefinden gegen nicht nur unerhebliche Beeinträchtigungen durch üble und unangemessene Behandlungen (körperliche Misshandlung) oder das Hervorrufen/Steigern von krankhaften Zuständen (Gesundheitsschädigung). Ein solcher krankhafter Zustand kann auch in der Herbeiführung eines Rauschzustands liegen, wenn der Rausch etwa zur Bewusstlosigkeit führt oder der Betroffene sich übergeben muss (BGH NStZ 2021, 364). **85**

Seelische Beeinträchtigungen werden mangels Bezuges zum Rechtsgut der körperlichen Unversehrtheit grundsätzlich nicht erfasst. Etwas anderes gilt nur, sobald sich die seelische Beeinträchtigung in einem somatisch-objektivierbaren Zustand niederschlägt und in ihren Auswirkungen einer körperlichen Beeinträchtigung gleichsteht (BGH NStZ 2016, 27: Anspucken, das Brechreiz auslöst). Bloße emotionale Reaktionen auf Aufregungen, wie etwa starke Gemütsbewegungen oder andere Erregungszustände, aber auch latente Angstzustände, stellen keinen pathologischen Zustand und damit keine Gesundheitsbeschädigung iSd § 223 I StGB dar. **86**

Sonderfall: Tatbestandsmäßigkeit des ärztlichen Heileingriffs? **87**

Dagegen (hL): Bei einem nach den Regeln der ärztlichen Kunst durchgeführten Eingriff erfolgt eine Verbesserung des körperlichen Wohlbefindens. Deshalb unterfällt jedenfalls der indizierte und kunstgerecht ausgeführte ärztliche Heileingriff nicht dem Tatbestand der Körperverletzung.

Dafür (Rspr.): Das Selbstbestimmungsrecht des Patienten muss auch bei einem ärztlichen Heileingriff geschützt werden. Anderenfalls wäre die Straflosigkeit der sog. eigenmächtigen Heilbehandlung die kaum hinzunehmende Folge. Deshalb erfüllt jede in die körperliche Unversehrtheit eingreifende ärztliche Behandlungsmaßnahme den objektiven Tatbestand der Körperverletzung.

Die Argumentation der Rspr. ist dabei alles andere als zwingend, weil sie mit der Patientenautonomie einen Aspekt in die Diskussion einbringt, der keinen Bezug zum von § 223 StGB geschützten Rechtsgut aufweist.

88 Der subjektive Tatbestand erfordert Vorsatz, wobei Eventualvorsatz genügt; in § 229 StGB ist daneben die fahrlässige Körperverletzung unter Strafe gestellt. Die Annahme bedingten Körperverletzungsvorsatzes kann sich dabei – wie auch bei den Tötungsdelikten – aus der Gefährlichkeit der Handlung für die körperliche Integrität des Opfers ergeben (BGH NStZ-RR 2019, 76) ebenso wie aus gleichgültigem Handeln in Kenntnis der die Körperverletzung begründenden Umstände.

89 Die Rechtswidrigkeit des Verhaltens kann – nach allgemeinen Grundsätzen (BGH NStZ 2021 494 m. Bespr. *v. Heintschel-Heinegg* JA 2021, 425: Die Einwilligungsfähigkeit richtet sich nach der geistigen und sittlichen Reife, die Bedeutung und Tragweite des einvernehmlichen Rechtsgutsangriffs zu erkennen und zu beurteilen. Dies können regelmäßig auch Jugendliche bei einem einvernehmlichen Zweikampf) – durch eine Einwilligung ausgeschlossen sein. § 228 StGB regelt insoweit lediglich die Grenzen einer derartigen Einwilligung, nicht jedoch die Einwilligung als solche. Nicht mehr einwilligungsfähig ist eine Beeinträchtigung der körperlichen Unversehrtheit, wenn die einwilligende Person durch die Körperverletzungshandlung in konkrete Todesgefahr gebracht wird. Als Maßkriterium der Sittenwidrigkeit hat die Rspr. formuliert, ob die Körperverletzung wegen des besonderen Gewichts des jeweiligen tatbestandlichen Rechtsgutsangriffs unter Berücksichtigung des Umfangs der eingetretenen Körperverletzung und des damit verbundenen Gefahrengrads für Leib und Leben des Opfers trotz Einwilligung des Rechtsgutsträgers *nicht mehr als von der Rechtsordnung hinnehmbar* erscheint (BGH NStZ-RR 2018, 314).

B. Gefährliche Körperverletzung

Literatur: *Bosch* Jura 2017, 909.

Die Qualifikationsnorm des § 224 StGB beinhaltet gefährliche Begehungsweisen iRd Körperverletzungshandlung, die zu einer erhöhten Gefahr für die körperliche Unversehrtheit führen. **90**

Nr. 1: Gift, als Paradigma des gesundheitsgefährlichen Stoffes, ist ein organischer oder anorganischer Stoff, der im Wege einer Stoff-Körper-Beziehung die körperliche Unversehrtheit zu zerstören vermag. *Beigebracht* ist der Stoff dem Opfer, wenn er so mit dessen Körper in Verbindung gebracht ist, dass er seine gesundheitsschädliche Wirkung entfalten kann. Neben Klassikern wie Arsen oder Rattengift, wurde auch herkömmliches Speisesalz § 224 I Nr. 1 StGB zugeschlagen, wenn dessen schiere Menge geeignet war eine erhebliche Schädigung herbeizuführen (BGHSt 51, 18). Für die Annahme der erforderlichen Stoff-Körper-Beziehung genügt nach der Rspr. bereits ein äußerer Kontakt, weshalb das Inbrandsetzen der Oberbekleidung des Opfers § 224 I Nr. 1 StGB unterfällt (BGH NStZ-RR 2018, 209). **91**

Nr. 2: Waffen sind Gegenstände, die (subjektiv) dazu bestimmt und (objektiv) dazu geeignet sind, erhebliche Verletzungen herbeizuführen. Die Begehung *„mittels“* einer Waffe setzt eine unmittelbare Einwirkung des Tatmittels auf den Körper voraus (BGH NStZ 2016, 407). **Gefährliche Werkzeuge** sind solche Gegenstände, die nach der spezifischen Art ihrer Verwendung geeignet sind, erhebliche Verletzungen herbeizuführen und als Angriffs- oder Verteidigungsmittel eingesetzt werden (bspw. CS-Reizgasspray, BGH BeckRS 2017, 104192). Nach der hM unterfallen weder Körperteile (Faust des Boxers) oder unbewegliche Gegenstände (Hauswand, gegen die der Kopf des Opfers geschlagen wird) dem Tatbestand. Eine in sich wenig konsistente Ausnahme wird nur beim sog. *beschuhten Fuß* zugelassen, wenn neben dem schweren Wanderschuh auch ein leichter Turn- oder ein Straßenschuh von üblicher Beschaffenheit dem Begriff des gefährlichen Werkzeugs zugeordnet wird, sofern die damit vollführten Tritte auf sensible Körperregionen zielen (BGH NStZ-RR 2019, 345). Die Rspr. wechselt den Maßstab damit je nach Bedürfnis. Wird ein *Kraftfahrzeug* als Werkzeug eingesetzt, muss die körperliche Misshandlung bereits durch (tatbestandlicher Anknüpfungspunkt: „mittels“) den Anstoß selbst ausgelöst und die Verletzung auf einen unmittelbaren Kontakt zwischen Fahrzeug und Körper zurückzuführen sein (BGH BeckRS 2021, 2968 m. Bespr. *Eisele* JuS 2021, 558; NStZ-RR 2020, 281); Verletzungen, die erst durch ein anschließendes Sturzgeschehen oder das Ausweichen des Opfers verursacht wurden, unterfallen § 224 I **92**

Nr. 2 StGB demzufolge nicht. Diese Unterscheidung ist zumindest insofern begründbar, als auch der Stich mit einem Messer, der das Opfer verfehlt, keine Körperverletzung mittels einer Waffe darstellen würde, wenn sich das Opfer seine Verletzungen beim Ausweichen zuzieht.

93 **Nr. 3: Überfall** ist ein plötzlicher, unerwarteter Angriff auf einen Ahnungslosen. **Hinterlist** setzt voraus, dass der Täter seine Absicht planmäßig verdeckt, um dem Gegner die Abwehr des nicht erwarteten Angriffs zu erschweren und die Vorbereitung auf seine Verteidigung nach Möglichkeit auszuschließen (BGH BeckRS 2020, 42048 m. Bespr. *Eisele* JuS 2021, 799). Die Anwendungsfälle des § 224 I Nr. 3 StGB sind überschaubar und betreffen vor allem vorgetäuschte Friedfertigkeit durch den Täter; das bloße Ausnutzen eines Überraschungsmoments (ohne planmäßiges Verbergen der Verletzungsabsicht) reicht nicht aus. Bildlich kann man von einem Anschleichen auf leisen Sohlen sprechen, welches eine eingeschränkte Verteidigungsmöglichkeit des Opfers zur Folge hat. Die Anforderungen an den subjektiven Tatbestand sind umstritten. Während die Rspr. *Verletzungsabsicht* fordert (BGH NStZ-RR 2020, 34), lässt eine mM Eventualvorsatz ausreichen. Relevant wird die Frage in Fällen, in welchen es dem Täter auf die Begehung einer anderen Tat (bspw. einem Raub) ankommt, er hierbei aber zugleich mit Eventualvorsatz eine Körperverletzung verwirklicht.

94 **Nr. 4:** Ausreichend ist nach der hM das gemeinsame Wirken eines Täters und eines Gehilfen bei der Begehung einer Körperverletzung (BGH NStZ 2019, 612). Formal lässt sich dies mit der Legaldefinition des „Beteiligten" in § 28 II StGB begründen, inhaltlich mit der Erwägung, dass der Verletzte mehreren Angreifern gegenübersteht und damit seine Verteidigungschancen sinken. Nach einer mM ist Mittäterschaft von am Tatort anwesenden Personen erforderlich (Arg.: Wortlaut spricht von **„gemeinschaftlich"** und verweist damit auf § 25 II StGB). Allein die Anwesenheit einer zweiten Person, die sich passiv verhält, genügt allerdings nach keiner Ansicht (BGH StV 2016, 431; NStZ 2016, 668), weil es in diesem Fall an der erhöhten Gefährlichkeit der Anwesenheit mehrerer Personen für das Opfer fehlt.

95 **Nr. 5:** Verlangt man für die Körperverletzung **„mittels einer das Leben gefährdenden Behandlung"** den Eintritt einer konkreten Lebensgefahr, wird § 224 I Nr. 5 StGB zur Ausnahme innerhalb der Norm, wenn nicht mehr die Gefährlichkeit der Handlung, sondern deren Folge maßgeblich ist. Fordert man mit der Rspr. hingegen nur, dass die Art der Handlung nach den Umständen des Einzelfalls zur Lebensgefährdung generell geeignet ist (BGH NStZ 2021, 107; der lediglich in „seltenen Fällen" mögliche tödliche Ausgang der Verletzungshandlung soll nach BGH NStZ-RR 2021, 109 nicht genügen),

wird der Anwendungsbereich der Norm sehr weit ausgedehnt; diese Umstände, aus denen sich die allgemeine Gefährlichkeit des Tuns in der konkreten Situation für das Opfer ergibt, muss der Täter erkannt haben. Sonderfall: Die Infizierung mit dem HI-Virus wird überwiegend als lebensgefährdende Behandlung eingeordnet (Schönke/Schröder/*Sternberg-Lieben* § 224 Rn. 12b), wobei eine Vollendungsstrafbarkeit nur angenommen werden kann, wenn der Nachweis gelingt, dass die Erkrankung auf dem jeweiligen Sexualkontakt beruht.

C. Schwere Körperverletzung

Der Tatbestand des § 226 StGB markiert ein erfolgsqualifiziertes **96**
Delikt. Neben der Beeinträchtigung der körperlichen Unversehrtheit muss mindestens eine der abschließend aufgezählten schweren Folgen eingetreten und dieser Erfolg spezifische Folge des Grunddelikts sein. Mit § 224 StGB ist Tateinheit möglich, weil anderenfalls das erhöhte Unrecht der gefährlichen Körperverletzung im Schuldspruch nicht zum Ausdruck kommt (BGH NStZ-RR 2021, 138; aA BGHSt 21, 194).

Nr. 1 verlangt den Verlust einer dort beschriebenen *Fähigkeit.* Dabei **97**
differenziert die Norm eindeutig, wenn beim Sehvermögen der Verlust auf einem Auge genügt, wohingegen das Hörvermögen vollständig verloren sein muss.

Nr. 2 knüpft an einen *dauernden Funktionsverlust* an. Unter Gliedern **98**
versteht die hM über Gelenke verbundene Körperteile, während eine mM unter Überdehnung des Wortlauts auch innere Organe erfassen will. *Wichtig* ist ein Körperteil, wenn es für die individuelle Lebensführung des Opfers von Bedeutung ist.

Nr. 3 betrifft hauptsächlich die *dauernde Entstellung* in erheblicher **99**
Weise, die vorliegt, wenn das äußere Erscheinungsbild durch eine Verunstaltung wesentlich beeinträchtigt wird und eine Heilung auf absehbare Zeit mittels medizinischer Möglichkeiten nicht möglich, bzw. nicht zumutbar ist. Das Hervorrufen einer psychischen Krankheit kann auch tatbestandsmäßig sein, sofern diese nicht nur vorübergehend oder nur unerheblich ist (BGH NStZ 2018, 102).

Hinsichtlich § 226 II StGB (qualifizierter Fall der schweren Körper- **100**
verletzung bei *absichtlicher* oder *wissentlicher* Verursachung der schweren Folge) gilt es zu bedenken, dass dessen Anwendbarkeit bei Vorliegen von Tötungsvorsatz ausgeschlossen ist (aA BGH NJW 2001, 980). Dies gründet sich darauf, dass das absichtliche oder wissentliche Verursachen der schweren Folgen die Intention voraussetzt, dass das Opfer überlebt.

D. Körperverletzung mit Todesfolge

101 Der Tatbestand des § 227 StGB markiert ein erfolgsqualifiziertes Delikt. Seine Existenz ist dem Umstand geschuldet, dass die Gefahr der Beeinträchtigung des Rechtsguts Leben in bestimmten Konstellationen der Körperverletzung typischerweise mitangelegt sein kann. Die Vorschrift soll deshalb der mit der Körperverletzung verbundenen Gefahr des Eintritts der qualifizierenden Todesfolge entgegenwirken (BGH NStZ 2021, 494). Der im Vergleich zur fahrlässigen Tötung gravierendere Strafrahmen („nicht unter drei Jahren") bezieht seine Legitimation daher auch aus der spezifischen Verbindung zwischen Grunddelikt und besonderer Folge. Ein Kausalzusammenhang zwischen Körperverletzung und Todesfolge ist vor diesem Hintergrund daher notwendige, aber nicht hinreichende Bedingung der Strafbarkeit. Hinzukommen muss, dass der Körperverletzungshandlung bzw. -erfolg das spezifische Risiko anhaftet, zum Tod des Opfers zu führen (*gefahrspezifischer Risikozusammenhang*, vgl. BGH StV 2021, 120).

102 **Fall 7** (nach BGH NStZ 2013, 280 m. Bespr. *Jäger* JA 2013, 312): Hilde (H), Klaus (K) und Ömer (Ö) sind 15 Jahre alt und langweilen sich zutiefst. Sie kamen deshalb überein, den obdachlosen Straßenmusiker Sebastian (S) tätlich anzugreifen. Zuvor hatten sie den mit 3,3 ‰ Blutalkohol betrunkenen S angesprochen und mit ihm in zunächst friedlicher Stimmung eine Zigarette geraucht. Sie wollten ihr Opfer verletzen und zusammenschlagen um ihre Überlegenheit zu demonstrieren und weil sie Freude daran hatten. Entsprechend ihres Tatplans schlugen sie in einer zuvor festgelegten Reihenfolge auf S ein. Es begannen K und Ö mit Tritten gegen S, bis dieser reglos am Boden lag. Nun trat H an das Opfer heran und trat dem bewusstlos am Boden liegenden S mit zwei Stampftritten in das Gesicht, wobei sie den Tod des Opfers billigend in Kauf nahm. Ö zog die H von dem Geschädigten weg und fragte „Bist du verrückt? Willst du den etwa umbringen? Komm wir gehen!" Gleichwohl trat die H nochmals wuchtig von oben in das Gesicht des Tatopfers und äußerte: „Das fühlt sich an wie Knete." H hatte Spaß an dieser Ausübung von Gewalt und war von dem Gefühl der Macht über das Leben des Geschädigten fasziniert. H, K und Ö, die alle Sportschuhe trugen, war klar, dass S schwer verletzt war und sterben könnte. Sie erkannten, dass S dringend ärztliche Hilfe benötigte, unterließen aber das Absetzen eines Notrufs. Ob das Opfer sterben würde war ihnen gleichgültig. Aufgrund eines neuen Tatentschlusses nahmen sie die Bauchtasche des S mit 190 Euro an sich und verließen den Tatort. S starb wenig später an den Folgen der Verletzungen auf-

grund der Tritte der H. Es konnte nicht mehr festgestellt werden, ob durch Herbeirufen eines Notarztes das Opfer mit an Sicherheit grenzender Wahrscheinlichkeit hätte gerettet werden können. Strafbarkeit der Beteiligten?

A. Strafbarkeit der Hilde (H)

I. §§ 212, 211 StGB

1. Erfolg, Kausalität und objektive Zurechnung liegen vor. S starb infolge der Tritte der H.

2. Objektives Mordmerkmal Heimtücke. Nach Ansicht der Lit. ist ein Heimtückemord abzulehnen, weil das bloße gemeinsame Rauchen einer Zigarette kein besonderes Vertrauensverhältnis schafft. Zu einem anderen Ergebnis gelangt die Rspr., da sich das Verhalten der H vorliegend als ein bewusstes Ausnutzen der Arg- und Wehrlosigkeit des Opfers in feindlicher Willensrichtung darstellt. Schon die ersten, mit Körperverletzungsvorsatz ausgeführten Tritte von K und Ö erfolgten heimtückisch, wähnte sich der S aufgrund der vorherigen friedlichen Stimmung doch keines Angriffs und war infolge seiner erheblichen Alkoholisierung auch wehrlos. Diese Tritte gingen in unmittelbarem Fortgang des gemeinschaftlichen Handelns in die mit Tötungsvorsatz ausgeführten Tritte der H über.

3. H hat den Todeseintritt billigend in Kauf genommen und die Umstände erkannt, welche die Arg- und Wehrlosigkeit des Opfers begründeten.

4. Subjektive Mordmerkmale

a) Ein Handeln aus Habgier ist zu verneinen, weil die Motivation bei Ausführung der Tritte nicht von einem Streben um eines materiellen Vorteils willen geprägt war. Der Vorsatz die Barschaft des S zu entwenden wurde erst später gefasst.

b) Mordlust liegt vor, wenn es dem Täter darauf ankommt, einen Menschen sterben zu sehen, wenn er aus Freude an der Vernichtung eines Menschenlebens oder aus Zeitvertreib tötet. Vorliegend ist das Merkmal gegeben, da H aus Langeweile handelte und Spaß an der ausgeübten Form von Gewalt gegenüber S hatte („Das fühlt sich an wie Knete").

c) Sonstige niedrige Beweggründe liegen nicht vor. Die Inkaufnahme des Todes eines Menschen, um Spaß zu haben und seine eigene Langeweile zu kompensieren steht sittlich zwar auf tiefster Stufe, markiert ein krasses Missverhältnis zwischen Anlass und Handlung und erscheint deshalb als besonders verwerflich, ja verächtlich. Die Sachverhaltsumstände, die geeignet wären, das Mordmerkmal zu begründen, sind jedoch identisch mit den das Merkmal der Mordlust ausfüllenden Tatsachen.

5. Rechtswidrigkeit/Schuld

Die ebenfalls verwirklichte gefährliche Körperverletzung, §§ 223 I, 224 I Nr. 2, 3, 4, 5 StGB, tritt hinter dem Tötungsdelikt zurück.

II. §§ 211, 212, 22, 23 I, 13 I StGB

Ein versuchter Verdeckungsmord durch Unterlassen ist tatbestandlich gegeben, weil nach der hM auch den vorsätzlich handelnden Täter eine Garantenstellung aus Ingerenz trifft (Vorteil: Teilnahme bleibt möglich.). Auf Konkurrenzebene wird das Unterlassungsdelikt jedoch vom Begehungsdelikt verdrängt, sofern es in seinem Unrechtsgehalt nicht weiterreicht.

III. § 231 I StGB

1. Beteiligung an einem von mehreren verübten Angriff

2. Vorsatz

3. Objektive Bedingung der Strafbarkeit: Verursachung des Todes eines Menschen

Erg.: H hat sich nach § 231 I StGB strafbar gemacht, zu § 211 StGB besteht Tateinheit.

IV. §§ 249 I, 250 II Nr. 3 StGB

1. Vorsätzliche Wegnahme einer fremden beweglichen Sache in Zueignungsabsicht.

Auch Bewusstlose haben nach der Verkehrsanschauung Gewahrsam, selbst wenn sie die Fähigkeit, einen Willen zu fassen und zu äußern, bis zu ihrem Tode nicht wiedererlangen (vgl. BT/2 Rn. 25).

2. Gewalteinsatz um Wegnahme zu ermöglichen (Finalität)?

Die Tritte wurden durch H ausgeübt, um das Opfer zu verletzen und die eigene Überlegenheit zu demonstrieren. Im Zeitpunkt des Gewalteinsatzes bestand demnach kein Wille zur Wegnahme. Im Zeitpunkt der Wegnahme wiederum war die Gewaltausübung bereits abgeschlossen und wirkte in ihren Folgen (S liegt schwerverletzt am Boden) nur noch fort. Daher handelt es sich um ein bloßes Ausnutzen der vorherigen Gewaltwirkung. Die Figur der Gewalt durch Unterlassen ist vorliegend nicht anwendbar, da wegen der Bewusstlosigkeit des Opfers eine Aufhebung der Gewaltwirkung nicht denkbar ist.

V. H hat sich aber nach **§§ 242 I, 243 I 2 Nr. 6 StGB** strafbar gemacht.

B. Strafbarkeit des Klaus (K) und des Ömer (Ö)

I. §§ 212 I, 25 II StGB

Zurechnung der todesbringenden Handlung der H gem. § 25 II StGB?

Der gemeinsame Tatplan war nur darauf gerichtet, das Opfer zu verletzen und zusammenzuschlagen. Die Inkaufnahme des Todes durch H war nicht mehr vom ursprünglichen Tatplan gedeckt, was auch durch das Nachtatverhalten des Ö in Form eines Beweisanzeichens belegt wird („Bist du verrückt? Willst du den etwa umbringen?“). Die Grenze der Zurechnung ist aufgrund der Geltung des Schuldprinzips dort zu ziehen, wo ein vom gemeinsamen Tatplan abweichender Verlauf von den Beteiligten nicht vorhersehbar war. Der Exzess eines Beteiligten kann den Übrigen daher nicht zugerechnet werden, weil Zurechnungsgrund des § 25 II StGB allein der gemeinsame Tatplan ist, der bei einem Exzess verlassen wird (vgl. zur Abgrenzung Mittäterexzess – Zurechnung auch BGH NStZ 2013, 400).

II. § 227 StGB

1. Unrechtstatbestand des Grunddelikts, §§ 223 I, 224 I Nr. 2, 3, 4, 5 StGB

Körperliche Misshandlung und Gesundheitsschädigung des S wurden kausal durch die Tritte von K und Ö verursacht. Auch ein normaler Straßenschuh kann nach seinem konkreten Einsatz ein gefährliches Werkzeug sein, hier: Tritte ins Gesicht (BGH NStZ-RR 2015, 309: beschuhter Fuß auf Hals des Opfers gedrückt). Ein Hinterlistiger Überfall ist ebenfalls zu bejahen, weil sich das Geschehen als plötzlicher unerwarteter Angriff auf einen Ahnungslosen darstellt, wobei die Angriffsabsicht durch das vorherige friedliche Rauchen einer Zigarette auch planmäßig verdeckt wurde. Ein Angriff mehrerer Mittäter stellt jedenfalls ein § 224 I Nr. 4 StGB unterfallendes gemeinschaftliches Handeln dar. Die Tritte führten zudem dazu, dass S bewusstlos am Boden lag, von H weiter traktiert werden konnte und verstarb. Sämtliche objektiven Umstände waren schließlich auch vom Vorsatz von K und Ö umfasst, insbesondere kannten sie die Umstände der Misshandlung.

2. Der besondere Erfolg ist mit dem Tod des S eingetreten.

3. Erfolg als spezifische Folge des Grunddelikts?

Der Tod des S muss mit dem Grunddelikt der Körperverletzung in spezifischer Weise zusammenhängen, dh der Verwirklichung des Grunddelikts muss eine ihm eigentümliche tatbestandsspezifische Gefahr anhaften, die sich im tödlichen Ausgang verwirklicht. Dabei ist fraglich, ob der Tod Folge der Handlung der Körperverletzung (Tritte) sein muss (Lehre von der Handlungsgefahr) oder ob der Tod aus dem Erfolg des Grunddelikts (Verletzung) resultieren muss (Letalitätstheorie).

a) Die Rspr. folgt ersterer Ansicht und bezieht die Körperverletzungshandlung in den Gefahrzusammenhang ein, soweit bereits ihr das Risiko eines tödlichen Angriffs anhaftet (BGH NStZ-RR 2019, 378; NStZ 2016, 211; 2008, 278). Das früher von der Rspr. bemühte Kriterium der „Unmittelbarkeit" wurde als zu unbestimmt aufgegeben. Die Tritte von K und Ö führten zwar nicht unmittelbar zum Tod des S, allerdings bargen sie die Möglichkeit eines tödlichen Ausgangs in sich. Der spezifische Zurechnungszusammenhang wird vom BGH vorliegend mit der aus dem gemeinsamen Tatplan resultierenden Vorhersehbarkeit des Exzesses begründet (vgl. auch BGH BeckRS 2021, 20678 m. Bespr. *Kudlich* JA 2021, 871).

b) Nach der Letalitätstheorie kann der Zurechnungszusammenhang nur begründet werden, wenn man darauf abhebt, dass die von K und Ö vorsätzlich herbeigeführten Verletzungserfolge (S lag bewusstlos und mit blutender Nase auf dem Boden) mitverantwortlich dafür waren, dass H sich zur Anwendung tödlicher Gewalt herausgefordert fühlte. Lässt man diesen mittelbaren Nachweis nicht genügen, müssen die Vertreter der Letalitätstheorie eine Strafbarkeit nach § 227 StGB verneinen, weil der Tod des S nicht aus der von K und Ö herbeigeführten Gesundheitsschädigung resultiert, sondern aus der folgenden Misshandlung durch H.

c) Für die Lehre von der Handlungsgefahr spricht, dass § 227 StGB vollständig auf die „§§ 223 bis 226" verweist, womit ua auch die Anordnung der Versuchsstrafbarkeit (§ 223 II, § 224 II StGB) erfasst ist. Ein (zurechenbarer) Verletzungserfolg fehlt bei einem Versuch jedoch denknotwendig. Demgegenüber kann die Letalitätstheorie ebenfalls den Wortlaut des § 227 StGB für sich in Anspruch nehmen, wonach durch die Körperverletzung der Tod der „verletzten" Person verursacht werden muss. Dieses Patt ist dadurch aufzulösen, dass man bei jeder einzelnen Erfolgsqualifikation danach fragt, worin die Intention des Gesetzgebers bei Schaffung der jeweiligen Vorschrift gelegen hat. So steht etwa die Brandstiftung mit Todesfolge nicht deshalb unter Strafe, weil die typische Gefahr besteht, dass jemand beim Inbrandsetzen zu Tode kommt, sondern weil das Opfer regelmäßig ein „Raub der Flammen" wird, weshalb der Erfolg des Grunddelikts maßgeblich ist. Andererseits wird das Opfer eines Raubes typischerweise nicht durch die Wegnahme der Sache sterben (Extremfall: Wegnahme von lebenswichtigen Medikamenten), sondern durch die Gewaltanwendung. Bei § 227 StGB stellt sich die Situation als nicht so eindeutig dar. Aber idR ist es der Körperverletzungserfolg, der zum Tod des Opfers führt. „Daß schon die Tatbestandshandlung tödliche Wirkung hat, ist ein seltener Ausnahmefall, der die Erfolgsqualifikation nicht tragen kann. Denn eine untypische Folge kann bei den meisten Tatbestandsverwirklichungen eintreten, ohne daß dies eine Qualifikation nach sich zöge." (*Roxin* AT II, § 29 Rn. 329)

Vorliegender Fall ist schon deswegen dem Anwendungsbereich des § 227 StGB zuzuordnen, da die Begehung weiterer, tödlich wirkender Körperverletzungen durch andere Beteiligte im Anschluss an einen vom Täter herbeigeführten Verletzungserfolg „erfahrungsgemäß leicht voraussehbare Folgen roher Gewalt [sind], sodass die tödliche Wirkung auch im Sinne der (eingeschränkten) Letalitätstheorie bereits in der Ausgangsverletzung angelegt erscheint." (*Jäger* JA 2013, 314).

Auch eine Unterbrechung des Zurechnungszusammenhangs durch vorsätzliches Dazwischentreten der H kommt nicht in Betracht. K und Ö haben durch ihre vorausgegangene Misshandlung des S gerade die Gefahr geschaffen, dass die später an der Reihe gewesene H weitere Schädigungen oder auch den Tod des S verursacht. Aus diesem Grund ist auch die Regressverbotslehre, nach welcher ein vorsätzlich handelnder Zweittäter den Zurechnungszusammenhang zum fahrlässig handelnden Ersttäter unterbricht, abzulehnen.

4. Wenigstens Fahrlässigkeit, § 18 StGB

Die objektive Sorgfaltspflichtverletzung ist in der Verwirklichung des Grunddelikts bereits angelegt. Vorhersehbar war der Erfolgseintritt für K und Ö deshalb, weil bei dem von den Mittätern gefassten gemeinsamen Tatplan ein Exzess eines Täters nicht außerhalb allen Wahrscheinlichen lag. Vielmehr misshandelte H den S aufgrund des Tatplans. Ihre Abweichung hinsichtlich der Intensität müssen sich K und Ö als fahrlässig zurechnen lassen.

III. §§ 212, 211, 22, 23 I, 13 I StGB

1. Eine vollendete Tötung durch Unterlassen ist zu verneinen, weil nicht mehr festgestellt werden konnte, ob durch Herbeirufen eines Notarztes das Opfer mit an Sicherheit grenzender Wahrscheinlichkeit hätte gerettet werden können. Damit kann eine hypothetische Rettungshandlung aber nicht hinzugedacht werden, ohne dass der Erfolg mit an Sicherheit grenzender Wahrscheinlichkeit entfiele. Die Kausalität des Unterlassens für den Erfolgseintritt ist nicht nachweisbar. Der Versuch ist strafbar, § 12 I StGB.

2. Vorbehaltloser Tatentschluss, dh Vorsatz einen Menschen zu töten und Bewusstsein der Garantenstellung.

Hinweis: Bezüglich der Kausalität des Unterlassens ist es nicht erforderlich, dass dem Täter bewusst sein muss, dass der Erfolg mit an Sicherheit grenzender Wahrscheinlichkeit eintreten würde; auch insoweit genügt Eventualvorsatz. Zwar hat der 5. Strafsenat im sog. Göttinger Organspende-Fall dies verlangt (BGHSt 62, 223), allerdings gehen selbst die anderen Strafsenate davon aus, dass diese Entscheidung eine Art „Ausreißer" darstellt (BGH NJW 2021, 326). Denn die Wendung der „an Sicherheit grenzenden Wahrscheinlichkeit" beschreibt die Anforderung an die Überzeugungsbildung des Tatgerichts, stellt aber keine Einschränkung der Kausalität dar.

a) Es besteht eine Garantenstellung aus vorangegangenem gefährlichen Tun (Ingerenz). Anknüpfungspunkte sind die gemeinsamen Misshandlungen des S. Da das Grunddelikt der Körperverletzung die Anforderungen eines *pflichtwidrigen* Vorverhaltens (str.) erfüllt, ist für das Rechtsgut Leben des S eine Gefahrerhöhung eingetreten. Auf die streitige Frage, ob eine Ingerenzgarantenstellung auch dann möglich ist, wenn das vorangehende aktive Tun auf denselben Erfolg gerichtet ist (*Fischer* § 13 Rn. 31) kommt es nicht an, da von K und Ö nur die Körperverletzung beabsichtigt war, weshalb vorhersehbare, weitergehende Erfolge abzuwenden sind.

b) Verdeckungsmord durch Unterlassen?

Vorliegend bezieht sich die Absicht von K und Ö auf eine andere Straftat, weil die beiden Täter gerade nicht mit Tötungsvorsatz auf den S eingewirkt haben, sondern nur eine Körperverletzung beabsichtigten. Auf das von der Rspr. bei einheitlichen Geschehensabläufen eingeführte Kriterium einer „deutlichen zeitlichen Zäsur" (BGH NStZ 2015, 458) kommt es deshalb nicht an.

Der BGH hatte bereits früh entschieden, dass der Begriff des Verdeckens ein aktives „Zudecken" erfordere und ein schlichtes „Nichtaufdecken" nicht ausreiche. Dogmatisch begründen lässt sich dies mit einem Teil der Lit. mit fehlender Modalitätenäquivalenz, § 13 I aE (die Gebotsnorm „Rette!" würde von dem Garanten auch eine aktive Aufdeckungshandlung „Decke auf!" verlangen, die Verbotsnorm „Töte nicht, um zu verdecken!" würde zu „Verhindere den Tod, selbst wenn dadurch eine Straftat aufgedeckt wird!"). Diese Ansicht wurde vom BGH mittlerweile aufgegeben (etwa BGH NStZ 2003, 312). Vorliegend kam es K und Ö gerade darauf an, eine durch das Opfer oder durch sonstige Dritte drohende Entdeckung zu verhindern. Aus diesem Grund unterließen sie die Rettungshandlung gegenüber S. Der hierin liegende Unwert ist dem einer aktiven Tötung zum Zwecke der Verdeckung vergleichbar, weil der Täter in beiden Fällen bewusst den Tod eines Menschen in Kauf nimmt (nach hM genügt bedingter *Tötungs*vorsatz; eine Ausnahme wird lediglich zugelassen, wenn das Verdeckungsziel nach der Tätervorstellung nur durch eine erfolgreiche Tötungshandlung zu erreichen ist), um zu verhindern, dass seine Tatbeteiligung aufgedeckt wird. Auch enthält der Gesetzeswortlaut keinen Anhaltspunkt für die Ausklammerung des Unterlassens.

3. Unmittelbares Ansetzen beim unechten Unterlassungsdelikt

a) eA: Mit Verstreichenlassen der ersten Rettungsmöglichkeit

b) aA: Mit Verstreichenlassen der letzten Rettungschance

c) hM: Wenn der Täter die Herrschaft über das Geschehen aus der Hand gibt oder das Rechtsgut unmittelbar gefährdet ist

d) Die beiden Täter haben den Tatort bereits verlassen (Geschehen aus der Hand gegeben) und S ist gestorben (letzte Rettungschance ist verstrichen). Damit ist nach allen Ansichten ein unmittelbares Ansetzen zu bejahen.

4. Rechtswidrigkeit/Schuld

(5. Kein Rücktritt)

IV. §§ 242 I, 243 I 2 Nr. 6, 25 II StGB

C. Konkurrenzen

Zwischen § 227 StGB und dem Verdeckungsmord durch Unterlassen besteht Tateinheit. Der Diebstahl steht hierzu in Tatmehrheit, da der Entschluss die Barschaft des S wegzunehmen noch nicht bei dessen Misshandlung bestanden hat.

Dieser spezifische Gefahrzusammenhang war in neuem Gewand **103**
Gegenstand einer Entscheidung des 1. Strafsenats (BGH NJW 2017,

418 m. Bespr. *Kudlich* JA 2017, 229). Der Senat hält den für eine Körperverletzung *durch Unterlassen* mit Todesfolge erforderlichen Gefahrzusammenhang regelmäßig für gegeben, wenn der Garant in einer ihm vorwerfbaren Weise den lebensgefährlichen Zustand herbeigeführt hat, aufgrund dessen der Tod der zu schützenden Person eintritt. Schreitet der Garant bei Misshandlungen durch einen Dritten nicht ein, kann § 227 StGB nach der Rspr. durch Unterlassen verwirklicht werden, wenn der Garant die zum Tode führenden Gewalthandlungen des Dritten nicht verhindert hat (BGH NStZ 2017, 410). Wäre das Opfer indes auch bei Vornahme der gebotenen Handlung verstorben, ist der Tod nicht iSd § 227 StGB Folge der durch Unterlasssen begangenen Körperverletzung (BGH BeckRS 2021, 21023).

104 **Exkurs zu § 231 StGB** (vgl. BGH NStZ 2014, 147): „Eine **Schlägerei** iSd § 231 StGB kann auch anzunehmen sein, wenn nacheinander jeweils nur zwei Personen gleichzeitig wechselseitige Tätlichkeiten verüben, zwischen diesen Vorgängen aber ein so enger innerer Zusammenhang besteht, dass eine Aufspaltung in einzelne ‚Zweikämpfe' nicht in Betracht kommt und die Annahme eines einheitlichen Gesamtgeschehens mit mehr als zwei aktiv Beteiligten gerechtfertigt ist."

Kapitel 3. Brandstiftungsdelikte

Literatur: *Eisele* JuS 2016, 1041; *Kraatz* JuS 2012, 691; *Seitz/Nussbaum* JuS 2019, 1060.

A. Dogmatik

Gemeinhin sind die Brandstiftungsdelikte unter Examenskandidaten wenig beliebt. Jedem Kandidaten kann aber aus zwei Gründen die Angst vor dieser Deliktsgruppe genommen werden. Die Fallstricke der §§ 306 ff. StGB sind sehr überschaubar und mit Kenntnis der Gesetzessystematik lässt sich jeder Klausursachverhalt in den Griff bekommen. Als Ausgangspunkt des Zugriffs auf die Materie sollte man sich nachfolgende Struktur vergegenwärtigen. 105

Drei Spuren der Strafbarkeit:			
Grunddelikt:	§ 306 I	§ 306a I	§ 306a II
Qualifikation:	–	§ 306b II	§ 306b II
Erfolgsquali.:	§ 306b I	§ 306b I	§ 306b I
	§ 306c	§ 306c	§ 306c

Dieses auch im jeweiligen Normtext zum Ausdruck kommende Wechselspiel zwischen Grunddelikt, Vorsatz- und Erfolgsqualifikationstatbeständen ist von enormer Bedeutung und letztlich wichtiger als die Kenntnis von Einzeldefinitionen oder Streitständen!

Die dargestellten drei Schienen unterscheiden sich hinsichtlich Deliktskategorie und geschützten Rechtsgütern. Während § 306 I StGB als *Eigentumsdelikt* in Form eines schlichten Tätigkeitsdelikts eigentlich systemwidrig im 28. Abschnitt steht (aA aber die hM, derzufolge sich der Unrechtsgehalt der Brandstiftung neben der Verletzung fremden Eigentums auch aus der brandbedingten generellen Gefährlichkeit ergeben soll, vgl. BGHSt 63, 111; 63, 300), handelt es sich bei den Gefährdungsdelikten des § 306a I StGB (abstraktes Gefährdungsdelikt) und § 306a II StGB (konkretes Gefährdungsdelikt) um klassische Fälle gemeingefährlicher Delikte. Geschützt werden von § 306a StGB nach hM *Leib* 106 *und Leben von Menschen*, wohingegen eine mM mit den Wohn- und Aufenthaltsstätten das Angriffsobjekt zum Rechtsgut erhebt.

B. § 306 I StGB

I. Prüfungsschema

107 **Prüfungsschema: § 306 I StGB**

I. Tatbestand

1. Objektiver Tatbestand

a) Tatobjekt: fremdes Gebäude ... usw. (Eigentumsdelikt!)

b) Inbrandsetzen oder durch Brandlegung ganz oder teilweise zerstören

2. Subjektiver Tatbestand

Vorsatz (dolus eventualis genügt)

II. Rechtswidrigkeit

III. Schuld

II. Einzelheiten

1. Tatobjekt

108 Tatobjekte sind die in § 306 Abs. 1 StGB abschließend aufgezählten fremden Gegenstände, wobei Spezialkenntnisse zu diesen kaum erwartet werden können (etwa dass ein Wohnwagen eine Hütte ist, wenn er fest auf dem Boden ruht, vgl. BGH BeckRS 2020, 10009). Erwähnenswert ist jedoch, dass sich in kurzer Abfolge der BGH mit dem Begriff der Warenlager oder -vorräte (Nr. 3) zu befassen hatte, wobei wohl allein schon das Vorliegen dieser Variante zur jeweiligen Aufnahme in die amtliche Sammlung geführt hat (BGHSt 63, 111; 63, 300). Im ersten Fall hatte der Täter den beladenen Kühlanhänger eines Getränkemarktes in Brand gesetzt, im zweiten Lkw-Wechselbrücken. Nach dem 5. Strafsenat (BGHSt 63, 111) ist der Warenvorrat eine größere Menge von körperlichen Gegenständen, die nicht dem Eigenverbrauch, sondern typischerweise dem gewerblichen Umsatz dienen, weshalb der Senat eine vollendete Brandstiftung bereits durch das Inbrandsetzen der Ladung angenommen hat.

Wegen der hohen Strafdrohung (Verbrechen!) ist eine restriktive Auslegung der Tatobjekte erforderlich. Die hM nimmt sie dergestalt vor, dass das Inbrandsetzen eine *abstrakte Gemeingefahr* schaffen muss (bspw. fällt infolgedessen ein Schlauchboot nicht unter den Begriff des Wasserfahrzeugs oder sollen nach der Rspr. unbedeutende Vorratsmengen nicht dem Begriff des Warenvorrats unterfallen); dagegen spricht, dass der Gesetzgeber in § 306a I StGB – anders als in § 306 StGB – die abstrakte *Gemein*gefahr mittels des Dienens zu Wohnzwecken oder der Zeit des üblichen Aufenthalts umschrieben hat, weshalb dieses Erfordernis in § 306 StGB nicht angelegt ist. Ebenso ist die (der Sache nach zutreffende) Annahme von Tateinheit zwischen § 306 I StGB und § 306a StGB (BGH StV 2020, 585) auf dieser Grundlage nicht begründbar. Die Einschränkung kann deshalb überzeugender Weise nur damit begründet werden, dass das normierte Verhalten zur Strafe anderenfalls in keinem angemessenen Verhältnis steht. **109**

Das Inbrandsetzen eigener Tatobjekte ist aufgrund des Charakters als Eigentumsdelikt schon nicht tatbestandsmäßig. Steht das Tatobjekt im Miteigentum von gemeinschaftlich handelnden Tätern (Mittätern), steht dieses für jeden einzelnen Täter zwar auch im Miteigentum eines anderen, allerdings steht das Tatobjekt, wenn alle Miteigentümer als Mittäter handeln, nicht im Eigentum anderer Personen als der Täter. **110**

2. Tathandlung

In Brand gesetzt ist das Tatobjekt, wenn nach der Verkehrsanschauung für den bestimmungsgemäßen Gebrauch *wesentliche Teile* vom Feuer in einer Art und Weise erfasst sind, die ein Weiterbrennen aus eigener Kraft (ohne Fortwirken des Zündstoffs) ermöglichen. Das Brennen von Inventar genügt nicht, ebenso wenig das bloße Entflammen des Zündstoffs. Für den bestimmungsgemäßen Gebrauch wesentliche Gebäudeteile sind etwa Türen, Fußböden, Zimmerwände, Treppen, nicht aber die Lattentür im Keller oder eine Tapete. **111**

Durch Brandlegung ganz oder teilweise zerstört ist eine Sache, wenn durch typische Gefahren des Versuchs einer Brandstiftung die Unbrauchbarmachung der ganzen Sache oder ihrer funktionell selbständigen Teile bewirkt wurde; für die Unbrauchbarkeit genügt die Beeinträchtigung der bestimmungsgemäßen Nutzbarkeit für eine nicht nur unerhebliche Zeit (BGHSt 48, 14). Mithin muss die Möglichkeit der Nutzung von Gebäudeteilen wenigstens für einzelne Zweckbestimmungen über eine nicht unbeträchtliche Zeit aufgehoben sein, ein für die ganze Sache zwecknötiger Teil unbrauchbar oder einzelne **112**

Bestandteile gänzlich vernichtet werden, die für einen selbständigen Gebrauch des Gebäudes bestimmt oder eingerichtet sind (BGH NJW 2021, 2373). Erfasst ist etwa auch die Beeinträchtigung der bestimmungsgemäßen Nutzbarkeit eines Kellers als Versorgungs- und Aufbewahrungsraum, wenn die erforderlichen Reparaturarbeiten infolge brandbedingter Schäden einen nicht unerheblichen Zeitraum in Anspruch nehmen (BGHSt 56, 94).

113 Nach allgemeiner Auffassung handelt es sich bei der Tathandlungsalternative des vollständigen oder teilweisen Zerstörens um einen Auffangtatbestand zum Inbrandsetzen vor dem Hintergrund der heute üblichen Verwendung feuerfester Materialien, die regelmäßig verhindern, dass wesentliche Gebäudeteile in Brand geraten. Die von dem gelegten Feuer ausgehenden Gefahren (Ruß-, Rauch-, Gas-, Hitzeentwicklung) können jedoch vergleichbare Folgen nach sich ziehen, weshalb im Rahmen der Tatbestandsauslegung auf die brandspezifische Gefährlichkeit der Handlung für die geschützten Rechtsgüter abzustellen ist. Erfasst wird auch die – ungewollte – Explosion des Zündstoffs. Bei einem gemischt genutzten Gebäude liegt ein teilweises Zerstören vor, wenn ein zum selbständigen Gebrauch bestimmter, dem Wohnen dienender Teil durch die Brandlegung zum Wohnen unbrauchbar geworden ist (BGH NStZ 2021, 171).

114 **Sonderfrage:** Kann die Zerstörung auch nur eines Zimmers eines Einfamilienhauses zu einer teilweisen Zerstörung des Gebäudes führen?

BGH NStZ 2014, 404: „Ein teilweises Zerstören ist danach anzunehmen, wenn Bestandteile des Tatobjekts, die zu einem selbständigen Gebrauch bestimmt sind, gänzlich vernichtet werden, ein für die ganze Sache zwecknötiger Teil unbrauchbar oder das Tatobjekt wenigstens für einzelne seiner Zweckbestimmungen unbrauchbar gemacht wird. [...] Vielmehr ist eine teilweise Zerstörung auch dann anzunehmen, wenn in Folge der brandbedingten Einwirkung das Tatobjekt einzelne von mehreren seiner Zweckbestimmungen nicht mehr erfüllen kann. Beim Brand eines Wohnhauses, das als Mittelpunkt des menschlichen Lebens jedenfalls dem Zweck des Aufenthaltes, der Nahrungsversorgung und des Schlafens dient, kann die brandbedingte Vereitelung nur eines dieser wesentlichen Zwecke das Tatbestandsmerkmal des teilweisen Zerstörens erfüllen."

3. Rechtswidrigkeit

115 Die Rechtswidrigkeit der Tathandlung entfällt aufgrund einer rechtfertigenden Einwilligung des Eigentümers. Die Disponibilität des

Rechtsguts steht dem nicht entgegen, da § 306 StGB nach hM ein Eigentums- und kein gemeingefährliches Delikt darstellt.

C. § 306a I StGB

Bei § 306a I StGB handelt es sich um ein *abstraktes Gefährdungsdelikt* und im Unterschied zu § 306 StGB um kein Eigentumsdelikt. Der Schutzzweck ist auf bestimmte Aufenthaltsstätten gerichtet, weil mit deren Inbrandsetzen aus Sicht des Gesetzgebers *typischerweise* (daher die Begrenzung auf Wohngebäude oder Aufenthaltsräume zu bestimmten Zeiten) die Gefahr für Leib und Leben sich darin befindlicher Personen einhergeht. Der Strafgrund besteht deshalb in der Gefährlichkeit bestimmter Handlungen. 116

I. Prüfungsschema

Prüfungsschema: § 306a I StGB 117

I. Tatbestand

1. Objektiver Tatbestand

   a) Tatobjekt

   – Räumlichkeit, die der Wohnung von Menschen dient (Nr. 1)

   – Räumlichkeit, die zeitweise dem Aufenthalt von Menschen dient, zu einer Zeit ... (Nr. 3)

   b) Inbrandsetzen oder durch Brandlegung ganz oder teilweise zerstört.

2. Subjektiver Tatbestand

   Vorsatz (dolus eventualis genügt)

II. Rechtswidrigkeit

III. Schuld

II. Einzelheiten

Die Tathandlungen des Inbrandsetzens und des ganz oder teilweisen Zerstörens sind ebenso wie iRv § 306 I StGB definiert (vgl. Rn. 111 f.). Einzig bei der für die Alternative des Zerstörens notwendi- 118 gen Zweckbestimmung (vgl. Rn. 112) ist zu beachten, dass sich der konkrete Nutzungszweck entlang des primären Schutzzwecks der Norm bestimmt (BGHSt 48, 14). Deshalb ist etwa ein als Flüchtlingsunterkunft genutztes Gebäude dann teilweise zerstört, wenn ein dem Bewohner der Unterkunft zu Wohnzwecken zur Verfügung gestelltes Zimmer brandbedingt für beträchtliche Zeit unbewohnbar wird (BGH NJW 2020, 942 m. Bespr. *Kudlich* JA 2020, 312).

1. § 306a I Nr. 1 StGB

Im Zusammenhang mit der Wohnnutzung des § 306a I Nr. 1 StGB kehren folgende drei Konstellationen stets wieder:

119 – **Nachschau**: Ein abstraktes Gefährdungsdelikt setzt zwar nicht die Gefährdung von Menschen voraus, da der Gesetzgeber typisierend ein bestimmtes für gefährlich erachtetes Verhalten pönalisiert. Nach der hM soll der Schutzzweck aber dann nicht einschlägig sein, wenn eine Gefährdung von Menschen sicher ausgeschlossen ist. Die Konstruktion dieser Einschränkung kann entweder über eine teleologische Reduktion entlang des Schutzzwecks oder den sog. Gegenbeweis der Ungefährlichkeit erfolgen. Dass sie grundsätzlich möglich ist, zeigt die für vorliegende Zwecke ambivalente Regelung des § 326 VI StGB. Eine derartige Tatbestandsreduktion soll nach der Rspr. nur bei kleinen, einräumigen, auf den ersten Blick überschaubaren Gebäuden und nur wenn der Täter sich vor der Tat Gewissheit über den Gefährdungsausschluss verschafft hat, möglich sein.

– Vgl. aber auch BGH NStZ 2014, 404: Entfernt der Täter sich nach der Brandlegung von dem Gebäude, soll diese Einschränkung nicht einschlägig sein, da es sich dann seiner Kontrolle entzieht, ob andere Bewohner während seiner Abwesenheit zurückkehren oder das Gebäude von Dritten aufgesucht wird, weshalb eine Gefährdung von Menschenleben durch den Brand nicht völlig ausgeschlossen werden könne.

120 – **Entwidmung**: Im Rahmen von § 306a I Nr. 1 StGB muss die Räumlichkeit der Wohnung von Menschen *dienen*. Dies ist dann noch nicht der Fall, wenn noch keine Widmung erfolgt ist (bspw. bei einem Rohbau) oder dann nicht mehr, wenn eine Entwidmung stattgefunden hat. Da Wohnen ein Realakt ist, erfordert eine Entwidmung lediglich die tatsächliche Aufgabe des Willens durch die Berechtigten, das Gebäude weiter zu bewohnen (*Satzger* JK 8/12, StGB § 306a I Nr. 1/8). Dies kann auch konkludent durch das Inbrandsetzen geschehen (NStZ 2009, 100). Erforderlich ist aber, dass sämtliche Bewohner ihren Willen aufgeben (BGH NStZ-RR 2021, 48). Ist die Wohnung vermietet, kommt es allein auf den Willen der

Mieter, nicht (auch) auf denjenigen des Eigentümers an, weil § 306a I StGB kein Eigentumsdelikt markiert und Wohnen der beschriebene Realakt ist.

– **Gemischt-genutzte Gebäude**: Typischer Anwendungsfall dieser Fallgruppe ist etwa, dass ein Gebäude im Untergeschoss gewerblich und im Obergeschoss privat genutzt wird. Ist nur der untere, gewerblich genutzte Teil vom Feuer erfasst, ist § 306a I Nr. 1 StGB bei Lichte besehen nicht einschlägig, weil diese Räumlichkeit nicht der Wohnung von Menschen dient. Nach der Rspr. ist § 306a I Nr. 1 (ebenso Nr. 3) StGB jedoch dann anzunehmen, wenn ein Übergreifen des Feuers vom unteren, gewerblich genutzten Teil, auf den oberen, wohnlich genutzten Teil droht (BGH NStZ 2010, 452). Ein ganz oder teilweises Zerstören ist gegeben, wenn ein zum selbständigen Gebrauch bestimmter, dem Wohnen dienender Teil des Gebäudes durch die Brandlegung zum Wohnen unbrauchbar geworden ist, bspw. eine erhebliche Verrußung infolge eines im gewerblichen Teil gelegten Brandes (BGH NStZ 2019, 27 m. Bespr. *Kudlich* JA 2018, 952). Rechtfertigen lassen sich diese Ausnahmen mit dem Charakter des § 306a I StGB als abstraktes Gefährdungsdelikt. Maßgeblich sind dann die baulichen Verhältnisse des Gebäudes (bspw. Feuerschutzwände o.ä.). Erforderlich für die Anwendbarkeit dieser Rspr. ist weiterhin, dass die verschiedenen Gebäudeteile ein einheitliches Ganzes bilden. **121**

2. § 306a I Nr. 3 StGB

Der Tatbestand verlangt eine dem Aufenthalt von Menschen dienende Räumlichkeit. Diese muss zu einer Zeit durch die Tathandlung betroffen sein, zu der Menschen sich dort aufzuhalten pflegen. Auch hier erfolgt wieder eine typisierte Betrachtung durch den Gesetzgeber, der eine abstrakte Gefahr nur dann für gegeben hält, wenn sich typischerweise Menschen dort *aufzuhalten pflegen*. Wird bspw. ein Kindergarten nachts um 23.00 Uhr in Brand gesetzt, pflegen sich dort typischerweise keine Menschen aufzuhalten. Auch wenn tatsächlich eine Person außerhalb der Regel anwesend sein sollte, ändert dies an der erforderlichen typisierten Betrachtung nichts, da der Gesetzgeber für diesen Fall eine Prognose überhaupt nicht zu treffen vermag. **122**

D. § 306a II StGB

Die schwere Brandstiftung nach § 306a II StGB ist nach hM ein *konkretes Gefährdungsdelikt* („und dadurch“; nach aA handelt es sich **123** um ein abstraktes Gefährdungsdelikt mit konkret eingetretenem Gefährdungserfolg). Trotz der Verweisung auf die Tatobjekte des § 306 I Nr. 1–6 StGB handelt es sich nicht um ein Eigentumsdelikt, weil der Gesetzgeber sonst auf den gesamten Abs. 1 des § 306 StGB hätte verweisen können und nicht sämtliche Nummern einzeln in Bezug genommen hätte. Zudem wäre die Begrenzung auf fremde Tatobjekte mit der Schutzrichtung der Norm unvereinbar. Im Verhältnis zu § 306a I StGB geht die Rspr. von einem Auffangtatbestand aus, zu dessen Vollendung für den Fall des (teilweisen) Zerstörens Wohngebäude, jedoch nicht notwendigerweise auch Wohnräume, betroffen sein müssen (BGHSt 56, 94).

I. Prüfungsschema

124 **Prüfungsschema: § 306a II StGB**

I. Tatbestand

1. Objektiver Tatbestand

   a) Tatobjekt iSd § 306 I Nr. 1–6 StGB (Verweisung zielt nicht auf die Eigentumsverhältnisse)

   b) Inbrandsetzen oder durch Brandlegung ganz oder teilweise zerstören

   c) Konkrete Gefahr der Gesundheitsschädigung eines anderen Menschen

   d) Gefahrspezifischer Zurechnungszusammenhang („und dadurch“)

2. Subjektiver Tatbestand

   Vorsatz (dolus eventualis genügt) bzgl. aller objektiven Tatbestandsmerkmale (auch hinsichtlich der konkreten Gefährdung)

II. Rechtswidrigkeit

III. Schuld

II. Einzelheiten

125 Die konkrete Gefahr der Gesundheitsschädigung (zu interpretieren wie bei § 223 StGB) erfordert, dass in der konkreten Situation die mögliche Rechtsgutsverletzung lediglich zufällig ausgeblieben ist (vgl. BGH

NStZ-RR 2014, 111: bloße räumliche Nähe zur Gefahrenquelle noch nicht ausreichend).

Nach dem 2. Strafsenat des BGH (NJW 2011, 1090) kann eine gesundheitsgefährdende Brandstiftung nach § 306a II StGB auch dann anzunehmen sein, wenn lediglich nicht zu Wohnzwecken genutzte Räume durch die Brandlegung in Mitleidenschaft gezogen werden. **126**

In dem strafschärfenden Gesundheitsgefährdungserfolg muss sich ein iSd §§ 306, 306a StGB *tatbestandsspezifisches Brandrisiko* verwirklicht haben. Dieses muss Folge des brennenden oder zerstörten Gebäudes sein (str., nach Schönke/Schröder/*Heine/Bosch* § 306a Rn. 20 soll auch die Brandlegungshandlung genügen). Hinter der Formulierung „dadurch" verbirgt sich damit ein spezifischer Gefahrverwirklichungszusammenhang. Erleidet das Opfer durch das Brandereignis einen *behandlungsbedürftigen Schock*, ist dies als typische Opferreaktion bei überraschender Konfrontation mit einem Brand mit der Ausgangsgefahr verbunden, vgl. BGH NJW 2014, 1123. **127**

Hauptproblem: **Retterschäden** **128**

Die Tatbestandsformulierung des § 306a II StGB verlangt nicht, dass sich das Opfer bereits im brennenden Haus befunden haben muss. Auch nachträglich ins Gebäude eilende Personen werden vom Schutzzweck erfasst. Damit handelt es sich bei der Konstellation der Retterschäden um ein Problem der **eigenverantwortlichen Selbstgefährdung**.

Folgende Lösungsansätze prägen die Diskussion (vgl. zum Ganzen auch *Satzger* Jura 2014, 695):

(1) Stets Durchbrechung des Zurechnungszusammenhangs. Die Retter haben ihre Berufspflichten freiverantwortlich übernommen. Darüber hinaus besteht das Risiko der Gefährdung des Retters bei allen Unglücken, weshalb es sich um keine brandtypischen Besonderheiten handelt.

(2) Stets Zurechnung. Retter sind zur Rettung beruflich verpflichtet und Handeln deshalb nicht eigenverantwortlich.

(3) Vermittelnde Ansicht. Der Täter haftet für den Erfolg, wenn ein rettendes Eingreifen der geschädigten Person typische Folge der Brandstiftung und nicht von vornherein aussichtslos ist. Bei berufsmäßigen Rettern ist die Gesundheitsgefährdung demnach regelmäßig spezifische Gefahr einer Brandstiftung. Bei privaten Rettern kommt es auf die Näheposition des Retters zum beeinträchtigten Rechtsgut und die Nachvollziehbarkeit der Motivation an.

E. § 306b I StGB

I. Prüfungsschema

129 **Prüfungsschema: § 306b I StGB**

I. Unrechtstatbestand des Grunddelikts (§ 306 oder § 306a StGB)

II. Eintritt des besonderen Erfolgs
- Schwere Gesundheitsschädigung eines anderen Menschen
- (einfache) Gesundheitsschädigung einer großen Zahl von Menschen

III. Erfolg als spezifische Folge des Grunddelikts

IV. Wenigstens Fahrlässigkeit, § 18 StGB

V. Rechtswidrigkeit/Schuld

II. Einzelheiten

1. Spezifischer Taterfolg

130 Eine schwere Gesundheitsschädigung setzt keine Folgen iSd § 226 StGB voraus. Vielmehr genügt die konkrete Gefahr des Eintritts einer langwierigen, ernsthaften Krankheit, einer erheblichen Beeinträchtigung der Arbeitsfähigkeit für längere Zeit oder vergleichbar schwerer Folgen; eine Rauchvergiftung erfüllt diese Voraussetzungen deshalb nicht. In der Gesundheitsschädigung muss sich weiter die in der Brandstiftung typischerweise angelegte Gefahr realisiert haben, wobei der Erfolg nicht notwendig durch das Brennen bzw. den Zerstörungszustand eines Katalogtatobjekts entstehen muss. Entsprechend sind auch Verletzungen erfasst, die durch explodierenden Zündstoff hervorgerufen wurden.

131 Bei Lebensgefahr oder der Gefahr einer schweren Gesundheitsschädigung genügt die Gefährdung einer Einzelperson. Allein wenn nur eine einfache Gesundheitsschädigung droht, kommt es auf die Gefährdung einer großen Zahl von Menschen an. Die große Zahl stellt einen unbestimmten Rechtsbegriff dar und soll nach dem BGH bei einer Anzahl von „jedenfalls 14 Personen" gegeben sein.

2. Gefahrverwirklichungszusammenhang

132 Verwirklichen muss sich der *brandtypische Gefahrenzustand.* Dabei soll es genügen, wenn die besondere Folge durch die Brandstiftungs-

handlung eintritt (etwa MüKo/*Radtke* § 306b Rn. 11. Begründet wird dies mit der Erwägung, dass bereits die Brandlegung als Tathandlung erfasst wird. In der Folge dieser Ansicht ist die Möglichkeit eines erfolgsqualifizierten Versuchs eröffnet. Kritik: Die einzelnen Stellungnahmen gehen unbewusst von abweichenden Prämissen aus, wenn bereits das Inbrandsetzen des Gebäudes mit dessen Brennen einen „Erfolg" darstellt und die vielfach angeführte Explosion des Zündstoffs eine vollendete Brandlegung markiert). Dies ist etwa dann nicht der Fall, wenn „der qualifizierende Erfolg erst durch einen groben Verkehrsverstoß beim Krankentransport des bislang leicht verletzten Opfers eintritt oder durch einen ebensolchen Unfall des auf dem Weg zum Brandort befindlichen Einsatzfahrzeugs der Feuerwehr; in beiden Fällen liegen die Erfolge, schon weil mit ihnen nicht gerechnet zu werden braucht, außerhalb des Rahmens der Brandstiftungsgefahr" (Schönke/Schröder/*Heine/Bosch* § 306b Rn. 3).

3. Verschuldensmaßstab

Prüfungsmaßstab beim Verschulden ist auch beim *erfolgsqualifizierten Delikt* des § 306b I StGB die objektive und subjektive Sorgfaltspflichtverletzung bei Voraussehbarkeit des Geschehens, wobei die Strafbarkeitsschwelle über die der „einfachen" Fahrlässigkeit angehoben wurde. Da mit Verwirklichung des Grunddelikts des § 306a StGB die Entscheidung über das Vorliegen der objektiven Sorgfaltspflichtverletzung bereits gefallen ist, reduziert sich die Prüfung regelmäßig auf die objektive Erkennbarkeit des Gefahrzusammenhangs und die objektive Vorhersehbarkeit der schweren Folge. **133**

F. § 306b II StGB

I. Prüfungsschema

Prüfungsschema: § 306b II StGB **134**

I. Grunddelikt, § 306a StGB

II. Objektive Qualifikationsmerkmale

1. Anderen Menschen durch die Tat in die Gefahr des Todes bringen (Nr. 1)
2. Löschen des Brandes verhindern oder wesentlich erschweren (Nr. 3)

III. Subjektiver Tatbestand
   1. Vorsatz bzgl. II.
   2. Subjektive Qualifikationsmerkmale
      – Absicht, eine andere Straftat zu ermöglichen oder zu verdecken (Nr. 2)

IV. Rechtswidrigkeit/Schuld

II. Einzelheiten

1. Todesgefahr

135 Erforderlich ist die *konkrete* Gefahr des Todes. Der Gefahrerfolg muss für die Vollendung seine Ursache in der spezifischen Gefährlichkeit des Grunddelikts haben. „Die Tathandlung muss jedenfalls über die ihr innewohnende latente Gefährlichkeit hinaus im Hinblick auf einen bestimmten Vorgang in eine kritische Situation für das geschützte Rechtsgut geführt haben; in dieser Situation muss – was nach der allgemeinen Lebenserfahrung aufgrund einer objektiv nachträglichen Prognose zu beurteilen ist – die Sicherheit einer bestimmten Person so stark beeinträchtigt worden sein, dass es nur noch vom Zufall abhing, ob das Rechtsgut verletzt wurde oder nicht“ (BGH NStZ 2014, 85). Das Opfer muss sich zum Zeitpunkt der Tathandlung nicht in den Räumen aufhalten (in dieser Konstellation ist aber der Vorsatz bzgl. der Herbeiführung der konkreten Gefahr genau zu prüfen!).

136 Strafgrund ist die Steigerung der Gemeingefahr durch die vorsätzliche Herbeiführung eines zusätzlichen Gefahrerfolges. Nach einer mM enthält § 306b II Nr. 1 StGB eine Gefahrerfolgsqualifikation (MüKo/*Radtke* § 306b Rn. 12).

137 Ausgehend von dem vorgenannten ist fraglich, wie es zu behandeln ist, wenn der Täter nach der Brandlegung ein Opfer rettet. In BGHSt 65, 20 (m. Bespr. *v. Heintschel-Heinegg* JA 2020, 954) wollten der Täter und das Tatopfer durch einen Suizid aus dem Leben scheiden. Nachdem der Täter seinen Wohnwagen, in dem sich beide aufhielten, in Brand gesetzt hatte, rettete er das Tatopfer, das durch die Tat Verbrennungen erlitt. § 306e I StGB (Regelung tätiger Reue; ein Rücktritt vom Versuch kommt aufgrund Deliktsvollendung nicht in Betracht) betrifft nur den Fall, dass der Täter freiwillig den Brand löscht, bevor ein erheblicher Schaden entsteht. Nach der Rspr. ist die Norm aber analog anzuwenden, wenn der Täter die Lebensgefahr freiwillig durch anderweitige Rettungshandlungen beseitigt (BGHSt 65, 20). Begründen lässt sich dies damit, dass die sich auf das Opfer konkretisierende

Gemeingefahr durch Verbringung der Person aus dem Gefahrbereich effektiver abgewendet werden kann.

2. Ermöglichungs-/Verdeckungsabsicht

Umstritten ist, wann eine „andere Tat" vorliegt. Rspr. und Lit. erschöpfen sich diesbezüglich in einer unübersichtlichen Kasuistik. Realkonkurrenz zwischen der Brandstiftung und der Folgetat ist jedenfalls nicht erforderlich. Als gesichert bezeichnet werden kann auch, dass der Versicherungsmissbrauch (§ 265 StGB) keine andere Tat beschreibt, weil die Tathandlung des § 306a StGB (Inbrandsetzen) identisch mit der Herbeiführung des Versicherungsfalles (beschädigen, zerstören) ist (lesenswert *Bosch* JA 2007, 743); nämliches gilt für das Inbrandsetzen des Inventars (BGHSt 51, 236). Ein Versicherungsbetrug (§ 263 I, III 2 Nr. 5 StGB) stellt demgegenüber eine andere Tat dar, weil Versuchsbeginn erst mit dem Abschicken der Schadensmeldung an die Versicherung eintritt (BGH NStZ-RR 2016, 140). Auch der Fall, dass der Täter ein Wohnhaus in Brand setzt, um dessen Bewohner in den Flammen umkommen zu lassen, wird erfasst. 138

Zur Bestimmung der „anderen Tat" wird in folgenden Gegensätzen argumentiert. 139

BGH: Der Tatbestand erfasst die Verknüpfung von Unrecht mit weiterem Unrecht, deshalb genügt jede Verknüpfung zwischen der Tathandlung und dem von ihr *verfolgten Zweck* (BGH NStZ 2008, 571).

aA: Der Täter muss die unmittelbare Brandsituation als solches ausnutzen, die geplante weitere Tat muss in einem konkreten Bezug zu der noch akuten Brandsituation stehen.

An der Absicht, einen Versicherungsbetrug zu ermöglichen, fehlt es, wenn der Täter davon ausgeht, einen Anspruch auf die Versicherungsleistung zu haben. § 81 VVG schließt den Anspruch auf die Versicherungsleistung aber aus, wenn der Versicherungsnehmer vorsätzlich den Versicherungsfall herbeiführt. Beim Auseinanderfallen von Versicherungsnehmer und Täter ist danach zu fragen, ob der Brandstifter *Repräsentant* des Versicherungsnehmers ist (*Eisele* JuS 2016, 1041); die Herbeiführung des Versicherungsfalls ist ihm dann zurechenbar. Repräsentant ist, wer aufgrund eines Vertretungsverhältnisses an die Stelle des Versicherungsnehmers getreten ist und die Risikoverwaltung übernommen hat (BGH NStZ 2021, 171). 140

G. § 306c StGB

141 § 306c StGB beschreibt eine Erfolgsqualifikation. Der Tod muss dabei Folge des Erfolgs des Grunddelikts (Gebäude in Brand gesetzt) sein, weil es die typische Gefahr der Brandstiftung mit Todesfolge darstellt, dass das Opfer ein „Raub der Flammen" wird. Das häufigste Klausurproblem besteht in der Zurechnung von (Retter-)Schäden, vgl. dazu

142 **Fall 8:** Klara (K) möchte ihren untreuen Ehemann Edgar (E) töten. Dazu beauftragt sie die Profikillerin Petra (P), das Geschäftshaus (B1) des E in die Luft zu sprengen. P sagt Erfüllung zu und verfasst im Namen der Geliebten des E, Gerda (G), folgende Nachricht an ihn:

„Will dich heute unbedingt sehen. Treffen uns um 23.00 Uhr in deiner Geschäftswohnung (B1). Deine Gerda."

P plant, das dem E gehörende Gebäude im Anschluss an eine Explosion samt des darin befindlichen E in Flammen aufgehen zu lassen. Dazu präpariert sie den Lichtschalter in der Geschäftswohnung derart, dass dieser bei Betätigung einen Funken bildet, der zu einer Explosion führt. P hat im Dunkeln aber die identisch aussehende Wohnung (B2) des Geschäftsleiters des E, Herrmann (H), erwischt. Dieser kam um 23.00 Uhr von einem Konzert nach Hause und betätigte den Lichtschalter. Es kommt zu der von P gewollten Explosion als deren Folge das gesamte Gebäude (unten Produktionshallen, oben Geschäftsleiterwohnung) in Flammen steht. H verstirbt. E war nicht erschienen, da er sich der Irene (I) zugewandt hatte. Dafür wollte der Obdachlose Otto (O) Wertgegenstände aus dem brennenden Gebäude stehlen. Er verstarb. Strafbarkeit von K und P?

A. Strafbarkeit der Petra (P)

I. § 267 I Var. 1, 3 StGB

Nachricht als Urkunde?

1. Eine Urkunde ist eine verkörperte, dh mit einer Sache fest verbundene, allgemein oder für Eingeweihte verständliche Gedankenerklärung, die zum Beweis im Rechtsverkehr bestimmt und geeignet ist und den Aussteller erkennen lässt.

2. Vorliegend ist die Beweisfunktion der Nachricht fraglich. Zwar kann deren Beweiseignung noch bejaht werden, weil die Nachricht in einem etwaigen späteren Prozess Beweismittel dafür wäre, dass P

den E in die Geschäftswohnung locken wollte. Es fehlt der Nachricht aber an der Beweisbestimmung, da es sich um eine lediglich private Nachricht handelt, die nicht dazu bestimmt ist, im Rechtsverkehr Beweis zu erbringen. Ein naheliegender Vergleich zu Deliktsurkunden (hier genügt die Einführung der Erklärung in den Rechtsverkehr mit dem Bewusstsein, dass ein anderer eine rechtliche Reaktion daran knüpfen und sie zu Beweiszwecken einsetzen kann) verfängt nicht, weil die Nachricht selbst keinen deliktischen Inhalt hat. Daher handelt es sich um einen reinen Privatbrief, der erst dann Urkundenqualität erlangt, wenn eine Beweisbestimmung getroffen wurde.

II. §§ 211, 212, 25 I Alt. 2 StGB an H

1. Der Erfolg in Form des Todes des H ist eingetreten. Der letzte zum Erfolg führende Akt (Betätigung des Lichtschalters) wurde jedoch durch H selbst vorgenommen. In einem derartigen Fall stellt sich die Rspr. nicht als einheitlich dar. Vertretbar ist sowohl die Annahme unmittelbarer Täterschaft durch Manipulation des Lichtschalters, als auch (überzeugender) mittelbare Täterschaft. H wusste nicht, dass der Lichtschalter präpariert wurde. P hatte Tatherrschaft über das Geschehen, weil sie den Lichtschalter präparierte und damit das Wissensdefizit auf Seiten des H bewusst ausgenutzt hat. Auch wollte sie die Tat als eigene.

2. Objektive Mordmerkmale

a) Heimtücke ist das bewusste Ausnutzen der Arg- und Wehrlosigkeit des Opfers in feindlicher Willensrichtung (Rn. 30).

BGH NStZ 2013, 470: Bewusstes Ausnutzen erfordert, ein Erfassen der Opferlage dergestalt, dass dem Täter im Moment der Tatbegehung bewusst ist, einen durch seine Arglosigkeit gegenüber einem Angriff schutzlosen Menschen zu überraschen. Einer über diese Erkenntnis hinausgehenden Instrumentalisierung der Tatsituation in Form eines spezifischen „Ausnutzungswillens" bedarf es nicht.

H war arglos, weil er damit rechnete, seine ungefährliche Wohnung zu betreten und sich deshalb im Zeitpunkt des Versuchsbeginns keines Angriffs versah. Zudem war er aufgrund seiner Arglosigkeit wehrlos, da eine Reaktion auf die Explosion naturgemäß nicht möglich war.

Allerdings verlangt das BVerfG wegen der absoluten Strafandrohung des § 211 („lebenslang") eine restriktive Interpretation der Mordmerkmale (Rn. 31 ff.). Die Lit. trägt dem dadurch Rechnung, dass sie zusätzlich einen verwerflichen Vertrauensbruch fordert (an dem es vorliegend fehlt). Dagegen spricht freilich, dass unter Heimtücke dann nur noch Tötungen im Nahbereich erfasst würden und ein unbestimmtes Merkmal (Heimtücke) durch ein anderes (Vertrauen) ersetzt wird. Der BGH wendet beim Vorliegen gewichtiger und außergewöhnlicher Milderungsgründe § 49 I Nr. 1 StGB analog an (sog. Rechtsfolgenlösung), was jedoch mit dem eindeutigen Wortlaut des § 211 I StGB („lebenslanger Freiheitsstrafe") schwer zu vereinbaren ist. Unabhängig davon stellt die vorliegende Konstellation keine dar, auf welche die Rspr. die Rechtsfolgenlösung anwenden würde. Denn allen Einschränkungsbemühungen zum Trotz ist eine Sprengfalle ein typischer Fall eines Heimtückemordes, weil das Opfer sich in Sicherheit wähnt und deshalb als Form heimlicher Tücke getötet wird.

b) Gemeingefährliche Mittel sind solche, deren Auswirkungen für den Täter nicht kontrollierbar sind und deren Anwendung im Einzelfall eine Gefahr für eine unbestimmte Anzahl anderer Personen mit sich bringt (Rn. 39). Bei der Explosion eines Gebäudes in einem bebauten Gebiet besteht die Gefahr, dass Nachbarn oder Passanten gefährdet werden. P kann eine derartige Ausweitung der Gefahr auf Dritte auch nicht kontrollieren.

3. P wollte, um ihren Auftrag zu erfüllen, den E töten, hat aber den H erwischt.

a) Denkbar wäre eine aberratio ictus, deren Voraussetzung ist, dass sich die vom Täter begründete Gefahr nicht bei dem vom Täter anvisierten Rechtsgut, sondern einem weiteren realisiert. Dies hätte zur Folge, dass P wegen versuchten Mordes an E und wegen fahrlässiger Tötung an H zu bestrafen wäre. Dafür spricht, dass P den H nicht als Opfer ihrer Tötung in ihr Bewusstsein aufgenommen hat.

b) Allerdings ging das Mittel nicht fehl. Vielmehr hat P ihr Opfer über das Gebäude mittelbar individualisiert. P wollte den Bewohner dieses Gebäudes in die Luft sprengen und genau dies hat sie auch getan. Sie hat die als Tatmittel benutzte Wohnung der falschen Person zugeordnet und sich dabei nur über die Identität des Bewohners geirrt. Ebenso hat der BGH in einem Fall einer Sprengfalle entschieden, in dem die Täter ihr Opfer auch nicht selbst optisch wahrgenommen hatten, sondern durch das zur Sprengfalle umfunktionierte Kfz mittelbar individualisiert hatten (BGH NStZ 1998, 294). Nach dem BGH sei ein solcher Fall ebenso zu behandeln, wie bei optischer Wahrnehmung des Opfers selbst (Paradefall eines error in persona). Wegen tatbestandlicher Gleichwertigkeit der Rechtsgüter ist die Verwechslung des angegriffenen Tatopfers als Motivirrtum unerheblich.

Erg.: P handelte vorsätzlich bzgl. einer Tötung des H. P hatte auch Bewusstsein ihrer Täterposition als mittelbare Täterin und wollte das Wissensdefizit des H ausnutzen.

4. Subjektive Mordmerkmale

a) Habgier ist das Streben um eines materiellen Vorteils willen um jeden Preis (Rn. 48). P tötet den H, weil sie ihren Auftrag erfüllen und sich ihren Lohn verdienen möchte.

b) Niedrige Beweggründe (Rn. 52) liegen hingegen nicht vor, weil keine sonstigen Gründe ersichtlich sind, die über das Merkmal der Habgier hinausgehen.

5. Rechtswidrigkeit/Schuld

Erg.: P ist strafbar wegen Mordes an H.

III. §§ 212, 211, 22, 23 I StGB an E

Die Annahme eines zugleich verwirklichten versuchten Mordes an E geht fehl. Der Vorsatz der P hat sich im Zeitpunkt der Manipulation des Lichtschalters auf H *konkretisiert*. Sie hatte nicht den Vorsatz zwei Personen zu töten, sondern wollte die mittelbar durch das Gebäude individualisierte Person töten.

IV. §§ 306 I Nr. 1, 25 I Alt. 2 StGB

1. Ein fremdes Gebäude (Eigentum des E) müsste in Brand gesetzt worden, dh vom Feuer in einer Art und Weise umschlossen sein, die ein Fortbrennen aus eigener Kraft ermöglicht. Laut Sachverhalt steht das ganze Gebäude in Flammen.

2. P handelte vorsätzlich.

3. Rechtswidrigkeit/Schuld

4. § 306 StGB ist ein spezielles Eigentumsdelikt, maW eine Sachbeschädigung durch Feuer. Im Verhältnis zu den §§ 303, 305 StGB ist § 306 StGB spezieller. Tateinheit kann aber hinsichtlich solcher Sachen vorliegen, die vom Anwendungsbereich des § 306 StGB nicht erfasst werden.

V. §§ 306a I, 25 I Alt. 2 StGB

1. Es wurde ein Gebäude, das der Wohnung von Menschen dient, in Brand gesetzt, § 306a I Nr. 1 StGB, weil die Geschäftsleiterwohnung des H in Flammen stand. Die Problematik der gemischtgenutzten Gebäude (Rn. 121) ist nicht einschlägig, weil das gesamte Gebäude brennt. Nur, wenn der gewerblich genutzte Teil brennt und

das Feuer auf den, baulich nicht abgegrenzten, wohnlich genutzten Teil überzugreifen droht, ist auf diese Konstellation einzugehen.

Vgl. weiterführend zur vollendeten Brandstiftung bei gemischt-genutzten Gebäuden und dem Versuchsbeginn BGH NStZ 2014, 647 m. Anm. Bosch, JK 10/2013, § 306a/9.

2. Räumlichkeit, die zeitweise dem Aufenthalt von Menschen dient, zu einer Zeit, in der Menschen sich dort aufzuhalten pflegen, in Brand gesetzt, § 306a I Nr. 3 StGB?

Die Produktionshallen im unteren Gebäudeteil dienen zeitweise dem Aufenthalt von Menschen. Fraglich ist nur, ob sich zum Zeitpunkt des Inbrandsetzens Menschen dort aufzuhalten pflegen. Der Sachverhalt gibt keine Auskunft darüber, ob eine Produktion im Nachtschichtbetrieb stattfindet. In dubio pro reo ist die Beweistatsache bei deren Nichtaufklärbarkeit zu verneinen.

3. P handelte vorsätzlich.

4. Rechtswidrigkeit und Schuld liegen ebenfalls vor.

VI. §§ 306a II, 25 I Alt. 2 StGB

1. Inbrandsetzen einer in § 306 I Nr. 1 StGB bezeichneten Sache (hier: Gebäude).

2. Dadurch müsste ein anderer Mensch in die Gefahr einer Gesundheitsschädigung gebracht worden sein.

a) H und O kamen zu Tode. Dies ist die stärkste Form einer konkreten Gesundheitsgefährdung.

b) Die konkrete Gefahr muss „dadurch", dh durch die Inbrandsetzung oder die Brandlegung, herbeigeführt werden. Erforderlich ist ein spezifischer **Gefahrverwirklichungszusammenhang**; in der Gesundheitsgefährdung muss sich gerade das der Brandstiftungshandlung innewohnende Risiko verwirklichen.

aa) Bezüglich H hat sich gerade die durch die Inbrandsetzung begründete Gefahr realisiert. Zwar kam H bereits durch die Explosion zu Tode. Dies ist jedoch eine unwesentliche Kausalverlaufsabweichung und insofern als gleichwertig anzusehen. Eine Gefährdung durch den Taterfolg (Brennen oder Zerstörung) ist nicht erforderlich.

bb) Bezüglich O ist zunächst irrelevant, dass er sich zum Zeitpunkt des Inbrandsetzens nicht im Gebäude befand. Allerdings könnte er sich freiverantwortlich selbstgefährdet haben, als er in das Gebäude rannte (Rn. 128). Dabei lag O`s Handeln nicht ein einsichtiges, nachvollziehbares Motiv oder eine rechtliche Verpflichtung zugrunde. Er wurde nicht tätig um höchstpersönliche eigene Rechtsgüter oder solche naher Angehöriger zu schützen, sondern um Wertgegenstände für sich zu sichern. Das Eingehen der Lebensgefahr um sich materielle Vorteile zu verschaffen ist nicht nachvollziehbar, weshalb O freiverantwortlich handelte. Insoweit fehlt es am Gefahrverwirklichungszusammenhang.

3. Vorsatz der P bzgl. der Inbrandsetzung des Gebäudes und konkreter Gefährdung des H liegen vor. P wollte im Zuge ihrer Auftragserfüllung den H sogar durch die Explosion töten (s.o.). Der Tötungsvorsatz umfasst insoweit auch den Vorsatz hinsichtlich einer Gesundheitsschädigung als notwendiges Durchgangsstadium.

4. Rechtswidrigkeit/Schuld

VII. §§ 306b I, 25 I Alt. 2 StGB

1. Unrechtstatbestand des Grunddelikts, § 306a StGB (s.o.).

2. Eintritt des besonderen Erfolgs in Gestalt einer schweren Gesundheitsschädigung. Diese ist weiter zu verstehen als in § 226 StGB. Erfasst werden auch Beeinträchtigungen der Lebensqualität durch langwierige ernsthafte Erkrankungen, sowie der Verlust oder eine erhebliche Einschränkung der Sinne, des Körpers und der Arbeitsfähigkeit. H kam zu Tode.

3. Erfolg als spezifische Folge des Grunddelikts.

4. Wenigstens fahrlässig, § 18 StGB. Die objektive Sorgfaltspflichtverletzung liegt bereits in der Verwirklichung des Grunddelikts. Der Erfolg war für einen außenstehenden Dritten auch vorhersehbar. P handelte sogar vorsätzlich.

5. Rechtswidrigkeit/Schuld

VIII. §§ 306b II Nr. 1, 2, 306a II, 25 I Alt. 2 StGB

1. Grundtatbestand, § 306a StGB (s.o.).

2. H wurde in die Gefahr des Todes gebracht, § 306b II Nr. 1 StGB.

3. Absicht, eine andere Straftat zu ermöglichen, § 306b II Nr. 2 StGB?

Fraglich ist, ob das Inbrandsetzen durch die Explosion Tatmittel einer durch dieselbe Handlung begangenen Tat (Mord) ist, mithin ob eine „andere Tat“ vorliegt? Strafschärfend wirkt sich aus, dass der Täter zusätzliches, über die Brandstiftung hinausgehendes Unrecht verwirklicht hat. Ob dies zeitgleich oder in iterativer Abfolge erfolgen soll, ist im Hinblick auf den Unrechtsgehalt der Tat nach der hM als gleichwertig anzusehen (aA vertretbar).

4. P hatte Vorsatz den H in die Gefahr des Todes zu bringen.

5. Rechtswidrigkeit/Schuld

IX. §§ 306c, 25 I Alt. 2 StGB

1. Unrechtstatbestand des Grunddelikts (s.o.).

2. H kam zu Tode.

3. Der besondere Erfolg stellt sich als besondere Folge des Grunddelikts dar (s.o.).

4. Wenigstens leichtfertig, § 18 StGB. P handelte sogar vorsätzlich.

5. Rechtswidrigkeit/Schuld

X. §§ 308 I, III, 25 I Alt. 2 StGB

1. Unrechtstatbestand des Grunddelikts

a) Tathandlung ist das Herbeiführen einer Explosion, namentlich durch Sprengstoff, dh einen Stoff, der bei Entzündung zu einer plötzlichen Ausdehnung von Flüssigkeiten oder Gasen und dadurch zu einer Sprengwirkung führt. Laut Sachverhalt kommt es aufgrund der Manipulation des Lichtschalters durch P zu einer Explosion.

b) Dadurch wurde das Leben des H gefährdet. Bezüglich O fehlt es am erforderlichen Gefahrverwirklichungszusammenhang.

c) P handelte vorsätzlich.

2. Eintritt des besonderen Erfolgs: H kam zu Tode.

3. Gefahrspezifischer Zurechnungszusammenhang

4. Wenigstens Fahrlässigkeit, § 18 StGB

XI. § 222 StGB an O

1. Der Erfolg wurde kausal verursacht durch das Inbrandsetzen des Gebäudes durch P.

2. Eine objektive Sorgfaltspflichtverletzung liegt bereits in der Verwirklichung der Brandstiftung begründet. Der Erfolg war auch objektiv vorhersehbar, weil gerade nicht ausgeschlossen werden

kann, dass sich Dritte Personen in Gebäude begeben, um Opfer zu retten oder um Wertgegenstände zu plündern.

3. Allerdings fehlt es am Zusammenhang zwischen der Sorgfaltspflichtverletzung und dem eingetretenen Erfolg (Pflichtwidrigkeitszusammenhang), weil O sich freiverantwortlich selbstgefährdet hat, als er das brennende Gebäude ohne Not betrat, um nach Wertsachen zu suchen.

B. Strafbarkeit der Klara (K)

I. §§ 211, 212, 26 StGB an H

1. K hat bei P den Tatentschluss zur Begehung eines Mordes hervorgerufen, sie mithin zu ihrer vorsätzlich begangenen rechtswidrigen Haupttat bestimmt.

2. K hatte P auch vorsätzlich bestimmt. Fraglich ist jedoch, wie sich der error in persona der P bei der Anstifterin K auswirkt, weil P den Tod des H überhaupt nicht wollte. Der Anstiftervorsatz verlangt wegen der beiden Bezugspunkte (Haupttat und Bestimmen), dass der Anstifter auch bezüglich der vorsätzlich begangenen rechtswidrigen Haupttat vorsätzlich handelte, wobei er eine in den wesentlichen Merkmalen und Grundzügen konkretisierte Haupttat vor Augen haben muss.

a) Nach Ansicht der Rspr. und der hL ist der Irrtum des Haupttäters auch für den Anstifter regelmäßig unbeachtlich. Etwas anderes (Wesentlichkeit der Abweichung) soll nur gelten, wenn sich die Abweichung nicht außerhalb des nach allgemeiner Lebenserfahrung Vorhersehbaren hält.

Arg.: Der Anstifter wird gleich einem Täter bestraft, weshalb er auch genau für die durch ihn beim Haupttäter hervorgerufene Tat haften müsse.

b) Nach einer mM ist der error in persona des Haupttäters bezüglich höchstpersönlicher Rechtsgüter beim Anstifter als aberratio ictus zu behandeln, weil der Anstifter den Haupttäter zur Tötung einer konkreten Person bestimmt habe. Umstritten innerhalb dieser Ansicht ist allerdings, wie die aberratio ictus grundsätzlich zu behandeln ist (Versuch bezüglich anvisiertem Objekt und Fahrlässigkeit hinsichtlich getroffenem Objekt oder nur versuchte Anstiftung oder Unbeachtlichkeit bei Gleichwertigkeit des Tatobjekts).

Arg.: Die Tätervorstellung ist nicht mit der des Angestifteten identisch, da der Täter über die Identität des Opfers (Tatobjekt) irrt, der Anstifter hingegen über den Kausalverlauf.

c) Schließlich will eine dritte Ansicht nach dem Grad der Identifizierung und Individualisierung durch den Hintermann differenzieren. Hat eine genaue Beschreibung des Opfers durch den Anstifter stattgefunden, stellt sich der Irrtum des Haupttäters beim Anstifter als aberratio ictus dar. Hat der Anstifter das Opfer nur in groben Zügen beschrieben, so dass eine Verwechslung nicht ausgeschlossen ist, ist eine Verwechslung durch den Haupttäter auch für den Anstifter unbeachtlich. Arg.: Einzelfallgerechtigkeit.

d) Nach der Ansicht der Rspr. und der hL ist der error in persona der P auch bei K unbeachtlich, weil die Abweichung nicht außerhalb des nach allgemeiner Lebenserfahrung Vorhersehbaren liegt (Nacht, identisch aussehende Gebäude auf Betriebsgelände). Dies ist jedoch nicht überzeugend. Hätte P nachträglich ihren Fehler erkannt und pflichtbewusst auch noch den E umgebracht, müsste der Anstifter auch dafür haften, obwohl er zu keiner Zeit die Möglichkeit zweier Tötungen in seinen Vorsatz aufgenommen hatte. Der fehlgehende Haupttäter ist vielmehr vergleichbar dem fehlgehenden Projektil, weshalb sein Irrtum beim Anstifter als aberratio ictus zu behandeln ist. Damit handelte die K bzgl. der Tötung des H nicht vorsätzlich.

II. §§ 212, 211, 30 I StGB

Eine Anstiftung zum Mordversuch an E kommt nicht in Betracht, da es insoweit an der vorsätzlich begangenen rechtswidrigen Haupttat fehlt. P hatte keinen Tatentschluss den E zu töten; ihr Wille konkretisierte sich durch die mittelbare Individualisierung allein auf H.

1. Vorsatz der K, P zu einem Verbrechen anzustiften. K wollte, dass P ihren untreuen Ehemann E mittels einer Explosion in die Luft sprengt. Auch hatte sie Vorsatz bzgl. ihrer eigenen Anstiftungshandlung

BGH NStZ 2013, 334: Es genügt, dass der Täter es für möglich gehalten und billigend in Kauf genommen hat, dass der Aufgeforderte die Aufforderung ernst nehmen und durch sie zur Tat bestimmt werden könnte.

2. Durch die Beauftragung der P mit der Tötung des E hat K unmittelbar angesetzt.

Erg.: K ist schuldig der versuchten Anstiftung zum Mord an E.

III. § 222 StGB an O

Da bei fahrlässigen Begehungsweisen der sog. Einheitstäterbegriff gilt, genügt jeder zum Erfolg führende Verursachungsbeitrag für die Annahme einer Fahrlässigkeitstat. Anknüpfungspunkt wäre hier also die Beauftragung der P, das Gebäude in die Luft zu sprengen. Allerdings hat sich O freiverantwortlich selbstgefährdet, weshalb eine Zurechnung des Erfolgs nicht in Betracht kommt.

IV. §§ 306 I Nr. 1, 26 StGB

1. Vorsätzlich begangene, rechtswidrige Haupttat (s.o.).

2. Bestimmen des Täters zur Tat. K hat den Tatentschluss der P hervorgerufen.

3. Vorsatz bezüglich der fremden Haupttat (Erfolg) und Bestimmen (Handlung). Nach der Rspr. ist der Irrtum irrelevant (s.o.). Aber auch nach der mM in der Lit. gilt nichts anderes, weil keine höchstpersönlichen Rechtsgüter betroffen sind.

4. Rechtswidrigkeit/Schuld

V. §§ 306a I, 26 StGB; §§ 306a II, 26 StGB; §§ 306b, 26 StGB; §§ 306c, 26 StGB sind allesamt verwirklicht.

§ 306a StGB steht unter dem 28. Abschnitt, gemeingefährliche Straftaten und dient damit dem Schutz der Allgemeinheit. Da dieses Schutzgut unabhängig von einem etwaigen Irrtum betroffen ist, kann ein solcher auch für den Anstifter keinerlei Bedeutung haben.

VI. §§ 308, 26 StGB ist ebenfalls erfüllt; der Irrtum ist wiederum unbeachtlich.

Kapitel 4. Straßenverkehrsdelikte

Literatur: *Blanke-Roeser* JuS 2018, 18; *Bosch*, JK 12/2013, § 315b StGB/16; *Ceffinato* ZRP 2016, 201; *Jahn* JuS 2011, 660.

Die Straßenverkehrsdelikte sind in der Praxis die mit am häufigsten verwirklichten Delikte. Sie finden dementsprechend auch immer wieder Einzug in Examenssachverhalte, obwohl sich der Schwierigkeitsgrad der Thematik in Grenzen hält und neuere Entscheidungen zu den Delikten auch eher selten anzutreffen sind; Entscheidungen zum neu eingeführten § 315d StGB bilden momentan freilich die Ausnahme zu dieser Aussage. **143**

Nominell dreht sich die Thematik immer wieder um dieselben Problemfelder. Zum einen gilt es regelmäßig, den gefährlichen Eingriff in den Straßenverkehr von der Gefährdung des Straßenverkehrs abzugrenzen. Des Weiteren ist konkurrenzrechtlich nach einem Unfall im Straßenverkehr auf die durch den Unfall eingetretene Zäsurwirkung zu achten. **144**

A. Trunkenheit im Verkehr

§ 316 StGB beinhaltet ein abstraktes Gefährdungsdelikt. Bereits das Führen eines Fahrzeugs im Straßenverkehr in fahruntauglichem Zustand erfüllt den Tatbestand. Als Schuldformen werden vorsätzliches und fahrlässiges Verhalten erfasst, was bereits bei der Wahl des Obersatzes zum Ausdruck zu bringen ist. **145**

I. Führen eines Fahrzeugs

Das Führen eines Fahrzeugs erfasst nur Bewegungsvorgänge im Verkehr. „Voraussetzung ist daher, dass jemand das Fahrzeug unter bestimmungsgemäßer Anwendung seiner Antriebskräfte unter eigener Allein- oder Mitverantwortung in Bewegung setzt oder unter Handhabung seiner technischen Vorrichtung während der Fahrtbewegung durch den öffentlichen Verkehrsraum ganz oder wenigstens zum Teil lenkt. Dabei spielt es keine Rolle, ob das Fahrzeug sich mit Motorkraft oder auf einer Gefällestrecke infolge seiner Schwerkraft bewegt" (Schönke/Schröder/*Hecker* § 316 Rn. 19). Das Merkmal des Führens kann nur *eigenhändig* verwirklicht werden, weshalb weder das **146**

Institut der actio libera in causa Anwendung findet, noch eine mittelbare Täterschaft möglich ist.

147 Der Straßenverkehr erfasst den Bereich, in dem faktisch öffentlicher Straßenverkehr stattfindet, also auch frei zugängliche (regelmäßig wiederkehrende Kontrollfrage bei Parkplätzen von Einkaufsmärkten: Vorhandensein einer Schranke?) Privatflächen (BGH NStZ 2013, 530).

II. Absolute und relative Fahruntauglichkeit

148 Absolute Fahruntauglichkeit besteht bei alkoholisiertem Führen von *Kraftfahrzeugen* ab einem Grenzwert von 1,1‰ (bei Radfahrern 1,6 ‰). Dies bedeutet eine *unwiderlegliche Vermutung*, dass der Täter zur Führung des Fahrzeugs nicht in der Lage ist. Ob sog. E-Scooter Kraftfahrzeuge im strafrechtlichen Sinne sind, ist durch den BGH noch nicht entschieden (BGH NStZ 2021, 608; bejahend BayObLG NStZ 2020, 736). Motorboote unterfallen dem Kraftfahrzeugbegriff (OLG Karlsruhe BeckRS 2020, 43817).

149 Unterhalb von 1,1‰ und oberhalb von 0,3‰ besteht relative Fahruntauglichkeit. In diesem Stadium sind für die Annahme einer Fahruntauglichkeit zusätzlich Beweisanzeichen erforderlich, die umso ausgeprägter sein müssen, je weiter die BAK vom Grenzwert der 1,1 ‰ entfernt ist. Die relative Fahruntüchtigkeit unterscheidet sich von der absoluten dabei nicht im Grad der Trunkenheit, sondern allein in der Art und Weise, wie der Nachweis der Fahruntüchtigkeit zu führen ist (BGHSt 31, 42). Erforderlich für diesen Nachweis ist ein *alkoholbedingter Fahrfehler* (bspw. Schlangenlinien fahren, abruptes Bremsen an Grünlicht zeigender Ampel oder auf Enthemmung basierende Beschleunigungsorgien innerhalb geschlossener Ortschaften, nicht hingegen jeder Auffahrunfall, weil ein solcher auch nüchternen Fahrern ab und an passiert).

150 **Exkurs:** In prozessualer Hinsicht ist im Hinblick auf die Erlangung der für die Feststellung der Blutalkoholkonzentration erforderlichen Blutprobe seit dem 17.8.2017 (Gesetz zur effektiveren und praxistauglicheren Ausgestaltung des Strafverfahrens) die spezielle Anordnungskompetenz des § 81a II 2 StPO zu beachten.

III. Subjektiver Tatbestand und daraus folgende konkurrenzrechtliche Ableitungen

151 Vorsatz (Abs. 1) erfordert das Bewusstsein des Täters (kognitives Vorsatzelement), dass er nicht mehr fahrtauglich ist (BGHSt 60, 227). Regelmäßig wird daher eine Fahrlässigkeitstat (Abs. 2) gegeben sein.

Allerdings stellt ein alkoholbedingter Verkehrsunfall nach der Rspr. eine Zäsur einer einheitlichen Fahrt dar. Der fahrlässig handelnde Täter, der nach einem Unfall seine Alkoholfahrt fortsetzt, begeht deshalb *zwei materiell-rechtlich selbständige Taten* (Realkonkurrenz, aber *eine Tat im prozessualen Sinne*), wobei die Weiterfahrt eine Vorsatztat ist. Etwas anderes gilt nur in der Ausnahmekonstellation, dass der Unfall aus Sicht des Täters nicht auf seiner (für ihn weiterhin unerkannt gebliebenen) Fahruntauglichkeit beruht, weil sich der Täter in diesem Fall seiner Alkoholisierung nicht bewusst werden konnte. **152**

B. Gefährdung des Straßenverkehrs

Auch im Rahmen des konkreten Gefährdungsdelikts des § 315c StGB ist bereits im Obersatz anzugeben, ob ein Vorsatz- oder ein Fahrlässigkeitsdelikt geprüft wird. § 315c I StGB meint den Fall, dass der Täter vorsätzlich handelt und die Gefahr vorsätzlich herbeiführt. § 315c III Nr. 1 StGB verlangt Vorsatz bezüglich der Handlung, aber nicht bezüglich der Gefahr und stellt wegen § 11 II StGB ein Vorsatzdelikt (und damit eine teilnahmefähige Haupttat) dar. § 315c III Nr. 2 StGB lässt Fahrlässigkeit bezüglich Handlung und Gefahr genügen. **153**

I. Umgrenzung des Anwendungsbereichs

Im Gegensatz zu § 315b StGB regelt § 315c StGB Fehlverhalten *im* Straßenverkehr abschließend (Arg.: sieben Todsünden der Nr. 2). Ausnahmsweise kann jedoch auch bei einem Fehlverhalten im fließenden Verkehr auf § 315b StGB zurückgegriffen werden, wenn sich dieses als bewusste Zweckentfremdung des Straßenverkehrs in verkehrsfeindlicher Einstellung darstellt (sog. Pervertierung des Straßenverkehrs). Der BGH verlangt *hierfür* (nicht hingegen für die „normalen" Fälle des § 315b StGB, also die Eingriffe von außen in den Straßenverkehr) zusätzlich einen zumindest bedingten *Schädigungsvorsatz* (vgl. BGH NStZ-RR 2021, 140; NStZ 2014, 86). Der Grund für diese Restriktion besteht darin, dass die Gefahr der Ausdehnung des § 315b StGB auf normale Verkehrsverstöße eingedämmt werden soll. **154**

Vor dem Hintergrund identischer Strafrahmen von § 315b StGB und § 315c StGB kann der tiefere Sinn dieser Anwendungserstreckung nur im Verweis des § 315b III StGB auf die Qualifikationsnorm des § 315 III StGB gesehen werden. Dessen Fehlen in § 315c StGB ist nicht etwa ein gesetzgeberisches Versehen, sondern **155** rechtfertigt sich aus dem Umstand, dass die Teilnahme am Straßenverkehr letztlich ein erlaubtes Risiko ist und § 315c StGB dessen immanente Grenzen markiert. Eingriffe von außen in den Straßenverkehr, wie sie § 315b StGB enthält, haben mit diesem Grundgedanken ebenso wenig zu tun, wie eine Pervertierung des Straßenverkehrs zu eigenen, verkehrsfremden Zwecken.

156 § 315c StGB enthält in Abs. 1 letztlich gesetzlich normierte Formen von gravierenden Sorgfaltspflichtverstößen im Straßenverkehr. Während sich dies für das intoxikierte Führen eines Kfz nach Nr. 1a von selbst versteht, ergibt sich die Restriktion auf gravierende Verstöße bei Nr. 2 durch die einschränkenden Merkmale „grob verkehrswidrig" und „rücksichtslos" (dazu Rn. 166). Vgl. zu Abs. 1 Nr. 1b bei Interesse BGH NStZ 2020, 297.

157 Im Gegensatz zu § 316 StGB handelt es sich bei § 315c StGB um ein *konkretes Gefährdungsdelikt*. Eine konkrete Gefahr für eines der in § 315c StGB genannten Rechtsgüter liegt vor, wenn die Tathandlung über die ihr innewohnende latente Gefährlichkeit hinaus in eine kritische Situation geführt hat, in der ein in § 315c StGB benanntes Schutzobjekt (Person, Sache) so stark beeinträchtigt war, dass es iSe „Beinahe-Unfalls" nur noch vom Zufall abhing, ob das Rechtsgut verletzt wurde oder nicht (BGH NStZ 2020, 225). Ebenso wie die räumliche Nähe zum Täterfahrzeug nicht genügt, ist andererseits eine konkrete Gefahr nicht dadurch ausgeschlossen, dass ein Schaden tatsächlich ausgeblieben ist.

158 Die ältere Rspr. nahm eine konkrete Gefährdung bereits dann an, wenn ein Beifahrer mit einem absolut fahruntauglichen Fahrzeugführer unterwegs ist und nichts passiert. Diese Auslegung stieß jedoch auf breite Ablehnung, weil damit § 315c StGB zu einem abstrakten Gefährdungsdelikt umfunktioniert wurde. Der BGH differenziert heute danach, ob der Alkoholisierungsgrad des Fahrers so hoch ist, dass er nicht mehr zu kontrollierten Fahrmanövern in der Lage ist. In diesem Fall soll eine Strafbarkeit nach § 315c StGB gegeben sein. Die konkrete Gefährdung muss dabei auf der Tathandlung beruhen. Dies ist etwa dann nicht der Fall, wenn der alkoholisierte Täter einen Vorfahrtsverstoß begeht, weil er sich selbst töten will (BGH BeckRS 2021, 2968 m. Bespr. *Eisele* JuS 2021, 558).

II. Standardprobleme

159 Die nachfolgenden Problemfelder kehren im Zusammenhang mit der vom Tatbestand des § 315c StGB geforderten konkreten Gefährdung regelmäßig wieder; sie stellen sich in derselben Form beim gefährlichen Eingriff in den Straßenverkehr.

- Das vom Täter *geführte Fahrzeug* ist, unabhängig davon ob es im Eigentum des Täters oder eines Dritten steht, nicht als Schutzgut erfasst (*Kudlich* JA 2013, 235), weil ein Angriffsobjekt niemals zugleich Schutzobjekt sein kann (Konfusionsargument). **160**

  Beispiel: Täter fährt alkoholisiert mit dem Fahrzeug seines Arbeitgebers und setzt dieses gegen eine Mauer.

- Der bedeutende Wert der gefährdeten Sache wird von der hM mit ca. 750 Euro angesetzt. Die Wertgrenze von 1.500 Euro ist relevant für § 69 StGB. Bezugspunkt für die Wertbestimmung ist nicht der Verkehrswert der Sache, sondern der *der Sache drohende Schaden* (BGH NStZ-RR 2021, 187). Dieser muss nicht deckungsgleich mit einem gegebenenfalls tatsächlich eingetretenen Schaden sein **161**

  Beispiel: Ein Täter fährt mit hoher Geschwindigkeit auf einen Porsche 911 Turbo zu, touchiert aus glücklichem Umstand aber nur dessen Spiegel,

  doch kann die potentielle Gefahr im Schadensfall durch den tatsächlich eingetretenen Schaden konkretisiert werden

  Beispiel: Ein Täter fährt mit seinem Kfz in eine Mauer und verursacht einen Schaden von 368,90 Euro (BGH NStZ 2013, 167).

  Erforderlich ist deshalb ein *doppelter Prüfungsschritt.* Zunächst ist zu fragen, ob es sich bei der gefährdeten Sache um eine solche von bedeutendem Wert gehandelt hat. Ist dies zu bejahen, ist zu prüfen, ob ihr auch ein bedeutender Schaden gedroht hat (BGH NStZ 2019, 677). Indiziell kann man argumentieren, dass bei einem Schaden an einer Sache von bedeutendem Wert regelmäßig die Gefahr eines entsprechend hohen Schadens naheliegt (LG Heilbronn bei *Kudlich* JA 2018, 74).
  Die Höhe des drohenden Schadens ist anhand der am Marktwert zu messenden Wertminderung zu bestimmen (BGH NStZ-RR 2008, 289). Auf den tatsächlich entstandenen Schaden kommt es nicht an; dieser kann auch geringer sein.

- Die gefährdete Sache muss *fremd* sein. Bei einem Wildunfall ist dies erst dann der Fall, wenn das Aneignungsrecht ausgeübt wurde. Bis zu diesem Zeitpunkt ist die Sache herrenlos, § 960 I 1 BGB. **162**

- *Teilnehmer* (Mittäterschaft scheidet von vornherein aus, da § 315c StGB ein eigenhändiges Delikt darstellt) sind nach der Rspr. nicht vom Schutzzweck erfasst, weil diese ihrerseits aus derselben Norm zu bestrafen sind. Eine aA sieht demgegenüber den allgemeinen Straßenverkehr und jede gefährdete Person oder Sache als geschützt an. **163**

Beispiel: Der Anstifter zu einer Trunkenheitsfahrt ist nicht von § 315c StGB geschützt, wenn es zu seiner Gefährdung kommt.

Bei der Teilnahmeform der Beihilfe ist insbesondere an die umstrittene psychische Beihilfe zu denken. Die bloße Anwesenheit im Kfz genügt aber nicht (str., nach der Rspr. ist auch psychische Beihilfe ausreichend, wenn dadurch die Tatbegehung gefördert oder erleichtert wird; bei Beihilfe durch positives Tun ist jedenfalls ein durch aktives Handeln erbrachter Tatbeitrag vonnöten).

164 – Ist der gefährdete Mitfahrer kein Teilnehmer, hat dieser das *Risiko* aber *bewusst auf sich genommen*, wird von freiverantwortlicher Selbstgefährdung über einverständliche Fremdgefährdung, bis hin zur rechtfertigenden Einwilligung (Problem: Disponibilität des Rechtsguts? Welches Rechtsgut wird geschützt?) oder vollen Strafbarkeit jedes Ergebnis vertreten. Überzeugend erscheint die Annahme einer einverständlichen Fremdgefährdung (Rn. 27 f.), weil der Mitfahrer sich, abhängig von seiner Umstandskenntnis, in die Hände des Täters begeben hat.

165 – Zwischen Handlung und Gefahr muss Kausalität sowie ein tatbestandsspezifischer Gefahrzusammenhang („dadurch") bestehen. Erforderlich hierzu ist die Feststellung einer auf Tatsachen gegründeten, naheliegenden Wahrscheinlichkeit eines schädigenden Ereignisses. Diese wird aufgrund einer objektiv nachträglichen Prognose iSe *ex-ante Betrachtung* angestellt. Dabei muss der Eintritt eines substanziellen Schadens so bedrohlich nahe gerückt sein, dass es nur noch vom Zufall abhing, ob das Rechtsgut verletzt wurde oder nicht. Bei Eintritt eines Schadens ist das Vorliegen einer konkreten Gefahr regelmäßig anzunehmen. Kausalität ist nach der Rspr. etwa dann zu verneinen, wenn sich in der konkreten Gefahr nicht der Sorgfaltspflichtverstoß widerspiegelt, was etwa bei Alltäglichkeit des Unfallgeschehens anzunehmen ist (BGH NStZ-RR 2020, 121). Deshalb erfordert etwa auch das falsche Fahren beim Überholen, dass der Täter hierbei einen Verkehrsverstoß begeht, weil hierdurch das Überholen gefährlich wird und damit der erforderliche innere Zusammenhang zwischen dem Verkehrsverstoß und der spezifischen Gefahrenlage des Überholens besteht (BGH NStZ 2019, 215).

166 – *Grob verkehrswidrig* (§ 315c I Nr. 2 StGB) ist ein Verhalten, wenn es einen besonders schweren Verstoß gegen eine Verkehrsvorschrift darstellt. *Rücksichtslos* handelt, wer sich aus eigensüchtigen Gründen über seine Pflichten gegenüber anderen Verkehrsteilnehmern hinwegsetzt oder aus Gleichgültigkeit von vornherein Bedenken gegen sein Verhalten nicht aufkommen lässt.

C. Gefährlicher Eingriff in den Straßenverkehr

Im Gegensatz zur Gefährdung des Straßenverkehrs (zur Abgrenzung vgl. Rn. 154), bei welcher durch das Fehlverhalten eine konkrete Gefahr geschaffen werden muss, liegt ein gefährlicher Eingriff in den Straßenverkehr gemäß § 315b I StGB erst dann vor, wenn durch eine der in Abs. 1 Nr. 1 bis 3 genannten Tathandlungen *eine Beeinträchtigung der Sicherheit des Straßenverkehrs* herbeigeführt worden ist *und* sich diese abstrakte Gefahrenlage zu einer konkreten Gefährdung von Leib und Leben eines anderen oder fremder Sachen von bedeutendem Wert verdichtet hat (BGH NStZ-RR 2015, 321). 167

I. Prüfungsschema

Prüfungsschema: § 315b I StGB 168

I. Tatbestand

1. Objektiver Tatbestand

   a) Tathandlung nach § 315b I Nr. 1–3 StGB

   Grds. nur Eingriffe von außen in den Straßenverkehr. Ausn.: verkehrsfremder Inneneingriff bei Schädigungsvorsatz.

   b) Dadurch Beeinträchtigung der Sicherheit des Straßenverkehrs

   c) Dadurch konkrete Gefährdung von Leib oder Leben eines anderen Menschen oder fremder Sachen von bedeutendem Wert.

   d) Ggf. § 315b III iVm § 315 III StGB

2. Subjektiver Tatbestand

   Vorsatz bzgl. Handlung und Verursachung der Gefahr (abweichend bei Abs. 4 und 5)

II. Rechtswidrigkeit

III. Schuld

II. Einzelheiten

In Prüfungsarbeiten ist überaus häufig zu beobachten, dass der für die Eröffnung des Anwendungsbereichs der Norm bei Verhalten im-Verkehr erforderliche *Schädigungsvorsatz* (vgl. Rn 154) nicht geprüft 169 wird. Teilweise wird er aber auch stets für eine Strafbarkeit nach § 315b StGB herangezogen, was im Hinblick auf die originär von der Norm erfassten Außeneingriffe fehlgeht.

170 Die Rspr. verlangt bei Außeneingriffen für das Vorliegen eines Gefahrenzusammenhangs eine sog. *verkehrsspezifische Gefahr* (BGH NStZ-RR 2021, 108). Sie begründet diese restriktive Auslegung damit, dass vor dem Hintergrund des Schutzzwecks des § 315b StGB nicht jede Sachbeschädigung im Straßenverkehr tatbestandsmäßig sei. Die konkrete Gefahr muss deshalb – jedenfalls auch – auf die Wirkungsweise der für Verkehrsvorgänge typischen Fortbewegungskräfte (Dynamik des Straßenverkehrs) zurückzuführen sein. Fehlt es an einem solchen Zusammenhang mit der Eigendynamik des getroffenen Fahrzeugs, ist eine verkehrsspezifische konkrete Gefahr nur zu bejahen, wenn durch den Eingriff die sichere Beherrschbarkeit eines im fließenden Verkehr befindlichen Fahrzeugs beeinträchtigt und dadurch mit der Folge eines „Beinahe-Unfalls" unmittelbar auf den Fahrvorgang eingewirkt wird (BGHSt 48, 119).

171 An einer verkehrsspezifischen Gefahr fehlt es etwa, wenn der Täter auf den Fahrer eines neben ihm befindlichen Fahrzeugs schießt und hierbei, vom Opfer zunächst unbemerkt, nur die B-Säule trifft (BGH NStZ-RR 2017, 356); kommt es hingegen infolge des Schusses zu einem Beinahe-Unfall, liegt § 315b I Nr. 3 StGB vor.

D. Verbotene Kraftfahrzeugrennen

172 Aus Anlass einer (jedenfalls die mediale Wahrnehmung betreffenden) Häufung illegaler Straßenrennen, bei denen Unbeteiligte getötet oder schwer verletzt wurden, hat der Gesetzgeber zum *Schutz der Sicherheit des öffentlichen Straßenverkehrs* die Straßenverkehrsdelikte um den Tatbestand der verbotenen Kraftfahrzeugrennen (§ 315d StGB) erweitert. § 315d I StGB erfasst als abstraktes Gefährdungsdelikt bereits die Ausrichtung, Durchführung (Nr. 1) und Teilnahme an Kraftfahrzeugrennen (Nr. 2), sowie die verkehrswidrige Fortbewegung zur Erreichung einer höchstmöglichen Geschwindigkeit (Nr. 3: sog. Einzelraser). § 315d II StGB ergänzt unter Erhöhung des Strafrahmens die genannten Tathandlungen um die (konkrete) Gefährdung von Leib oder Leben eines anderen Menschen oder fremder Sachen von bedeutendem Wert und stellt dementsprechend (konstruktiv identisch mit § 315b und § 315c StGB) ein konkretes Gefährdungsdelikt dar. § 315d III StGB beinhaltet die Anordnung einer Versuchsstrafbarkeit für die Fälle des Veranstaltens derartiger Rennen, § 315d IV StGB regelt (ähnlich

§ 315c III Nr. 1 StGB) eine sog. Vorsatz-Fahrlässigkeits-Kombination. Schließlich enthält § 315d V StGB noch ein erfolgsqualifiziertes Delikt, wenn durch die Tat eine schwere Folge (Tod oder schwere Gesundheitsschädigung eines anderen Menschen oder eine (einfache) Gesundheitsschädigung einer großen Zahl von Menschen) verursacht wird.

Der Begriff des Kraftfahrzeugrennens erfasst Wettbewerbe oder **173** Teile eines Wettbewerbs sowie Veranstaltungen zur Erzielung von *Höchstgeschwindigkeiten* oder höchsten Durchschnittsgeschwindigkeiten mit *mindestens zwei teilnehmenden Kraftfahrzeugen* (LK-StGB/*König*, § 315d Rn. 7).

Die Tatbestandsalternative des *Einzelrasers* (§ 315d I Nr. 3 StGB) **174** war im ursprünglichen Gesetzesentwurf noch nicht enthalten und fand erst während der Beratungen eingang ins Gesetzgebungsverfahren. Sie wird nicht selten wegen ihrer Weite als verfassungsrechtlich unbestimmt angesehen, weil sie eventuell auch nur geringfügige Geschwindigkeitsüberschreitungen bei Hinzutreten von grober Verkehrswidrigkeit, Rücksichtslosigkeit und einem schwer fassbaren Absichtserfordernis („um eine höchstmögliche Geschwindigkeit zu erreichen") erfasst. Zwischenzeitlich hatte der (für Verkehrsstrafsachen zuständige) 4. Strafsenat des BGH Gelegenheit, die Tatbestandsalternative zu schärfen (BGH NJW 2021, 1173). Hiernach meint das Sich-Fortbewegen mit unangepasster Geschwindigkeit jede der konkreten Verkehrssituation nach den straßenverkehrsrechtlichen Vorschriften nicht mehr entsprechende Geschwindigkeit. Die Begriffe grob verkehrswidrig und rücksichtslos beziehen sich auf das Fahren mit nicht angepasster Geschwindigkeit, sind inhaltlich aber ebenso auszulegen wie bei § 315c StGB (vgl. Rn. 166, 184).

Darüberhinaus muss die Absicht des Täters darauf gerichtet sein, die **175** unter den konkreten situativen Gegebenheiten maximal mögliche Geschwindigkeit auf einer nicht ganz unerheblichen Wegstrecke zu erreichen (BGH DAR 2021, 522; BayObLG NStZ-RR 2020, 384). Diese Absicht muss aber nicht Endziel oder Hauptbeweggrund des Täters sein. Es reicht aus, dass er das Erreichen dieser Grenzgeschwindigkeit als aus seiner Sicht notwendiges Zwischenziel anstrebt, um ein weiteres Handlungsziel zu erreichen (BGH NJW 2021, 1173; NStZ-RR 2021, 189). Letzteres ist insofern keine Besonderheit des Absichtsmerkmals, sondern auch sonst von der Definition des dolus directus ersten Grades umfasst. Erfasst ist damit auch die Polizeiflucht, wenn der Täter die Erzielung einer möglichst hohen Geschwindigkeit einsetzen will, um zu entkommen (OLG Köln NStZ-RR 2020, 224).

E. Unerlaubtes Entfernen vom Unfallort

Literatur: *Bosch* Jura 2011, 593; *Mitsch* JuS 2010, 303.

176 Der in der Praxis äußerst bedeutsame Tatbestand dient dem Schutz von Schadensersatzansprüchen der Unfallgeschädigten und letzten Endes dem Regress der Haftpflichtversicherer. Es handelt sich damit um ein Vermögensdelikt, das seine Legitimation aus den besonderen Gefahren des Massenverkehrs zieht (Wessels/*Hettinger/Engländer* Rn. 1013).

I. Prüfungsschema

177 **Prüfungsschema: § 142 StGB**

I. Tatbestand

1. Objektiver Tatbestand
   a) Unfall im Straßenverkehr
   b) Täter: Unfallbeteiligter, § 142 V StGB
   c) Tathandlung: Entfernen vom Unfallort unter
      aa) Verstoß gegen aktive und passive Feststellungspflichten (I Nr. 1)
      bb) Verstoß gegen Wartepflicht (I Nr. 2)
      cc) Verstoß gegen die Pflicht, Feststellungen unverzüglich nachträglich zu ermöglichen (II mit III)
2. Subjektiver Tatbestand
   Vorsatz, dolus eventualis genügt

II. Rechtswidrigkeit

III. Schuld

IV. Tätige Reue, § 142 IV StGB

II. Einzelheiten

1. Unfall im Straßenverkehr

178 Unfall im Straßenverkehr meint ein zumindest für einen Unfallbeteiligten plötzliches, unerwartetes Ereignis, im Rahmen dessen sich die *typischen Gefahren des Straßenverkehrs* realisieren. Ausgeschlossen sind damit insbesondere vorgetäuschte Unfälle (etwa zur Vorbereitung

eines Versicherungsbetrugs), ebenso wie atypische Ereignisse (Ergreifen von Mülltonnen aus einem fahrenden Auto heraus, um diese gegen geparkte Autos rollen zu lassen, aber auch der auf einem Supermarktparkplatz wegrollende Einkaufswagen (str., vgl. *Fischer* § 142 Rn. 9)). Ein Unfall liegt nach der Rspr. dann nicht vor, wenn der verursachte Schaden die *Wertgrenze von 25 Euro* nicht übersteigt oder nur ganz geringfügiger Personenschaden verursacht wurde. Wegen des Strafgrundes der Norm fehlt es zudem an einem Unfall, wenn nur der Täter einen Schaden erleidet.

2. Unfallbeteiligter

Der Begriff des Täters ist in Abs. 5 legal definiert. Hiernach ist jeder Unfallbeteiligter, dessen Verhalten auch nur zur Entstehung des Unfalls beigetragen haben „kann". Unfallbeteiligter, und damit Täter des § 142 StGB, kann damit bspw. auch der Beifahrer sein, der den Fahrer abgelenkt hat (*Otto* § 80 Rn. 46). Im Falle einer bloß mittelbaren Verursachung **179**

Beispiel: Ein Motorradfahrer kommt in einer Kurve auf seiner Fahrbahnseite zu Fall, ohne dass es zu einem Kontakt mit dem in demselben Zeitpunkt entgegenkommenden Fahrzeug des Täters gekommen ist

muss allerdings ein Verstoß gegen Verkehrsnormen hinzukommen, um von einer Unfallbeteiligung ausgehen zu können. Zudem ist aufgrund der Formulierung der Tathandlung erforderlich, dass der Täter am Unfallort anwesend ist, weil er sich überhaupt nur dann von diesem Entfernen kann.

Hieran fehlt es etwa, wenn dem Täter auf einer Spazierfahrt der Sprit ausgeht und er sein Kfz in einer unübersichtlichen Kurve stehenlässt, um zu Fuß bei der nächstgelegenen Tankstelle Benzin zu besorgen. Kommt es in seiner Abwesenheit zu einem Unfall, den er von der Ferne aus bemerkt und sich sodann von seinem Standort entfernt, liegt kein Entfernen vom Unfallort vor, da kein räumlicher Bezug zum Unfallgeschehen besteht. Notwendig ist, dass sich der Unfallbeteiligte zum Zeitpunkt des Unfalls am Unfallort befindet.

3. Unerlaubtes Entfernen

Im Hinblick auf die Tathandlung ist in der Klausur genau zu unterscheiden, ob Abs. 1 Nr. 1 oder Nr. 2 angenommen wird. Die beiden Alternativen schließen sich gegenseitig aus, wenn Abs. 1 Nr. 1 nur einschlägig ist, solange feststellungsbereite Personen vor Ort sind, während Abs. 1 Nr. 2 erst dann anwendbar ist, wenn solche Personen fehlen. In letzterem Fall darf nicht vergessen werden, an die Verlänge- **180** rung der Strafbarkeit nach § 142 II Nr. 1 StGB zu denken. Wie lange der Unfallbeteiligte am Unfallort tatsächlich zu warten hat, hängt von den Umständen des Einzelfalles ab (Art und Höhe des eingetretenen Schadens, Tageszeit, Frequentierung der Verkehrsfläche … etc.).

181 In Rspr. und Schrifttum war lange umstritten, ob § 142 I Nr. 1 StGB auch erfüllt ist, wenn sich der Unfallbeteiligte als Letzter, dh nach allen feststellungsbereiten Personen, vom Unfallort entfernt. Während zum Teil eine Strafbarkeit mit der Begründung abgelehnt wurde, die Feststellungspflicht sei sinnlos geworden, wenn keine feststellungsbereite Person mehr am Unfallort anwesend ist (BayObLG NJW 1983, 2039), hat sich der BGH nunmehr der Gegenmeinung angeschlossen. Dieser zufolge ist § 142 I Nr. 1 StGB auch dann erfüllt, wenn der Täter den Unfallort als Letzter verlässt, sofern er zuvor seine Vorstellungspflicht verletzt hat (BGHSt 63, 121). Begründen lässt sich dies u.a. damit, dass es für die durch die Norm geschützten zivilrechtlichen Ansprüche des Unfallbeteiligten keinen Unterschied machen kann, ob er sich als Letzter entfernt, weil gerade die Verletzung der Vorstellungspflicht dazu führt, dass sich feststellungsbereite Personen entfernen.

4. Subjektiver Tatbestand

182 Der subjektive Tatbestand erfordert Vorsatz, wobei dolus eventualis genügt. Bezugspunkte sind die Tatsachen, dass ein Unfall im Straßenverkehr stattfand, zu dessen Entstehung das Verhalten des Beschuldigten beigetragen haben kann, sowie das pflichtwidrige Entfernen. Auch hier genügt nach allgemeinen Grundsätzen die Kenntnis aller Tatumstände, so dass derjenige, der einen Zettel mit seinem Namen und Adresse am Unfallort hinterlässt, sich aber ohne Erfüllung der Wartepflicht entfernt, sich nicht erfolgreich auf einen Irrtum berufen kann. Der Beschuldigte wusste in diesem Fall, dass er einen Unfall verursacht hat und sich ohne zu warten entfernt, dies genügt. Seine Fehleinschätzung, der Zettel mit den Personalien würde genügen, ist vermeidbarer Verbotsirrtum.

183 In der Praxis fehlt es freilich dennoch häufig am Vorsatz, weil dem Täter nicht nachgewiesen werden kann, dass er den Unfall bemerkt oder den Schaden erkannt hat. Der früheren Vorgehensweise, das vorsatzlose Entfernen einem berechtigten oder entschuldigten Entfernen nach Abs. 2 Nr. 2 StGB gleichzustellen, hat das BVerfG eine Absage erteilt. Weiterhin möglich soll aber die Konstruktion eines sog. **beweglichen Unfallorts** bleiben (BVerfG NJW 2007, 1666). Diese Figur liegt vor, wenn der Täter in unmittelbar räumlichem und zeitlichem Zusammenhang zum Unfallgeschehen Kenntnis von diesem erlangt. Konstruktiv wird durch sie letztlich der Zeitpunkt der Bildung des Vorsatzes auf die Phase der Beendigung (Abschluss des Sich-Entfernens) ausgedehnt. Dieser Konstruktion hat wiederum der BGH eine Absage erteilt (NStZ 2011, 209 m. Bespr. *Jahn* JuS 2011, 274). § 142 I StGB verlangt deshalb die Kenntniserlangung des Täters *im Bereich des Unfallorts*. Die unter dem Schlagwort des beweglichen Unfallorts firmierenden Fälle sind nach § 142 II StGB zu lösen.

Sonderkonstellation: **Verknüpfung unerlaubtes Entfernen mit Prozessrecht** 184

Der Beschuldigte fuhr gegen 1.00 Uhr nachts mit einer BAK von 0,9‰ in seinem Pkw durch Bayreuth. In der Friedenstraße (Wohngebiet) lief von rechts ein unbekannt gebliebener Betrunkener auf die Fahrbahn. Geistesgegenwärtig riss der Beschuldigte das Steuer seines Wagens nach links, konnte aber einen Zusammenstoß mit dem ordnungsgemäß am linken Fahrbahnrand geparkten Pkw des Geschädigten G nicht verhindern (Schaden: 1.000 Euro). Der Betrunkene ergriff nach dem Unfall die Flucht. Der Beschuldigte wartete ca. 35 Minuten, ohne dass eine Person kam, und fuhr anschließend nach Hause und legte sich ins Bett. Gegen 2.30 Uhr klingelten die Polizeibeamten X und Y an seiner Tür. Sie wurden von der Anwohnerin A, die den Unfall beobachtet, sich aber gegenüber dem Beschuldigten zu derart später Stunde nicht bemerkbar gemacht hatte, über den Verlauf und den Fahrer informiert. Gleich nachdem der Beschuldigte die Tür öffnete, stellten die Beamten Alkoholgeruch fest und fragten den Beschuldigten unversehens, ob er mit seinem Auto heute Nacht gegen ein in der Friedenstraße geparktes Fahrzeug gefahren sei. Völlig verunsichert gab der Beschuldigte an, sein Fahrzeug gestern beim Zurücksetzen beschädigt zu haben. Am nächsten morgen um 7.00 Uhr suchte der Beschuldigte den Geschädigten G auf und schilderte diesem den Unfall.

1. Der Beschuldigte hat nicht gegen seine Feststellungspflichten (§ 142 I Nr. 1 StGB) verstoßen, da innerhalb der Wartefrist keine zur Feststellung bereite Person erschienen ist. Zwar sind Feststellungen auch durch Dritte möglich, der betrunkene Unfallverursacher war aber verschwunden und die Zeugin A gab sich dem Beschuldigten gegenüber nicht zu erkennen.

2. Auch ein Verstoß des Beschuldigten gegen dessen Wartepflichten (§ 142 I Nr. 2 StGB) liegt nicht vor, weil 35 Minuten Wartezeit den Umständen nach angemessen waren (nachts um 1.00 Uhr, kaum Personen zu erwarten, Unfallschaden nicht allzu hoch, Stadtrandgebiet).

3. § 142 II Nr. 1 StGB?

a) Der Beschuldigte hat sich berechtigterweise vom Unfallort entfernt und unverzüglich nachträglich Feststellungen ermöglicht. Die Information des G über den Unfall und seine Beteiligung morgens um 7.00 Uhr genügt den Anforderungen, weil eine frühere Kontaktaufnahme wegen der verhältnismäßig geringen Schadenshöhe und der vorher bestehenden Nachtruhe nicht verlangt werden kann.

b) Die nachträgliche Ermöglichung der Feststellungen entspricht auch den Anforderungen des § 142 III 1 StGB, insbesondere steht dem Unfallbeteiligten hinsichtlich seiner Pflichterfüllung eine Wahlmöglichkeit dahingehend zu, ob er die Meldung gegenüber der Polizei oder dem Geschädigten erstattet.

c) Ausschlussgrund des § 142 III 2 StGB?

Anknüpfungspunkt für einen Ausschluss ist die Falschaussage des Beschuldigten gegenüber den Polizeibeamten X und Y. Jedoch haben diese es unterlassen, den Beschuldigten gem. §§ 163a IV, 136 I 2 StPO zu belehren. Eine Vernehmungssituation lag vor, weil die Beamten dem Beschuldigten in amtlicher Eigenschaft gegenübergetreten sind und ihr Ermittlungswille aufgrund der Information der A über den Fahrer und des festgestellten Alkoholgeruchs bereits gegen den Beschuldigten gerichtet war. Die Aussage des Beschuldigten ist damit unverwertbar. Eine Ausnahme vom Verwertungsverbot ist nicht ersichtlich, da keine Anhaltspunkte für eine Kenntnis des Beschuldigten von seinem Schweigerecht bestehen (in einer etwaigen Hauptverhandlung wäre freilich noch an die Widerspruchslösung des BGH, § 257 StPO, zu denken; im Ermittlungsverfahren sind Verwertungsverbote indes von Amts wegen zu beachten). Der Ausschlussgrund des § 142 III 2 StGB greift nicht. Der Beschuldigte hat sich nicht nach § 142 II Nr. 1 StGB strafbar gemacht.

185 **Fall 9:** Rudi (R) war mit seinem Schwager Till (T) in seinem gelben Porsche Cayenne auf dem Weg von einem Gaststättenbesuch nach Hause. Beide hatten mehrere Biere und Schnäpse getrunken, so dass später bei R eine BAK von 1,4 ‰, bei T von 0,9 ‰ festgestellt werden konnte. R, der auf dem Weg zum Wagen leicht schwankte, wollte den schnellsten Weg über die Autobahn nehmen, war dabei aber versehentlich in der falschen Richtung auf die A9 aufgefahren. Als ihm mehrere Autos mit Licht- und Signalhupe entgegenkamen, dachte er sich nur „warum fahren denn heute alle

falsch herum?“ Auf der Höhe der Anschlussstelle Bindlacher Berg kam ihm das Fahrzeug des Oliver (O) entgegen. Dieser konnte nicht mehr ausweichen, so dass es zu einem Frontalzusammenstoß der beiden Pkw kam. Der Porsche des R war noch fahrbereit und stand nunmehr in der richtigen Fahrtrichtung. R erkannte, dass O schwer verletzt war und Hilfe benötigte, fuhr aber, nachdem sein Schwager T ihm wegen des Alkoholkonsums zur Weiterfahrt geraten hatte, in Richtung Bayreuth. Die zwischenzeitlich verständigte Polizei hatte an dieser Ausfahrt eine Kontrollstelle errichtet, nachdem andere Autofahrer einen gelben Porsche als Unfallfahrzeug gemeldet hatten. PHM Pia (P) war gerade im Begriff den gelben, stark beschädigten Porsche des R herauszuwinken, als R wieder beschleunigte und direkt auf die P zufuhr. Er ging davon aus, dass Polizeibeamte auf solche Situationen trainiert seien und sich durch einen Sprung in den Straßengraben ohne weiteres retten konnten, wobei er leichte Blessuren der P in Kauf nahm. Tatsächlich gelang es der P aufgrund der Entfernung des Wagens und der nur mittleren Anfahrtsgeschwindigkeit durch einen beherzten Sprung dem Auto auszuweichen. P blieb dabei unverletzt. Zu Hause angekommen wartete bereits eine Polizeistreife auf R; P hatte sich das Nummernschild gemerkt. Diese wollte R gerade festnehmen, als er damit drohte, sich selbst zu verbrennen. Die Beamten entfernten sich daraufhin. O starb fünf Tage später. Er hatte aufgrund eines leichten ärztlichen Kunstfehlers eine Lungenentzündung erlitten, die durch Kreislaufversagen zum Tode führte. Strafbarkeit des R und T?

A. Strafbarkeit des Rudi (R)

1. Tatkomplex: Der Unfall

I. § 315c I Nr. 1a, III Nr. 1 StGB

1. R hatte 1,4 ‰, deshalb besteht die unwiderlegliche Vermutung, dass er nicht in der Lage war, das von ihm geführte Fahrzeug sicher zu führen. Er war absolut fahruntauglich.

2. Konkrete Gefährdung der in § 315c StGB genannten Rechtsgüter.

a) Das von R geführte Kfz ist nicht vom Tatbestand erfasst, da das Angriffsmittel niemals Schutzobjekt ist.

b) Leib oder Leben der entgegenkommenden Autofahrer wurden gefährdet, weil die Vermeidung einer Kollision nur dem Zufall geschuldet war.

c) O wurde in seinen Rechtsgütern Leib, Leben und Eigentum sogar verletzt, dh die Gefährdung hat sich realisiert.

d) Fraglich ist, ob auch der Beifahrer T konkret gefährdet wurde. Rein faktisch bestehen hieran keine Zweifel, weil er sich in dem von R geführten Unfallfahrzeug befand. Anhaltspunkte für eine Überlagerung dieses Ergebnisses durch normative Erwägungen bestehen nicht, da R weder Teilnehmer an der Ausgangsfahrt war, noch sich eigenverantwortlich fremdgefährdend in das Risiko der Trunkenheitsfahrt begeben hatte. Deshalb kommt es auch nicht auf die umstrittene Frage an, ob ein Beifahrer bei absoluter Fahruntauglichkeit des Täters konkret gefährdet ist, obwohl nichts passiert. Die Rspr. hatte dies früher angenommen, aufgrund erheblicher Kritik (§ 315c StGB ist im Gegensatz zu § 316 StGB kein abstraktes, sondern ein konkretes Gefährdungsdelikt) ihren Standpunkt jedoch aufgeweicht. Hiernach liegt eine konkrete Gefährdung nur dann vor, wenn die alkoholische Beeinflussung des Fahrers einen Grad erreicht hat, dass dieser zu kontrollierten Fahrmanövern nicht mehr in der Lage ist.

3. R war sich aufgrund des Schwankens seiner Fahruntüchtigkeit bewusst, hat also vorsätzlich sein Kfz trotz Fahruntüchtigkeit geführt. Die Gefahr der Gefährdung anderer Verkehrsteilnehmer hat er jedoch nicht erkannt.

4. Rechtswidrigkeit/Schuld

Erg.: Nur ein Vergehen nach § 315c I Nr. 1a, III Nr. 1 StGB, da die Schaffung sämtlicher konkreter Gefährdungslagen auf einer Handlung beruht: eine Trunkenheitsfahrt.

II. § 315c I Nr. 2f StGB ist hingegen nicht verwirklicht, da R nicht rücksichtslos agierte. R war „nur" infolge Unachtsamkeit falsch auf die Autobahn aufgefahren („Warum fahren heute alle falsch?"). Rücksichtslosigkeit verlangt aber, dass der Täter sich aus eigensüchtigen Gründen über seine Pflichten gegenüber anderen Verkehrsteilnehmern hinwegsetzt oder aus Gleichgültigkeit Bedenken gegen sein Verhalten von vornherein nicht aufkommen lässt.

III. § 315b I Nr. 3 StGB

Von den Vorgängen im Verkehr erfasst § 315b StGB nur verkehrsfremde Eingriffe, dh solche, bei denen das Kfz nicht zur eigenen Fortbewegung eingesetzt, sondern bewusst zweckentfremdet wird. Zudem verlangt die neuere Rspr. einen zumindest bedingten Schädigungsvorsatz. Bei einer Geisterfahrt ist deshalb danach zu fragen, ob der Täter es von vornherein darauf angelegt hat, die Autobahn in falscher Richtung zu befahren. Hier war R nur aufgrund alkoholbedingter Verwirrung falsch auf die Autobahn aufgefahren. Die Möglichkeit andere Verkehrsteilnehmer schädigen zu können, hat R nicht erkannt, wenn er davon ausging, alle anderen würden falschherum fahren, nur er nicht. Damit fehlt es jedenfalls am Moment des bedingten Schädigungsvorsatzes.

IV. § 221 I, III StGB ist nicht erfüllt. Es ist nicht nachweisbar, dass die Ortsveränderung nach dem Bewusstsein des R zu einer bedrohlichen Verschlechterung der Lage des O („durch die Tat", § 221 III StGB) geführt hätte.

V. § 222 StGB

1. Der tatbestandliche Erfolg ist mit dem Tod des O eingetreten.

2. Der durch das falsche Auffahren auf die Autobahn verursachte Zusammenstoß zwischen dem Pkw des R und demjenigen des O ist conditio sine qua non: Wäre O nicht in den Unfall verwickelt worden, wäre er nicht im Krankenhaus falsch behandelt worden und an den Folgen gestorben. Der ärztliche Behandlungsfehler wirkt sich auf die Kausalität der Handlung für den Erfolg demgemäß nicht aus.

3. Objektive Sorgfaltspflichtverletzung bei objektiver Vorhersehbarkeit des Erfolgs (vgl. BGH NStZ 2021, 494 m. Bespr. *v. Heintschel-Heinegg* JA 2021, 425, sowie zum Fahrlässigkeitsmaßstab bei Vollzugslockerungen BGHSt 64, 217).

Bereits die Verwirklichung der Straßenverkehrsgefährdung (s.o.) begründet die Sorgfaltswidrigkeit. Der eingetretene Todeserfolg war für einen objektiven Dritten auch vorhersehbar.

4. Pflichtwidrigkeitszusammenhang (= Zusammenhang zwischen objektiver Sorgfaltspflichtverletzung und Erfolg)

O starb infolge Kreislaufversagens. Dessen Ursache war eine durch einen leichten ärztlichen Kunstfehler ausgelöste Lungenentzündung. Der Todeserfolg ist nach der hM dennoch zurechenbar, weil mit *leichten* ärztlichen Kunstfehlern bei einem schweren Verkehrsunfall stets zu rechnen ist (Rn. 21).

Anders bei *groben* ärztlichen Kunstfehlern. Hier scheidet eine Zurechnung zum Erstverursacher aus. Der schwere Fehler bedeutet eine Verantwortungsverschiebung auf den Arzt und führt deshalb zu einer Unterbrechung des Zurechnungszusammenhangs.

Demgegenüber will ein Teil der Lit. danach unterscheiden, ob der Tod durch eine vom Arzt eröffnete neue Gefahrenquelle eintritt (dann Ausschluss der Zurechnung zum Ersttäter) oder ob der Arzt die Ausgangsgefahr aufgrund eines Behandlungsfehlers nicht abwendet (dann bleibt die Zurechnung zum Ersttäter bestehen). Auch diese Ansicht gelangt hier nicht zu einem Zurechnungsausschluss.

5. Rechtswidrigkeit

6. Schuld mit subjektiver Sorgfaltspflichtverletzung bei subjektiver Vorhersehbarkeit des Erfolgs.

Erg.: R ist strafbar wegen vorsätzlicher Gefährdung des Straßenverkehrs in Tateinheit mit fahrlässiger Tötung.

2. Tatkomplex: Die Weiterfahrt

I. § 142 I Nr. 2 StGB

1. Ein Unfall im Straßenverkehr ist ein für mindestens einen Beteiligten plötzliches und unerwartetes Ereignis, in welchem sich ein verkehrstypisches Schadensrisiko realisiert und das unmittelbar zu einem nicht völlig belanglosen Personen- oder Sachschaden führt. Der Zusammenstoß stellt eine Verwirklichung straßenverkehrstypischer Gefahren dar, die für O und R unerwartet kam.

2. R ist als derjenige, der die Autobahn falsch befahren und den Zusammenstoß verursacht hat, Unfallbeteiligter iSd § 142 V StGB.

3. Entfernen vom Unfallort unter Verletzung der Wartepflicht.

a) Für die Existenz eines Unfallorts maßgeblich ist, ob noch ein unmittelbarer räumlicher Bezug zu dem Unfallgeschehen gegeben ist. Jedenfalls nicht mehr zum Unfallort gehören Orte außerhalb dessen Sichtweite. Dieser Ort wurde von R verlassen.

b) § 142 I Nr. 2 StGB betrifft den Fall, dass sich kein Feststellungsinteressent findet. Exemplarisch werden solche Fälle erfasst, in denen es keinen anderen Unfallbeteiligten gibt, der Geschädigte abwesend oder infolge der Unfallauswirkungen zu Feststellungen nicht in der Lage ist. Es ist eine den Umständen nach angemessene Zeit zu warten (Einzelfallentscheidung), was idR auch gilt, wenn mit alsbaldigem Erscheinen von Feststellungsinteressenten nicht zu rechnen ist, z.B. auch nachts auf dunkler Landstraße.

4. Der Vorsatz des R muss sich auf folgende Punkte beziehen:

– dass ein Unfall stattgefunden hat, für den der Täter u.U. mitursächlich war,
– dass der eingetretene Schaden nicht ganz unerheblich ist,
– dass der Täter Unfallbeteiligter ist und

– dass er sich vor den Unfallfeststellungen oder unter Verletzung der Wartepflicht vom Unfallort entfernt und hierdurch Feststellungen vereitelt werden.

5. Rechtswidrigkeit/Schuld

II. § 316 I StGB

Die Weiterfahrt nach dem Unfall stellt nach st. Rspr. eine neue Tat dar; der Unfall markiert eine Zäsur und unterbricht die einheitliche Trunkenheitsfahrt vom Start- zum Zielort.

Eine Gefährdung des Mitfahrers T nach dem Unfall liegt ersichtlich nicht vor, zumal es nicht ausreicht, dass R alkoholbedingt absolut fahruntauglich ist (s.o.). Eine Konkrete Gefährdung ist erst bei einem Beinaheunfall gegeben.

III. § 323c StGB

1. Ein Unglücksfall ist ein plötzlich eintretendes Ereignis, das erhebliche Gefahr für ein Individualrechtsgut mit sich bringt. Nach aA muss ein Schaden eingetreten sein und weitere Gefahr drohen. O war schwer verletzt.

2. Unterlassen der Hilfeleistung. Täter des § 323c StGB kann jedermann sein. Da es sich um ein sog. echtes Unterlassungsdelikt handelt, setzt die Strafbarkeit insbesondere keine Garantenstellung voraus. R hat sich, ohne dem O Hilfe zu leisten, entfernt.

3. Die Hilfeleistung für O müsste weiterhin erforderlich gewesen sein. Dies ist dann nicht der Fall, wenn Gewähr für sofortige, anderweitige Hilfe besteht oder wenn Hilfe von vornherein aussichtslos und offensichtlich nutzlos ist. Zu leisten ist die zur Rettung erforderliche und mögliche Hilfe. Art und Maß der Hilfe richten sich auch nach den Fähigkeiten und Möglichkeiten des Hilfspflichtigen. Aufgrund der schweren Verletzungen des O war es nötig, Ersthilfemaßnahmen am Unfallort zu treffen und den ärztlichen Rettungsdienst zu verständigen.

4. Fraglich ist, ob dem R als Unfallverursacher eine solche Hilfeleistung auch zumutbar war, weil er bei deren Erfüllung Gefahr liefe, als Täter entdeckt zu werden. Im Gegensatz zur Unzumutbarkeit normgemäßen Verhaltens bei den unechten Unterlassungsdelikten (Frage der Schuld) ist die Zumutbarkeit iRv § 323c StGB Tatbestandsmerkmal. Maßgeblich sind Fähigkeiten, Lebenserfahrung und Vorkenntnisse des Täters. Er muss die für ihn bestmögliche Hilfe leisten.

Hier bestand für R wegen der Trunkenheitsfahrt zwar die Gefahr der Strafverfolgung. Diese befreit nach hM aber nicht von der

Pflicht zur Hilfe. Dies gilt jedenfalls dann, wenn der Täter den Unglücksfall fahrlässig verschuldet hat. Bei vorsätzlicher Tat ist § 323c StGB hingegen nicht anwendbar, wenn die aus der Tat entspringende Gefahr im Rahmen des bei dieser Tat gewollten Verletzungserfolgs bleibt (str.).

5. Vorsatz

6. Rechtswidrigkeit/Schuld

Erg.: R ist strafbar wegen unerlaubten Entfernens vom Unfallort in Tateinheit mit vorsätzlicher Trunkenheit im Verkehr und mit unterlassener Hilfeleistung. Eine Strafbarkeit wegen Totschlags durch Unterlassen kommt mangels Kausalität (des Unterlassens für den Todeserfolg) nicht in Betracht.

3. Tatkomplex: Die Polizeiflucht

I. §§ 315b I Nr. 3, II, III, 315 III Nr. 1a, b StGB

1. § 315b StGB ist im vorliegenden Fall der sog. Polizeiflucht gegeben, da R bewusst auf P zufährt, um diese zu zwingen, den Weg freizugeben. Das Kfz wird damit nicht als bloßes Flucht- und damit Fortbewegungsmittel benutzt, sondern als Werkzeug, um den Fluchtweg zu eröffnen, mithin zur Waffe pervertiert. Auch der nach der Rspr. erforderliche, mindestens bedingte Schädigungsvorsatz ist gegeben, weil R potentielle Verletzungen der P in Kauf nahm.

2. Dadurch wurde die Sicherheit des Straßenverkehrs beeinträchtigt.

3. P wurde zwar nicht verletzt, für § 315b StGB ausreichend ist aber die konkrete Gefährdung ihrer körperlichen Unversehrtheit und ihres Lebens.

4. Qualifikationen: § 315b III iVm § 315 III StGB

a) § 315 III Nr. 1a ist nicht erfüllt, weil R die Verletzungen der P nur billigend in Kauf nahm. Es fehlt bei ihm an der erforderlichen Absicht (aA vertretbar, wenn man Gefährdungsabsicht ausreichen lässt, da R bedingten Schädigungsvorsatz hatte).

b) § 315 III Nr. 1b ist ebenso nicht verwirklicht, da durch das Zufahren auf P die „andere Straftat“ der Trunkenheitsfahrt nicht mehr verdeckt werden konnte; sie war vielmehr schon bekannt. R kam es nur darauf an, zu flüchten.

5. Vorsatz

6. Rechtswidrigkeit/Schuld

II. §§ 223 I, II, 224 I Nr. 2, II, 22, 23 I StGB

R nahm Verletzungen der P bei deren Rettungssprung in Kauf. Auch war ihm bewusst, dass sein Kfz nach der konkreten Art der Verwendung geeignet ist, erhebliche Verletzungen herbeizuführen; die Rspr. verlangt für den Einsatz eines Kraftfahrzeugs als Werkzeug, dass die körperliche Misshandlung bereits durch den Anstoß selbst ausgelöst wird und die Verletzung auf einen unmittelbaren Kontakt zwischen Fahrzeug und Körper zurückzuführen ist (BGH NStZ-RR 2020, 281). Das unmittelbare Ansetzen ist durch das Zurasen auf P gegeben.

Vgl. zur Annahme eines Tötungsvorsatzes bei Polizeiflucht BGH NStZ-RR 2014, 371: „Hat der Täter eine offensichtlich besonders gefährliche Gewalthandlung begangen, kann im Einzelfall allein daraus der Schluss auf ein Wissen um die vorhandene Lebensgefahr und deren Inkaufnahme gezogen werden. Der Tatrichter ist jedoch nicht gehalten, seinen Feststellungen zur objektiven Gefährlichkeit der Tathandlung immer die ausschlaggebende indizielle Bedeutung beizumessen."

III. § 114 I, II, § 113 II 2 Nr. 1 StGB

1. Ein Polizist ist in Bayern ein Beamter und damit ein Amtsträger, vgl. § 11 I Nr. 2 StGB. Er ist auch Vollstreckungsbeamter.

2. Bei einer Diensthandlung. Hier liegt mit der Anhalteverfügung der P im Rahmen der Verfolgung einer Straftat sogar eine (für § 114 StGB nicht erforderliche) Vollstreckungshandlung vor.

3. Ein tätlicher Angriff ist eine unmittelbar auf den Körper zielende gewaltsame Einwirkung. Ein Erfolg wird nicht vorausgesetzt, so dass auch eine versuchte Körperverletzung ausreichend ist. R fuhr direkt auf P zu, während diese die Vollstreckungshandlung einleitete.

4. Vorsatz

5. Die Rechtmäßigkeit der Diensthandlung (objektive Bedingung der Strafbarkeit) ist hier gegeben. Dies ist nach § 114 III StGB auch erforderlich, weil die Diensthandlung hier eine Vollstreckungshandlung iSd § 113 I StGB ist.

6. Schuld

7. Regelbeispiel des § 114 II iVm § 113 II 2 Nr. 1 StGB: KfZ als Waffe oder anderes gefährliches Werkzeug?

a) Bis zum 1.11.2011 waren nur Waffen vom Regelbeispiel des § 113 II 2 Nr. 1 StGB erfasst. Angesichts einer normspezifischen

Auslegung, derzufolge die Verwendungsart bei § 113 StGB im Fokus stehen sollte, subsumierte die hM auch den Pkw unter den Waffenbegriff. Das BVerfG hat 2008 demgegenüber entschieden, dass das strafrechtliche Analogieverbot verletzt ist, wenn § 113 II Nr. 1 StGB dahingehend ausgelegt wird, dass ein Pkw eine „Waffe" iSd Vorschrift darstellt, weil hierunter nur Waffen im technischen Sinne zu verstehen seien (NStZ 2009, 83). Das Beisichführen gefährlicher Werkzeuge in Verwendungsabsicht könne aber als unbenannter „besonders schwerer Fall" gewertet werden. Der Gesetzgeber kam dem nach und erweiterte die Vorschrift ausdrücklich auf gefährliche Werkzeuge. Strafschärfende Wirkung besitzen folglich alle Gegenstände, die objektiv geeignet sind, in der Art der beabsichtigten Verwendung erhebliche Verletzungen zu verursachen (MüKo/*Bosch* § 113 Rn. 72 ff.). Ein Pkw kann damit gefährliches Werkzeug sein, wenn wegen der Art seines Einsatzes erhebliche Leibesgefahren drohen, nicht hingegen, wenn dem Polizeibeamten ein Ausweichen noch ohne weiteres möglich ist.

Der Pkw unterfällt vorliegend nicht dem Begriff eines gefährlichen Werkzeugs, da objektiv keine erheblichen Verletzungen drohten (aA vertretbar, wenn man auf die konkrete Verwendung des Zufahrens abstellt, weil der Pkw in diesem Moment aus der Sicht eines objektiven Beobachters zu nichts anderem als zu einem Einsatz als Angriffsmittel dienen kann).

b) **Exkurs Verwendungsabsicht:** Nicht erforderlich ist, dass der Gegenstand zu Beginn des Angriffs bereits bei sich geführt wird. Es reicht aus, wenn der Täter die Waffe zu irgendeinem Zeitpunkt zwischen Beginn der Widerstandshandlung und deren Vollendung ergreift. Dabei muss sich der Täter der Waffe allerdings sofort und ohne nennenswerte Schwierigkeiten bedienen können, wobei ausreichen soll, wenn er sich der Waffe nur „gegebenenfalls" bedienen will.

IV. § 142 StGB

Der Anwendungsbereich des § 142 StGB ist nicht eröffnet. Da P unverletzt blieb, fehlt es an einem Unfall im Straßenverkehr. Für § 142 StGB muss aber ein Personen- oder Sachschaden tatsächlich eingetreten sein, weil nur dann der Schutzzweck der Norm (Feststellung und Sicherung der durch einen Unfall entstandenen zivilrechtlichen Ansprüche, sowie der Schutz vor unberechtigten Ansprüchen) berührt wird; eine Gefährdung reicht nicht aus.

Exkurs: Hätte P Verletzungen davongetragen, müsste man sich die Frage stellen, ob auch eine *vorsätzliche Schadenszufügung* dem Begriff des Unfalls unterfällt.

Nach hM ist es unerheblich, ob der Unfall oder dessen Folgen von einem Beteiligten gewollt verursacht werden. Ausreichend ist, wenn er sich für andere Beteiligte als ungewolltes Ereignis unter Realisierung verkehrstypischer Gefahren darstellt. Wird das Fahrzeug wie im vorliegenden Fall ausschließlich als Tatwerkzeug zu verkehrsatypischem Verhalten eingesetzt, liegt kein Unfall vor, weil sich dann nicht die mit dem Straßenverkehr typischerweise verbundenen Gefahren realisiert haben. § 142 StGB zieht seine Legitimation aber gerade aus den besonderen Gefahren des Massenverkehrs.

4. Tatkomplex: Selbstverbrennung

I. § 113 I StGB

1. Bei den Polizisten handelt es sich um Amtsträger bei Vornahme einer Vollstreckungshandlung (Festnahme des R).

2. Widerstand leisten mit Gewalt oder Drohung mit Gewalt.

R drohte lediglich sich selbst zu verbrennen. Vor Schaffung des § 114 StGB war der tätliche Angriff mit dem Widerstandleisten in § 113 StGB demselben Strafrahmen unterstellt. Daraus konnte man folgern, dass beide Angriffsweisen denselben Unwertgehalt aufweisen und sich deshalb auch die Gewalt (bzw. deren Drohung) gegen den Amtsträger richten mussten. Zwar hat der Gesetzgeber den tätlichen Angriff nunmehr aus § 113 StGB herausgelöst und unter einem höheren Strafrahmen in § 114 StGB gesondert unter Strafe gestellt. Er wollte damit aber insbesondere Vollstreckungsbeamte besser vor Angriffen schützen, aber nicht in das bestehende Regelungsgefüge eingreifen. Die besseren Argumente sprechen deshalb dafür, dass sich die Tathandlung des § 113 StGB auch weiterhin gegen den Amtsträger richten muss.

Die Selbstverbrennung stellt nur eine Kraftentfaltung gegen die eigene Person dar, die sich gegen Polizeibeamte nicht als physischer Zwang auswirkt.

Exkurs: Auch rein passiver Widerstand ist keine Gewalt, etwa ein bloßes Sitzenbleiben trotz Aufforderung des Amtsträgers sich zu entfernen oder ein sich gegen den Boden Stemmen mit aller Macht.

II. § 240 I StGB

Der Tatbestand der Nötigung ist erfüllt, weil es sich bei der Selbstverbrennung um ein empfindliches Übel handelt, das von R in Aussicht gestellt wurde. Dies führte dazu, dass die Polizeibeamten den R zunächst nicht festnahmen.

Fraglich ist aber, ob ein Rückgriff auf die Nötigung überhaupt möglich ist. Nach der hM ist § 113 StGB, soweit er Nötigungshandlungen umfasst, im Verhältnis zu § 240 StGB lex specialis (MüKo/*Bosch* § 113 Rn. 64). Als Argumente lassen sich die fehlende Versuchsstrafbarkeit sowie die günstigeren Irrtumsregelungen anführen (nicht mehr jedoch die Strafrahmengleichheit, weil der Regelstrafrahmen dem des § 240 I StGB angepasst wurde). Eine Anwendung des § 240 StGB birgt deshalb die Gefahr, dass die genannten Privilegierungen umgangen werden. Lösungsmöglichkeiten: (1) Unanwendbarkeit des § 240 StGB im Anwendungsbereich des § 113 StGB (2) § 240 StGB anwendbar, wobei Irrtumsregelungen des § 113 III, IV StGB übertragen werden.

B. Strafbarkeit des Till (T)

I. §§ 316 I, 26 StGB

1. Vorsätzliche rechtswidrige Haupttat (s.o.)

2. Laut Sachverhalt wurde der Tatentschluss des R von T hervorgerufen. T hat den R zur Tat bestimmt.

3. Vorsatz des Anstifters bzgl. Vortat und Bestimmen.

4. Rechtswidrigkeit/Schuld

II. § 222 StGB

Im Bereich der Fahrlässigkeitsdelikte gilt der sog. Einheitstäterbegriff, dh jeder zum Erfolg führende Verursachungsbeitrag begründet Täterschaft. Insoweit würde die Anstiftung des R zur Trunkenheitsfahrt einen relevanten Verursachungsbeitrag begründen. Der Sachverhalt erweist sich aber hier als unklar, weil nicht feststeht, ob T den R auch bereits zur Fahrt bis zum Unfall angestiftet hat.

III. §§ 142 I Nr. 2, 26 StGB

IV. § 323c StGB

§ 323c StGB ist ein Jedermanndelikt. Insbesondere ist nicht erforderlich, dass T Garant für die Rechtsgüter des O ist. Auch T hat bei einem Unglücksfall (s.o.) nicht Hilfe geleistet, obwohl dies nach den Umständen erforderlich und ihm zumutbar war.

F. Räuberischer Angriff auf Kraftfahrer

Literatur: *Bosch* Jura 2013, 1234; *ders.* Jura (JK), 2016, 1454; *Hecker* JuS 2016, 850.

Die Stellung des § 316a StGB innerhalb des 28. Abschnitts der gemeingefährlichen Straftaten erweist sich nur dann als fragwürdig, wenn man der Norm einen rein vermögensschützenden Charakter zuweist. Dennoch wird der Tatbestand regelmäßig im Zusammenhang mit den Eigentums- und Vermögensdelikten besprochen. Der Strafgrund wird darin gesehen, dass Kraftfahrzeugführer (und deren Mitfahrer) durch die Teilnahme am Straßenverkehr in ihren Abwehrmöglichkeiten eingeschränkt sind und deshalb leichter Opfer von räuberischen Angriffen werden (BGHSt 49, 8). **186**

I. Prüfungsschema

Prüfungsschema: § 316a StGB **187**

I. Tatbestand

1. Objektiver Tatbestand
   a) Angriffsobjekt: Führer eines Kfz oder Mitfahrer
   b) Tathandlung: Verüben eines Angriffs auf dessen Rechtsgüter
   c) Besondere Tatsituation: Ausnutzen der besonderen Verhältnisse des Straßenverkehrs
2. Subjektiver Tatbestand
   a) Vorsatz bzgl. 1., dolus eventualis genügt
   b) Zur Begehung einer Vermögensstraftat

II. Rechtswidrigkeit

III. Schuld

§ 316a III StGB enthält eine Erfolgsqualifikation bei tödlichem Verlauf.

II. Einzelheiten

Das raubähnliche Delikt des § 316a StGB dient dem Schutz von Eigentum und Vermögen; nach umstrittener Ansicht soll es seiner systematischen Stellung zufolge auch den Kraftfahrer und den Straßenver- **188** kehr schützen. Dogmatisch pönalisiert das abstrakte Gefährdungsdelikt des § 316a StGB eine Form der Vermögens*gefährdung*, weil das Delikt bereits mit Verüben des Angriffs vollendet ist (mit der von anderen Vorverlagerungstatbeständen bekannten Folge eines Zurückdrängens des Anwendungsbereichs des Versuchs); die Absicht eine Vermögensstraftat zu begehen („zur Begehung eines Raubes …") ist überschießende Innentendenz. Aufgrund der exorbitant hohen Strafdrohung (Mindeststrafe 5 Jahre) wird gemeinhin eine restriktive Auslegung der Norm befürwortet.

189 Diese Zielrichtung entfaltet ihre Relevanz nicht zuletzt für das Standardproblem der Norm, die Frage wann die besonderen Verhältnisse des Straßenverkehrs ausgenutzt sind. Die Rspr. hat hierzu einen schillernden Wandel erfahren, der mittlerweile aber als abgeschlossen bezeichnet werden kann und schon vielfach thematisiert wurde. Er ist sogleich auch Gegenstand von Fall 10 (Rn. 191).

190 **Exkurs:** Angriff vor Beginn einer Fahrt

Wird der Angriff vor Beginn einer Fahrt verübt und das Opfer dann gezwungen an einen anderen Ort zu fahren, an welchem der geplante Raub/die Erpressung vollendet werden soll, hat der BGH wie folgt differenziert:

1. Hat der Täter das Opfer bereits vor Fahrtantritt unter seine uneingeschränkte Kontrolle gebracht, dient das Kfz nur als Beförderungsmittel, weil die mit der Fahrt verbundenen eingeschränkten Abwehrmöglichkeiten des Opfers für die Angriffshandlung des Täters ohne Bedeutung sind. § 316a StGB ist in diesem Fall nicht anwendbar.

2. Wird der Angriff unmittelbar vor Fahrtantritt verübt und dann zur Entführung des Opfers fortgeführt, werden die besonderen Verhältnisse des Straßenverkehrs ausgenutzt, weil die Abwehrmöglichkeiten erst hierdurch endgültig eingeschränkt werden. Diese Konstellation unterfällt § 316a StGB (hierzu BGHSt 52, 44; *Bosch* JA 2008, 313).

Hinweis: In diesen Kontext gehört auch BGH NStZ 2015, 653. Die Täter hatten ihrem Opfer, einem LKW-Fahrer, angedeutet, er möge zur Durchführung einer Polizeikontrolle die Autobahn am nächsten Parkplatz verlassen. Dort wurde das Opfer von den Tätern ihrem Tatplan entsprechend beraubt, wobei es nach den Feststellungen des Landgerichts nicht mehr mit der Bewältigung von Verkehrsvorgängen beschäftigt war. Der BGH bejaht einen Angriff auf die Entschlussfreiheit des Fahrzeugführers im Zeitpunkt des Vortäuschens der Polizeikontrolle, weil das Opfer durch diese gegen seinen Willen zum Anhalten gezwungen wurde. Die Problematik der Konstellation liegt in der Abgrenzung des § 316a StGB unterfallenden Angriffs auf die Entschlussfreiheit des Fahrzeugführers von der § 316a StGB nicht zuzuordnenden Einwirkung (BGHSt 49, 8) durch Täuschung und List auf dessen Vorstellungsbild.

Nur zur gedanklichen Verknüpfung sei an dieser Stelle darauf hingewiesen, dass es unter dem Stichwort der „vorgetäuschten Beschlagnahme" eine vergleichbare Problematik bei der Abgrenzung von Betrug und Diebstahl gibt (Täter spiegelt dem Opfer vor Polizeibeamter zu sein und verlangt die Herausgabe eines bestimmten Gegenstandes, den er im Falle der Zuwiderhandlung beschlagnahmen müsse), die mit entsprechender Argumentation zugunsten der Annahme des Diebstahls gelöst wird.

Fall 10 (nach BGH NStZ 2013, 43 m. Bespr. *Hecker* JuS 2013, 366): Thorsten (T) war mit Otto (O) und einem unbekannt gebliebenen Mittäter (M) im Wagen seines Bruders Fritz (F) unterwegs. F steuerte den Wagen durch Bayreuth. T warf O während der Fahrt vor, seine frühere Freundin belästigt und seinen Hund vernachlässigt und geschlagen zu haben, was dieser vehement bestritt. Als die Beteiligten durch ein Gewerbegebiet fuhren, begann der unbekannt gebliebene Mittäter (M), den O nach entsprechender Aufforderung des F mit Faustschlägen in das Gesicht und auf den Oberkörper zu misshandeln. Auch T schlug O während der Fahrt mindestens einmal mit der Faust ins Gesicht. Noch bevor das endgültige Ziel erreicht wurde, zog T schwarze Lederhandschuhe an und forderte O nach einem Halt des Fahrzeugs in einem Wohngebiet mit Billigung von F und M dazu auf, seine Taschen zu leeren. Aus Angst vor weiteren Schlägen holte O aus seiner Tasche ein Mobiltelefon und Bargeld. Dieses nahm einer der Täter an sich. Wie hat sich T strafbar gemacht? **191**

Strafbarkeit des Thorsten (T)

I. §§ 249 I, 25 II StGB

1. Die Schläge gegen O sind Anwendung von Gewalt, das Anziehen der Handschuhe stellt im Hinblick auf die vorausgegangenen Schläge ein konkludentes Inaussichtstellen eines Übels in Form von weiteren Schlägen und deshalb die Drohung mit gegenwärtiger Gefahr für Leib oder Leben dar.

Eine wechselseitige Zurechnung der Tatbeiträge erfolgt nach § 25 II StGB. Voraussetzung ist ein gemeinsamer Tatplan als Zurechnungsbasis, sowie gemeinsame Tatbeiträge. Maßgeblich ist nach der hM eine wertende Gesamtbetrachtung nach dem Interesse am Taterfolg, dem Umfang der Tatbeteiligung, der Tatherrschaft und dem Tatherrschaftswillen (BGH NStZ-RR 2012, 209). M und T haben auf O eingewirkt, F hat dem O durch das Steuern des Kfz ein Ausweichen unmöglich gemacht. M, T und F haben damit aufgrund eines konkludent gefassten Tatplans, der von allen durch die jeweiligen Ausführungshandlungen gebilligt wurde (zur Mittäterschaft durch konkludentes Verhalten BGH NStZ-RR 2011, 200), funktional im Ausführungsstadium wesentliche Tatbeiträge geleistet.

2. Die Wegnahme einer fremden beweglichen Sache umschreibt den Bruch fremden und die Begründung neuen, nicht notwendig tätereigenen Gewahrsams. Nach dem äußeren Erscheinungsbild stellt sich das Geschehen als ein „Nehmen" dar. Auch hatte O aus seiner Sicht keine Entscheidungsfreiheit bzgl. des Gewahrsamsübergangs, so dass auch nach der Auffassung der Lit., wonach für die Frage, ob eine Wegnahme oder Weggabe vorliegt auf die innere Willensrichtung des Opfers abzustellen ist, eine Wegnahme anzunehmen ist: O hätte den Gewahrsamsverlust nicht dadurch abwenden können, dass er sich weiteren Schlägen ausgesetzt hätte. Dass O die Gegenstände zuvor der Aufforderung entsprechend selbst aus seinen Taschen hervorgeholt hatte, führt lediglich zu einer Gewahrsamslockerung, hindert die Wegnahme jedoch nicht.

3. Vorsatz und Absicht rechtswidriger Zueignung.

4. Finalität zwischen Nötigung und Wegnahme.

Das bloße Ausnutzen einer ohne Wegnahmevorsatz geschaffenen Zwangslage stellt keinen Raub dar, wenn es zum Zeitpunkt der Gewalthandlung an der erforderlichen finalen Verknüpfung mit der Wegnahme fehlt (BGH NStZ-RR 2013, 45; *Eisele* JuS 2016, 754). Wirkt die ohne Wegnahmevorsatz geübte Gewalt im Zeitpunkt der Wegnahme jedoch als aktuelle Drohung erneuter Gewaltanwendung fort und nutzt der Täter diesen Umstand bewusst aus, erfüllt dies den Tatbestand des Raubes (vgl. BGH NStZ 2013, 471). Das Anziehen der Lederhandschuhe stellt hier sogar selbst eine eigenständige Drohung dar (s.o.), die vollführt wurde, um die sich anschließende Wegnahme zu ermöglichen.

5. Rechtswidrigkeit der Handlung/Schuld.

II. §§ 253 I, II, 255, 25 II StGB

Nach der Rspr. markiert die räuberische Erpressung das Grunddelikt zum Raub, weshalb in jedem Raub zugleich eine räuberische Erpressung mitverwirklicht ist. Erst auf der Konkurrenzebene treten §§ 253, 255 StGB als subsidiär zurück.

Nach Ansicht der Lit. ist für die Verwirklichung des Tatbestandes der (räuberischen) Erpressung das Vorliegen einer Vermögensverfügung erforderlich, weshalb sich § 249 StGB und §§ 253, 255 StGB gegenseitig ausschließen (sog. Exklusivitätsverhältnis). Demnach scheidet nach dieser Ansicht eine (räuberische) Erpressung bereits auf Tatbestandsebene aus, weil O aufgrund fehlender Handlungsoption nicht über sein Vermögen verfügt hat (vgl. zum Ganzen BT/2 Rn. 153 ff.).

III. §§ 316a I, 25 II StGB

1. Verüben eines Angriffs auf ein enumerativ aufgezähltes Rechtsgut eines Mitfahrers

a) Angriff ist jede auf die Verletzung eines der genannten Rechtsgüter gerichtete feindselige Handlung, wobei das Opfer deren objektiven Nötigungscharakter wahrnehmen muss (BGHSt 49, 8; die feindliche Willensrichtung des Täters braucht das Opfer nach der Rspr. hingegen nicht erkannt zu haben). Für den Angriff auf die Entschlussfreiheit genügt deshalb grundsätzlich auch eine Nötigung, die nicht mittels Gewalt gegen Leib oder Leben begangen wird. Verübt ist ein Angriff, wenn die Einwirkungshandlung auf eines der geschützten Rechtsgüter ausgeführt wird. Das Drohen mit den Handschuhen stellt einen Angriff auf die Entschlussfreiheit des O dar.

b) Mitfahrer kann nach der hM eine Person nur sein, wenn und solange eine andere Person das Kfz führt.

Problematisch ist diese Sicht freilich, wenn § 316a StGB primär vermögensschützender Charakter zugewiesen wird, weil dann nicht erklärlich ist, warum die Enge und Isolierung eines Mitfahrers innerhalb des Kfz den exorbitant hohen Strafrahmen des § 316a StGB rechtfertigen können soll.

Maßgeblich ist damit, ob F im Zeitpunkt des Angriffs das Kfz noch geführt hat; dass T selbst nur Mitfahrer war, ist unerheblich, weil § 316a StGB ein Jedermanndelikt markiert. Dem Begriff des Führens eines Kfz unterfallen alle Handlungen, welche unmittelbar dem Ingangsetzen, Inganghalten, Lenken usw. dienen, auch das Bremsen, Anhalten, Einparken. Maßgeblich ist, ob der Fahrer mit der

Bewältigung von Betriebs- und Verkehrsvorgängen befasst ist (BGH NStZ 2016, 607). Problematisch ist vorliegend, dass laut Sachverhalt der Angriff während eines Halts stattfand. Hier ist zu unterscheiden: Bei einem verkehrsbedingten Halt liegt regelmäßig ein Führen des Kfz vor, bei einem nicht verkehrsbedingten Halt nur, wenn und solange der Fahrer noch mit der Bewältigung von Verkehrsvorgängen beschäftigt ist (BGH NStZ 2018, 469 m. Bespr. *Hecker* JuS 2018, 820; *Kudlich* JuS 2005, 1134). Der Sachverhalt ist an dieser Stelle zu dünn, so dass in dubio pro reo von einem nicht verkehrsbedingten Halt auszugehen ist. Überdies könnte eine Strafbarkeit wegen räuberischen Angriffs auf Kraftfahrer aber auch aus anderen Gründen scheitern.

2. Ausnutzen der besonderen Verhältnisse des Straßenverkehrs

Es müssen die durch die Fortbewegung geschaffenen, dem Verkehr eigentümlichen Gefahren ausgenutzt werden. Dabei kommt es heute nicht mehr darauf an, ob der Motor läuft oder nicht. Auch das systemfremde Vereinzelungskriterium wurde mittlerweile von der Rspr. aufgegeben. Entscheidend ist, dass der räuberische Angriff während des Führens oder Mitfahrens erfolgt. Daher werden die Verkehrsverhältnisse ausgenutzt, wenn der Fahrer mit der Bewältigung von Betriebs- oder Verkehrsvorgängen beschäftigt ist, was während der Fahrt freilich erfüllt ist (BGHSt 52, 44; BGH NStZ 2016, 607), aber auch bei einem verkehrsbedingten Halt gilt. Bei einem nicht verkehrsbedingten Halt müssen neben der Tatsache, dass der Motor noch läuft (bspw. Kassieren des Fahrpreises bei Taxifahrt), weitere verkehrsspezifische Umstände (Bsp: Automatikgetriebe steht auf „D“ und Fahrer betätigt die Bremse; Fahrzeug setzt sich in Bewegung) hinzukommen aus denen sich ergibt, dass das Tatopfer als Kraftfahrzeugführer beim Verüben des Angriffs noch in einer Weise mit der Beherrschung des Kfz oder mit der Bewältigung von Verkehrsvorgängen beschäftigt war, dass er gerade deshalb leichter Opfer der Tat wurde und der Täter dies ausnutzt (BGH NStZ 2018, 469 m. Bespr. *Hecker* JuS 2018, 820).

Auf den Mitfahrer gemünzt, muss dieser gerade wegen einer sich aus dem fließenden Verkehr ergebenden, ihm eigentümlichen Gefahrenlage leichter zum Angriffsobjekt eines Überfalls werden. In diesem Fall besteht die Gefahr für den Mitfahrer, dass er sich dem Angriff nicht ohne Eigen- oder Fremdgefährdung entziehen kann. Auch hier sind die Umstände des Geschehens nicht geklärt. Der Sachverhalt spricht lediglich von einem Halt des Fahrzeugs. Auch hier ist deshalb im Zweifel davon auszugehen, dass sich O in keiner

Situation befand, die aus der besonderen Gefahrenlage eines in Betrieb befindlichen Kfz hervorging, welche den O leichter zum Opfer eines Angriffs werden ließ.

Erg.: In dubio pro reo hat sich T nicht nach § 316a StGB strafbar gemacht.

Das Ergebnis mag formell zutreffend sein, wenn der Begriff des Mitfahrers akzessorisch zu demjenigen des Fahrers interpretiert wird. Inhaltlich überzeugen kann die Entscheidung aber schon deshalb nicht, da es für die Abwehrmöglichkeit des mitfahrenden Opfers, wie der vorliegende Fall zeigt, vollkommen irrelevant ist, ob sich das Fahrzeug in Bewegung befindet oder aus nicht verkehrsbedingten Gründen anhält.

IV. §§ 223 I, 224 I Nr. 4, 25 II StGB

Ausreichend für die Begehung einer Körperverletzung mit einem anderen Beteiligten gemeinschaftlich ist das gemeinsame Wirken eines Täters und eines Gehilfen bei der Begehung einer Körperverletzung (str., Arg.: Legaldefinition des „Beteiligten" in § 28 II StGB. Nach der mM ist Mittäterschaft von am Tatort anwesenden Personen erforderlich, Arg.: Wortlaut spricht von „gemeinschaftlich" und verweist damit auf § 25 II). Allein die Anwesenheit einer zweiten Person, die sich passiv verhält, genügt nach keiner Ansicht. Die wechselseitige Verübung von Schlägen gegenüber O erfüllt die Anforderungen des § 224 I Nr. 4 StGB.

V. Der ebenfalls verwirklichte **§ 240 StGB** wird von § 249 StGB verdrängt.

VI. §§ 239 I, 25 II StGB

Schließlich stellt das In-Bewegung-halten des Kfz eine Freiheitsberaubung auf andere Weise dar (BGH NStZ 2005, 507), weil durch die Situation des fahrenden Autos objektiv die Fortbewegungsfreiheit des O aufgehoben wurde. Die Freiheitsberaubung auf andere Weise wurde zwar nicht unmittelbar durch T vollführt. Die Handlung des F ist ihm jedoch über § 25 II StGB zurechenbar. § 239 StGB ist kein eigenhändiges Delikt.

VII. § 239b StGB

1. Die Täter haben sich des O bemächtigt, indem sie durch die Schläge und durch die Hinderung am Verlassen des Kfz eine Herrschaftsposition über ihn erlangt haben.

2. Zwar wurden vorliegend mehrere Täter wechselseitig aktiv. Dennoch handelt es sich *deswegen* nicht etwa um ein Drei-Personen-

Verhältnis (Täter – Entführter – Genötigter), sondern weiterhin um ein Zwei-Personen-Verhältnis (Täter – Opfer). Die nach dem Wortlaut mögliche Einbeziehung von Zwei-Personen-Verhältnissen birgt die Gefahr, dass auch solche Sachverhalte, die bereits durch §§ 253, 255 StGB erfasst sind, den §§ 239a, 239b StGB zugeschlagen werden, was angesichts des Strafrahmens dieser Delikte (Mindeststrafe 5 Jahre), zu einer Aushöhlung der Tatbestände, die ihre Grundlage in einer qualifizierten Nötigung finden, führen würde. Aus diesem Grund verlangt der BGH zur Vollendung des § 239b StGB eine *gewisse Stabilisierung* der Lage. Weiterhin muss zwischen der Zwangslage und der abzunötigenden Handlung ein *funktionaler und zeitlicher Zusammenhang* bestehen (*Hecker* JuS 2014, 368). Der erforderliche funktionale Zusammenhang liegt dann nicht vor, wenn sich der Täter des Opfers durch Nötigungsmittel bemächtigt, die zugleich unmittelbar der beabsichtigten Erpressung dienen, wenn also Bemächtigungs- und Nötigungsmittel zusammenfallen.

(Vgl. BGH NStZ 2014, 38: Täter bedroht Nachbarin mit Messer und den Worten „ich werde dich töten, wenn…“, nimmt ihr EC-Karte und Bargeld ab, zerstört ihr Handy, schneidet ihr Telefonkabel durch und fesselt sie mit einem Kabel am Bett unter der Aufforderung „keinen Mucks zu machen“ und sich 30 Minuten nicht zu rühren. Die Vorinstanz hatte eine Bemächtigungslage angenommen, weil der Täter diese durch Fesselung weiter stabilisierte. Der BGH führt aus: „Der Täter muss entweder bereits im Zeitpunkt der Begründung der Herrschaft über das Opfer die Absicht haben, die Bemächtigungslage zu der Nötigung auszunutzen, oder er muss die durch ihn aus anderen Gründen herbeigeführte Bemächtigungslage tatsächlich zu der Nötigung ausnutzen, das heißt, zumindest im Sinne eines Versuchs unmittelbar zu ihr ansetzen. In beiden Fällen ist es zudem erforderlich, dass er einen Nötigungserfolg erstrebt, der über den zur Bemächtigung erforderlichen Zwang hinausgeht. Zudem muss zwischen der Bemächtigungslage und der geplanten bzw. zumindest begonnenen Nötigung ein funktionaler und zeitlicher Zusammenhang in der Form bestehen, dass die abgenötigte Handlung, Duldung oder Unterlassung von dem Opfer vorgenommen werden soll, solange es sich in der Gewalt des Täters befindet“. Diese Voraussetzungen seien nicht gegeben, da keine Umstände nachgewiesen wurden, die über die Realisierung der räuberischen Absicht hinausgingen.)

T und M hatten O bereits während der Fahrt geschlagen, wodurch dieser eingeschüchtert wurde. Da das Kfz in Bewegung war, konnte O dieses auch nicht ohne weiteres verlassen. Erst im Anschluss zog T die Handschuhe an und drohte dem O. Nötigung und Bemächtigung fallen demnach nicht zusammen. Diese Situation wurde von T, M und F ausgenutzt, weshalb aufgrund der Dauer der Fahrt und der sich wiederholenden Misshandlung von einer Stabilisierung der Lage auszugehen ist.

3. T handelte vorsätzlich, rechtswidrig und schuldhaft.

Erg.: T ist schuldig der gefährlichen Körperverletzung in Tateinheit mit Geiselnahme und mit Raub.

Für den subjektiven Tatbestand des § 316a StGB ist nicht erforderlich, dass der Täter eine Erleichterung seines Angriffs durch die Ablenkung des Opfers zum Ziel seines Handelns macht. Nach der Rspr. ist ausreichend, dass sich der Täter in tatsächlicher Hinsicht der die Abwehrmöglichkeiten des Tatopfers einschränkenden besonderen Verhältnisse des Straßenverkehrs bewusst ist (BGHSt 50, 169). **192**

Kapitel 5. Willensbeeinträchtigungsdelikte

Literatur: *Bosch*, JK 4/2014, StGB § 240/26; *Jakobs* JuS 2017, 97; *von Heintschel-Heinegg* JA 2014, 313.

Der Schutz der Willensbildungs- und -ausübungsfreiheit wird im StGB auf vielfältige Weise realisiert. Neben den umfassenden Tatbestand der Nötigung treten der speziellere Schutz der Fortbewegungsfreiheit durch den Tatbestand der Freiheitsberaubung und derjenige spezifischer Funktionsträger durch die Delikte des Widerstandes gegen und des tätlichen Angriffs auf Vollstreckungsbeamte. Demgegenüber sind Delikte wie diejenigen der Nachstellung, des Kinderhandels oder der Zwangsheirat Produkte neueren Datums, wobei hinsichtlich § 238 StGB der Bezug zur persönlichen Freiheit fraglich erscheint. **193**

A. Nötigung

I. Prüfungsschema

Prüfungsschema: § 240 StGB **194**

I. Tatbestand

1. Objektiver Tatbestand
   a) Tathandlung: Nötigen
   b) Tatmittel: Gewalt oder Drohung mit empfindlichem Übel
   c) Nötigungserfolg: Handlung, Duldung, Unterlassung
   d) Kausalität zwischen Tatmittel und Nötigungserfolg
2. Subjektiver Tatbestand

II. Rechtswidrigkeit

1. Nichteingreifen von Rechtfertigungsgründen
2. Verwerflichkeit der Zweck-Mittel-Relation (§ 240 II StGB)

III. Schuld

IV. Besonders schwerer Fall des **§ 240 IV StGB**

II. Einzelheiten

195 § 240 StGB ist, trotz seiner Unbestimmtheit, nach hM verfassungskonform. Die Weite des Tatbestandes wird durch die Ausgestaltung als Erfolgsdelikt ein Stück weit eingefangen. Als weiteres Korrektiv tritt daneben die Rspr. des BVerfG und des BGH zum Gewaltbegriff.

196 – **Gewalt** ist der nicht notwendig erhebliche Einsatz körperlicher Kraftentfaltung, der sich gegen die Person, gegen die er sich richtet, nicht nur als seelischer, sondern als körperlicher Zwang auswirkt (zur Entwicklung vgl. *Kudlich* PdW Fälle 72, 73; *Wessels/Hettinger/Engländer* Rn. 357 ff.). Allerdings können psychische Reaktionen ausnahmsweise dem Gewaltbegriff unterfallen, wenn sie beim Opfer Auswirkungen zeitigen, die denen eines physischen Zwangs gleichstehen. Dies ist etwa der Fall, wenn der Täter mit seinem Pkw dem vorausfahrenden Fahrzeug derart dicht auffährt, dass dessen Fahrer sich ängstigt und bei ihm körperliche Reaktionen (Schweißausbrüche, Beklemmungsgefühle o.ä.) ausgelöst werden.

197 – **Drohung** ist das Inaussichtstellen eines Übels, auf dessen Eintritt der Drohende (aus der maßgeblichen Sicht des Opfers) Einfluss hat oder zu haben vorgibt. Empfindlich ist dieses Übel, wenn es geeignet ist einen besonnenen Menschen zu dem mit der Drohung erstrebten Verhalten zu motivieren. Soll das angekündigte Übel von einem Dritten verwirklicht werden, muss beim Opfer der Eindruck entstehen, der Täter könne auf diesen in der in Aussicht gestellten Weise einwirken (vgl. zur Nötigung durch ein anwaltliches Mahnschreiben BGH NStZ 2014, 149 und BT/2 Rn. 17).

198 – Der Nötigungserfolg liegt in einem erzwungenen Verhalten (Handlung, Duldung oder Unterlassung), das (nach allgemeinen Grundsätzen) Folge der Nötigungshandlung des Täters sein muss. Bei einem Tätigwerden des Opfers tritt Vollendung ein, wenn der Genötigte die verlangte Handlung vorgenommen oder zumindest mit ihrer Ausführung begonnen hat (BGH BeckRS 2017, 118934); ein Teilerfolg reicht nur dann, wenn dieser nach der Vorstellung des Täters eine für sich besehen bedeutsame Vorstufe des gewollten Enderfolgs darstellt. Besteht das abgenötigte Verhalten in einem Unterlassen, ist Vollendung gegeben, wenn das Opfer die von ihm vorgesehene Handlung ganz unterlässt oder zu der Zeit nicht vornimmt, zu der sie vorgenommen werden sollte (BGH BeckRS 2020, 942).

199 – Die größte Schwierigkeit, neben dem Gewaltbegriff, bereitet das Rechtswidrigkeitsurteil. Neben die allgemeinen Rechtfertigungsgründe tritt über § 240 II StGB eine spezielle Verwerflichkeitsklausel, wonach im Sinne einer relationalen Prüfung zu fragen ist, ob der Zweck, das Mittel oder die Zweck-Mittel-Relation (sog. Prinzip des mangelnden Sachzusammenhangs) als verwerflich anzusehen sind. Ein Beispiel wäre etwa die Drohung, dem Ehepartner des Opfers dessen Affäre zu offenbaren, wenn dieses nicht ein fälliges Darlehen zurückzahlt.

Übung 1: Fernfahrer F steht auf der rechten Fahrspur der Autobahn im Stau. Bereits zwei Kilometer vor der nächsten Ausfahrt wird er von zahlreichen Autos überholt, die ohne Freigabe die Standspur benutzen. F hält dieses Verhalten für gefährlich und ist zudem genervt. Er blockiert mit seinem LKW die Standspur und hindert die nachfolgenden Autos so am schnelleren Vorwärtskommen. **200**

F erfüllt den Tatbestand des § 240 StGB. Indem er mit seinem LKW die anderen Autos am Weiterfahren hindert, schafft er ein physisches Hindernis (und dies bereits, anders als der Demonstrant, der eine Straße blockiert, für den ersten Autofahrer der hinter ihm verharren muss). Fraglich ist, ob die Anwendung der Gewalt zu dem angestrebten Zweck verwerflich ist. Dies ist zu verneinen, weil die die Standspur benutzenden Autofahrer hierzu keine Erlaubnis hatten und der Tatbestand der Nötigung nicht gewährleistet, die Willensfreiheit über die Grenzen des Zulässigen hinaus ausdehnen zu können. Kurzum, es gibt kein (von § 240 StGB geschütztes) Recht auf verkehrswidriges Verhalten.

Übung 2: Studentin S hat im Kaufhaus ein Parfüm in ihre Jackentasche gesteckt und wollte, ohne zu bezahlen, die Ladenräume verlassen, als sie vom Detektiv D entdeckt wurde. In seinem Büro eröffnet er S den Sachverhalt, meinte er könne aber gegen eine Spende auf sein Privatkonto von einer Anzeige absehen (Alternative: eine bereits im Postauslauf befindliche Anzeige vernichten).

Verbindendes Moment beider Alternativen ist die Frage, ob es der Verwerflichkeitsklausel unterfällt, wenn der Täter dem Opfer eine Handlungsoption bietet, auf die das Opfer keinen Anspruch hat. Im Alternativsachverhalt kommt dies bereits darin zum Ausdruck, inwiefern *mit* einem Unterlassen gedroht werden kann. Im Ausgangssachverhalt tritt die Problematik erst im Rahmen der Rechtswidrigkeit auf (vgl. auch *Kudlich* PdW Fall 71).

Beim Drohen mit einem Tun sagt der Täter „Verhalte Dich meinem Willen entsprechend oder ich füge Dir ein Übel zu“, beim Drohen mit einem Unterlassen „Verhalte Dich meinem Willen entsprechend und ich verhindere, dass Dir Übel widerfährt“. Unter welchen Voraussetzungen mit einem Unterlassen gedroht werden kann, ist umstritten (vgl. auch BT/2 Rn. 110). Während der BGH in Abgrenzung zu einer Nötigung durch Unterlassen ein sozialwidriges Verhalten ausreichen lässt, verlangt eine starke Ansicht innerhalb der Lit., dass die Vornahme der Handlung, deren Unterlassen angedroht wird, rechtlich geboten war. Letzterer Ansicht ist zuzustimmen, da es sich gerade nicht um eine terminologische Problematik handelt, sondern im Falle einer Drohung mit einem Unterlassen bereits ein Kausalverlauf in der Welt ist, für den der Täter nicht ohne weiteres verantwortlich ist und auch nicht durch eine Anmaßung (etwa infolge einer Täuschung) wird.

B. Freiheitsberaubung

I. Prüfungsschema

201 **Prüfungsschema: § 239 StGB**

I. Tatbestand

1. Objektiver Tatbestand
   a) Berauben des Gebrauchs der persönlichen Freiheit
      aa) durch Einsperren
      bb) auf andere Weise
   b) Qualifikationstatbestand, § 239 III Nr. 1 StGB
      Dauer von mehr als einer Woche
2. Subjektiver Tatbestand

II. Rechtswidrigkeit

III. Schuld

§ 239 III Nr. 2 und IV StGB enthalten Erfolgsqualifikationen

II. Einzelheiten

202 Eine spezielle Form der Nötigung regelt § 239 StGB, indem er das Einsperren oder das auf andere Weise der Freiheit Berauben unter Strafe stellt. Geschützt wird die Freiheit, sich von einem bestimmten Ort fortzubewegen, nicht hingegen die Freiheit, an einem bestimmten Ort Aufenthalt nehmen zu können (insoweit kommt allerdings eine Nötigung in Betracht). Eine Beeinträchtigung dieser Freiheit liegt bei Verzögerungen oder bloßen Erschwernissen der Fortbewegung nicht vor (BGH StV 2021, 477).

- **Einsperren** meint das Festhalten einer Person in einem umschlossenen Raum mittels äußerer Vorrichtungen, so dass der Betroffene objektiv gehindert ist, sich von dem Ort wegzubewegen. Beispiel: Verschließen der Türe eines Zimmers. Ist die Fortbewegung hingegen nur erschwert, fehlt es an der Unmöglichkeit der Fortbewegung. Dies hat der BGH in einem Fall angenommen, in dem einem Angeklagten von einem (Probe-)Richter eine Gewahrsamszelle gezeigt wurde, wobei die Tür verschlossen wurde, der Angeklagte aber jederzeit klopfen konnte, wenn er die Zelle verlassen wollte (BGH NJW 2019, 789 m. Bespr. *Jahn* JuS 2019, 271). **203**
- **Auf andere Weise der Freiheit beraubt** ist das Opfer, wenn es unter vollständiger Aufhebung seiner Fortbewegungsfreiheit gehindert wird, seinen Aufenthaltsort zu verlassen, wobei es ausreicht, dass die Überwindung des Hindernisses im Einzelfall unzumutbar gefährlich ist (BGH NStZ 2015, 338). **204**

  Beispiele: Hindern des Opfers am Verlassen des Pkw durch (zu schnelles) Fahren, Festhalten, Fesseln (nicht aber, wenn nur die Hände gefesselt werden).

Wird das Opfer durch Falschangaben des Täters verhaftet, liegt eine Freiheitsberaubung in mittelbarer Täterschaft vor.

Sonderproblem: Schutz aktueller oder potentieller Fortbewegungsfreiheit **205**

Die bei der Frage des geschützten Rechtsguts angesiedelte Problematik erlangt insbesondere Bedeutung in den Fällen, in denen der Täter ein schlafendes Opfer in einem Raum einsperrt (und gegebenenfalls die Tür wieder öffnet, bevor das Opfer erwacht). Da ein Potential allenfalls dann geschützt werden kann, wenn eine hinreichende Aussicht auf Verwirklichung besteht, wird auch von der umfangsmäßig weitesten Theorie verlangt, dass ein Erwachen nicht gänzlich auszuschließen ist. Eine Aussage hierzu wird sich ex-ante aber kaum treffen lassen, weshalb es, auch in Anbetracht der systematischen Stellung zu § 240 StGB, vorzugswürdig erscheint, einen aktuellen Fortbewegungswillen zu fordern (so auch *Bosch* Jura 2012, 604).

C. Erpresserischer Menschenraub/Geiselnahme

206 Systematisch im Bereich der Willensbeeinträchtigungsdelikte angesiedelt, weil in erster Linie die Freiheit und Willensfreiheit der entführten Person schützend, steht jedenfalls § 239a StGB thematisch den Vermögensdelikten nahe. Bei der Prüfung einer Erpressung ist daher auch an § 239a StGB zu denken, bei Prüfung einer Raubstrafbarkeit an § 239b StGB und nach der Rspr. (weil §§ 253, 255 StGB den engeren Tatbstand des Raubes mitumfassen) kommt sogar § 239a StGB in Betracht (BGH NStZ-RR 2019, 212).

207 Eine Bemächtigungslage entsteht, wenn der Täter die physische Herrschaft über das Opfer erlangt. In *Zweipersonenverhältnissen* (vgl. dazu auch Rn. 191) ist überdies erforderlich, dass nach der Tätervorstellung eine gewisse Stabilisierung der Bemächtigungslage eintreten und diese neben den Nötigungsmitteln eigenständige Bedeutung für die Durchsetzung der Erpressung erlangen wird (BGH NStZ-RR 2021, 140). Grund der Einschränkung ist die thematische Nähe zu Raub und Erpressung und das Erfordernis, die Bemächtigungsdelikte von diesen abzugrenzen (BGH BeckRS 2019, 8407). Deshalb genügt es bspw. nicht, wenn das Würgen des Opfers (qualifizierte Drohung) zugleich dazu dient, sich des Opfers zu bemächtigen und es zu weitergehenden Handlungen zu nötigen (BGH NStZ 2014, 515). Denn die weitergehenden Handlungen werden dann nicht mittels der Bemächtigungssituation, sondern durch das qualifizierte Nötigungsmittel durchgesetzt.

208 Weiterhin muss zwischen der Entführung bzw. Bemächtigung und der qualifizierten Nötigung ein funktionaler und zeitlicher Zusammenhang in der Weise bestehen, dass der Täter das Opfer während der Dauer der Zwangslage nötigen will und die abgenötigte Handlung während der Dauer der Zwangslage vorgenomemn wird (BGH NStZ 2020, 667; NStZ-RR 2017, 176). Soll das Opfer die erzwungene Handlung erst nach der Freilassung vornehmen, liegt ein funktionaler Zusammenhang nicht vor; lediglich wenn sich das vorausgegangene Sichbemächtigen in Form einer psychisch vermittelten Zwangslage weiter auf das Opfer ausgewirkt hat (BGH NStZ-RR 2019, 212: Die Angeklagten waren übereingekommen, das Opfer erst nach Erfüllung einer festgelegten Bedingung in Freiheit zu entlassen), kann ein funktionaler Zusammenhang noch angenommen werden.

D. Widerstand gegen und tätlicher Angriff auf Vollstreckungsbeamte

Literatur: *Bosch* Jura 2011, 268.

Prüfungsschema: § 113 StGB 209

I. Tatbestand

1. Objektiver Tatbestand

   a) Opfer: Amtsträger, ... gleichgestellte Person (§ 115 StGB)

   b) Tatsituation: Bei Vornahme einer Vollstreckungshandlung (bei § 114 StGB genügt die allgemeine Diensthandlung)

   c) Tathandlung: Widerstandleisten mit Gewalt ... (tätlicher Angriff gesondert geregelt in § 114 StGB)

2. Subjektiver Tatbestand

II. Rechtmäßigkeit der Diensthandlung (§ 113 III StGB)

III. Rechtswidrigkeit

IV. Schuld

V. Regelbeispiele nach **§ 113 II StGB**

Fall 11 (nach OLG Celle bei *Jahn* JuS 2013, 268): Christopher (C) ist in seinem Auto vom Fitnesstraining auf dem Weg nach Hause. Die Polizisten Henry (H) und Frieder (F) befinden sich auf Streifenfahrt und passieren den Wagen des C. Ihnen kommt der vom Training noch hochrote Kopf des C verdächtig vor; sie vermuten eine Trunkenheitsfahrt. Deshalb geben sie dem C ein Haltesignal. C denkt nicht daran anzuhalten und fährt zu seinem Haus, weil er der Meinung ist, die Polizisten dürften sein Grundstück nicht betreten. Als C sein Haus betreten will, stellt sich ihm H in den Weg und eröffnet ihm, eine allgemeine Verkehrskontrolle durchführen zu wollen. C stößt den H bei Seite und will sein Haus betreten, als sich ihm F in den Weg stellt. Die Beamten drohen C nun einfache körperliche Gewalt an. C widersetzt sich heftig, bis zu seiner vorläufigen Festnahme. H erleidet infolge des Gerangels eine Schürfwunde am Arm. Strafbarkeit des C? 210

Strafbarkeit des Christopher (C)

I. § 113 I und § 114 I StGB

Anmerkung: § 113 und § 114 StGB sind seit dem 52. Gesetz zur Änderung des Strafgesetzbuchs vom 23.5.2017 (Stärkung des Schutzes von Vollstreckungsbeamten und Rettungskräften) selbständige Delikte. Die Prüfung wurde vorliegend nur deshalb „zusammengezogen", um unnöige Doppelungen zu vermeiden. In Prüfungsarbeiten sollte in jedem Fall getrennt geprüft werden.

1. Der Begriff des Amtsträgers ist in § 11 I Nr. 2 StGB legal definiert. H und F sind Polizeibeamte und deshalb Amtsträger nach § 11 I Nr. 2a StGB.

2. Die in § 113 StGB genannten Personen sind nur dann geschützt, wenn die Tathandlung gegen sie „bei der Vornahme einer solchen Diensthandlung" ausgeführt wird. Erforderlich ist ein konkretisierter Staatswille zur Regelung eines konkreten Einzelfalls mittels Vollstreckung (BGH NStZ-RR 2020, 367). Eine Vollstreckungstätigkeit liegt nur dann vor, wenn die konkrete Maßnahme auch erzwingbar ist, dh notfalls mit Zwang durchgesetzt werden kann (BGHSt 25, 313). Hieran fehlt es insbesondere bei einer allgemeinen Streifenfahrt oder schlichter Überwachungs- und Ermittlungstätigkeit im Rahmen von Routinekontrollen.

Hintergrund: Da dieser bisherige Zustand rechtspolitisch als Lücke empfunden wurde, wurde durch das 52. Gesetz zur Änderung des StGB der bislang ebenfalls in § 113 StGB geregelte tätliche Angriff herausgelöst und mit § 114 StGB in einem eigenen Straftatbestand geregelt. Dieser verzichtet auf den Bezug zur Vollstreckungshandlung und will damit – dies ist der wesentliche Unterschied zu § 113 StGB – Vollstreckungsbeamte vor tätlichen Angriffen auch dann schützen, wenn diese lediglich allgemeine Diensthandlungen wie Streifenfahrten, Befragungen von Passanten, Radarkontrollen, Unfallaufnahmen und andere bloße Ermittlungstätigkeiten vornehmen.

H und F befanden sich auf Streifenfahrt. Als sie eine Trunkenheitsfahrt entdeckt zu haben glaubten, gaben sie dem C ein Haltesignal, verfolgten ihn und hinderten ihn am Betreten seines Hauses. Aufgrund dieses Verdachtsmoments gingen die Polizeibeamten dazu über gegen den C vorzugehen, weshalb die allgemeine Streifenfahrt in eine Vollstreckungstätigkeit übergegangen ist.

3. Die Tathandlungen sind als unechtes Unternehmensdelikt ausgestaltet, weshalb im Unterschied zu § 240 StGB ein Erfolg der Nötigung gerade nicht erforderlich ist. Widerstand leistet der Täter durch jedes aktive (bloße Sitzblockade genügt bspw. nicht), gegen den Vollstreckungsbeamten gerichtete Verhalten, das zumindest

subjektiv geeignet ist die Durchführung der Vollstreckungsmaßnahme zu vereiteln oder zu erschweren. Mit Gewalt wird Widerstand geleistet, wenn unter Einsatz materieller Zwangsmittel, vor allem körperlicher Kraft, ein tätiges Handeln gegen die Person des Vollstreckungsbeamten erfolgt, das geeignet ist, die Vollendung der Diensthandlung zu erschweren (BGH NStZ 2015, 388).

Ein tätlicher Angriff (vgl. § 114 StGB) ist eine mit feindseligem Willen unmittelbar auf den Körper des Beamten zielende gewaltsame Einwirkung, unabhängig von ihrem Erfolg (BGHSt 65, 36). Nach dem BGH fällt auch das plötzliche Abbremsen mit dem Vorsatz ein Auffahren eines Polizeifahrzeugs herbeizuführen darunter (BGH NStZ-RR 2020, 288); jedenfalls wird es von § 113 I StGB erfasst.

Ziel der Handlung muss die Einwirkung auf den Körper des Vollstreckungsbeamten sein, auf eine Körperverletzung des Beamten muss sich der Vorsatz nach der Rspr. aber nicht beziehen (BGHSt 65, 36).

C hat den H bei Seite gestoßen, dh ihn tätlich angegriffen, sowie Widerstand mit Gewalt geleistet, indem er sich bis zu seiner vorläufigen Festnahme heftig widersetzte. Sein Verhalten erfüllt damit sowohl den Tatbestand des § 113 StGB als auch des § 114 StGB.

4. C handelte mit Eventualvorsatz. Er war sich der Umstände seines Handelns bewusst und widersetzte sich dennoch den Anordnungen der Polizeibeamten.

5. Das Merkmal der Rechtmäßigkeit der Diensthandlung ist nach wohl hM objektive Bedingung der Strafbarkeit, dh ein von Schuld und Fahrlässigkeit losgelöstes Merkmal, das die Grenze zwischen strafwürdigem und nicht strafwürdigem Verhalten beschreibt. Wann eine Diensthandlung rechtmäßig ist, ist äußerst umstritten:

a) Strafrechtlicher Rechtmäßigkeitsbegriff

Nach dem strafrechtlichen Rechtmäßigkeitsbegriff muss die Diensthandlung die wesentlichen Rechtmäßigkeitsanforderungen wahren, wobei maßgebend allein die *formelle Rechtmäßigkeit* ist und nicht die materielle Richtigkeit. Formelle Rechtmäßigkeitsvoraussetzungen sind das Vorliegen einer gesetzlichen Eingriffsgrundlage (als pars pro toto für ein willkürfreies Handeln), die sachliche und örtliche Zuständigkeit der staatlichen Vollstreckungsperson, das Einhalten der wesentlichen Förmlichkeiten und die pflichtgemäße Ausübung eines gegebenenfalls eingeräumten Ermessens (BGHSt 60, 253). Befindet sich der Amtsträger demgegenüber in einem schuldhaften Irrtum über die Erforderlichkeit der Amtsausübung oder handelt er willkürlich, so ist sein Handeln nach der Rspr. rechtswidrig (BGHSt 21, 334).

Demgemäß hat die Rspr. die Ausweisung eines geduldeten Ausländers durch Polizeibeamte, die von der Duldung durch die zuständige Ausländerbehörde nichts wussten, als rechtmäßige Diensthandlung eingeordnet (BGHSt 60, 253). Auch die Vollstreckung einer unter Verstoß gegen die Anordnungskompetenz erlassenen Zwangsmaßnahme (bspw. eine unter Verstoß gegen den Richtervorbehalt durch die StA angeordnete Durchsuchung) ist rechtmäßig iSd § 113 III StGB.

b) Vollstreckungsrechtlicher Rechtmäßigkeitsbegriff

Maßgeblich für die Rechtmäßigkeit ist nach dem sog. vollstreckungsrechtlichen Rechtmäßigkeitsbegriff die Vollstreckbarkeit der Anordnung. Unterschieden wird dabei zwischen der zu vollstreckenden Maßnahme (Grundverfügung) und ihrem Vollzug, wobei Bezugspunkt für die Beurteilung der Rechtmäßigkeit nur die Diensthandlung selbst sein kann.

Merkposten: Der strafrechtliche Rechtmäßigkeitsbegriff ist weiter, so dass immer dann, wenn auf seiner Grundlage die Diensthandlung rechtswidrig ist, auch nach dem vollstreckungsrechtlichen Rechtmäßigkeitsbegriff von Rechtswidrigkeit auszugehen ist.

Hier hatten die Beamten aufgrund des Verdachtsmoments des hochroten Kopfes des C bereits den Willensentschluss gefasst, Ermittlungsmaßnahmen vorzunehmen. Gegenüber dem C äußerte H jedoch nur, er wolle eine allgemeine Verkehrskontrolle durchführen, was auf der Grundlage des bestehenden Tatverdachts der Beamten (§ 316 StGB) schlicht falsch war. C wurde deshalb nicht über sein Aussageverweigerungsrecht belehrt, was jedoch gem. § 163a IV 2, § 136 I StPO vonnöten gewesen wäre. Der Verweis auf die allgemeine Verkehrskontrolle genügt diesen Anforderungen nicht, weil es sich hierbei um ein präventiv-sicherheitsrechtliches Instrumentarium handelt, das die repressiven Ermittlungen nicht rechtfertigen kann. Damit bedurften die Diensthandlungen von H und F einer speziellen gesetzlichen Ermächtigungsgrundlage, wobei die Voraussetzungen des § 163a IV StPO – wesentliche Förmlichkeiten – missachtet wurden, was die Diensthandlung zu einer rechtswidrigen macht. Die objektive Strafbarkeitsbedingung des § 113 III 1 StGB liegt nicht vor, weshalb das Verhalten des C nicht strafwürdig ist.

Erg.: C ist nicht eines Widerstands gegen Vollstreckungsbeamte und auch nicht eines tätlichen Angriffs auf Vollstreckungsbeamte schuldig.

II. C hat sich auch nicht einer Nötigung nach **§ 240 StGB** strafbar gemacht, da dessen Anwendbarkeit nach der Rspr. durch die spezielleren Tatbestände der §§ 113, 114 StGB gesperrt ist (BGH NJW 2003, 1613). Wer eine Sperrwirkung verneint, kommt zu demselben Ergebnis, weil C durch Notwehr gerechtfertigt ist (s.u.).

III. § 223 StGB

1. C verletzte H an seiner körperlichen Unversehrtheit und handelte im Hinblick auf eine körperliche Misshandlung der Polizeibeamten mit dolus eventualis.

2. Rechtswidrigkeit

§ 32 StGB?

a) Es lag ein Angriff durch die Polizisten auf C vor (Anhalten auf dem Grundstück und Festnahme), der auch gegenwärtig und, weil wesentliche Förmlichkeiten der Diensthandlung nicht eingehalten wurden (s.o.), rechtswidrig war.

Hinweis: Nach der Rspr. ist bei der Notwehr gegen hoheitliche Maßnahmen der Beurteilung der Rechtswidrigkeit des Angriffs derselbe strafrechtliche Rechtmäßigkeitsbegriff zugrundezulegen, wie bei § 113 III StGB (BGHSt 60, 253).

b) Die von C ausgeführte Verteidigungshandlung richtete sich ausschließlich gegen Rechtsgüter der Angreifer und war zur Abwehr der Rechtsgutsbeeinträchtigung geeignet sowie das mildeste Mittel. Eine Fallgruppe der sozialethisch bedingten Einschränkung der Notwehr („Gebotenheit") ist nicht einschlägig.

c) C handelte zumindest unter Heranziehung der Grundsätze der Parallelwertung in der Laiensphäre in Kenntnis der ihn rechtfertigenden Umstände und mit Verteidigungswillen.

d) C handelte gerechtfertigt.

Erg.: C bleibt straflos.

Ergänzung: Hat der Täter durch seine Handlung sowohl § 113 bzw. § 114 StGB und § 223 StGB verwirklicht, stehen diese Delikte nach dem BGH in Tateinheit; Gesetzeskonkurrenz besteht nicht (BGHSt 65, 36).

Kapitel 6. Urkundendelikte

Literatur: *Bode/Ligocki* JuS 2015, 1071; *Heinrich* JA 2011, 423; *Kudlich* JA 2019, 272; *Schuster* NStZ 2016, 676 f, *Petermann* JuS 2010, 774.

A. Urkundenfälschung

I. Aufbau

Prüfungsschema: § 267 StGB 211

I. Tatbestand

1. Objektiver Tatbestand
   a) Tatobjekt: Urkunde
   b) Tathandlung: Herstellen einer unechten/Verfälschen einer echten/Gebrauchen
2. Subjektiver Tatbestand
   a) Vorsatz
   b) Zur Täuschung im Rechtsverkehr

II. Rechtswidrigkeit

III. Schuld

IV. Regelbeispiel, § 267 III StGB

II. Einzelheiten

1. Urkundenbegriff

Eine **Urkunde** ist eine verkörperte, dh allgemein oder für Eingeweihte verständliche Gedankenerklärung (Perpetuierungsfunktion), die zum Beweis im Rechtsverkehr bestimmt und geeignet ist (Beweisfunktion) und den Aussteller erkennen lässt (Garantiefunktion). 212

Der materielle Urkundenbegriff ist weiter als der strafprozessuale, insbesondere ist keine Verschriftung erforderlich (anders in der StPO, weil Urkunden durch Verlesung in die Hauptverhandlung eingeführt werden müssen, § 249 StPO). Erfasst werden daher Beweiszeichen 213 oder – als typisches Lehrbuchbeispiel – die Striche auf einem Bierfilz im Wirtshaus. Auch eine (Staatsexamens-)Klausur erfüllt die Voraussetzungen des Urkundenbegriffs, wird mit ihr doch zum Ausdruck gebracht, wer sich eine Lösung wie vorstellt. Ein Kunstwerk wird hingegen nicht bereits dadurch zur Urkunde, dass es einem bestimmten Künstler zugeschrieben wird, sondern erst mit seiner Signierung (BGH NStZ-RR 2020, 373).

214 Die Beweisfunktion ist zweifach fundiert, wenn die Beweiseignung objektiv, die Beweisbestimmung hingegen subjektiv (bei Herstellung = Absichtsurkunde, erst nachträglich = Zufallsurkunde) festzustellen ist.

Zur Verdeutlichung: Während des Rosenkriegs schreibt der Noch-Ehemann seiner Noch-Ehefrau, sie „könne die blöden Bälger behalten". Im Scheidungstermin klingt dies, als die Sprache auf das Umgangs- und Sorgerecht kommt, natürlich ganz anders. Zum Zeitpunkt der Erstellung lag ein reiner Privatbrief und damit keine Urkunde vor (siehe hierzu bereits Fall 8, Rn. 142). Legt die Frau im Termin den Brief vor, gibt sie ihm nunmehr die Beweisbestimmung und er wird zur Urkunde.

215 Das Merkmal der *Beweisrichtung* ist dahingehend zu verstehen, dass die Urkunde über eine Tatsache Beweis erbringen muss, die außerhalb ihrer selbst liegt. Ein Preisschild als solches stellt demnach keine Urkunde dar.

216 Der *Aussteller* einer Urkunde ist nach hM nicht derjenige, der die Urkunde körperlich hergestellt hat (sog. Körperlichkeitstheorie), sondern der geistige Urheber, dh derjenige, dem eine Erklärung zuzurechnen ist (sog. Geistigkeitstheorie). Eine Vertretung ist allerdings unter drei Voraussetzungen zulässig:

- Der Vertreter muss den Willen haben zu vertreten
- Der Vertretene muss den Willen haben vertreten zu werden
- Die Vertretung muss zulässig sein, dh sie darf nicht durch besondere Vorschriften ausgeschlossen sein

217 **Sonderfall:** Kopien als Urkunde

Rspr. und hM sprechen einer Fotokopie die Urkundeneigenschaft ab, weil es sich lediglich um eine Nachbildung des Originals handelt, für deren Richtigkeit der Aussteller nicht einzustehen habe. Mangels Erkennbarkeit des Ausstellers fehlt es an der Garantiefunktion. Etwas anderes soll aber dann gelten, wenn die Fotokopie den Anschein eines vom Aussteller herrührenden Originals erweckt und nach der Tätervorstellung auch erwecken soll. Die Fotokopie rückt dann zur Urkunde auf (sog. Scheinurkunde). Überzeugender dürfte es sein auch in diesem Fall eine Urkunde zu verneinen, weil die Urkundeneigenschaften durch die Kopie unabhängig davon, ob sie als Original erscheint, nicht erfüllt werden. Nachdem die Rspr. aber auch das mittelbare Gebrauchen für tatbestandsmäßig erachtet (BGH NJW 2020, 3260), ist das Verwenden einer Kopie ein Gebrauchmachen, wenn die Kopie auch als solche erscheinen soll.

Weitere Sonderkonstellationen:

– **Zusammengesetzte Urkunde:** Für diese muss eine verkörperte Gedankenerklärung mit einem Bezugsobjekt räumlich fest (Lehrbuchfall des in Folie verpackten Hemdes) zu einer Beweiseinheit verbunden sein. Hintergrund der Konstruktion ist, dass bereits eine Veränderung der Verbindung eine Urkundenfälschung ist (bspw. Austausch von Nummernschildern eines Kfz, denn durch den Stempel wird festgestellt, dass ein bestimmtes Kfz unter einem bestimmten Kennzeichen im Verkehr zugelassen ist oder Austausch von aufgeklebten Preisetiketten (in letzterem Fall ist stets auch an § 274 StGB und § 263 StGB zu denken)). Im Zusammenhang mit Manipulationen der auf dem Nummernschild angebrachten *HU-Prüfplakette* („TÜV-Plakette") soll im Benutzen des Fahrzeugs nach der Rspr. nur dann eine Urkundenfälschung liegen, wenn auch die zum Kfz gehörende Zulassungsbescheinigung Teil I (der frühere Fahrzeugschein) entsprechend gefälscht ist (BGHSt 63, 182 m. Bespr. *Hecker* JuS 2019, 499; BayObLG BeckRS 2020, 257 m. Bespr. *Jahn* JuS 2020, 698 und *Kudlich* JA 2020, 470). Begründen lässt sich dies damit, dass die Prüfplakette als solche keinen Aussteller erkennen lässt; erst in Verbindung mit der korrespondierenden Eintragung in der Zulassungsbescheinigung Teil I stellt die Prüfplakette daher eine Urkunde dar. **218**

– **Gesamturkunde:** Mehrere Einzelurkunden sind so verbunden, dass sie eine einheitliche, über ihre Einzelteile hinausgehende Erklärung ergeben. Beispiel: Gerichtsakte. Folge dieser Figur ist, dass das Entfernen einer einzelnen Seite bereits den Tatbestand der Urkundenfälschung an der Gesamturkunde erfüllt. **219**

2. Tathandlungen

Der Begriff des **Herstellens** erklärt sich von selbst. Maßgeblich ist **220** die Definition der unechten Urkunde. Eine Urkunde ist **unecht**, wenn sie nicht von dem stammt, der in ihr als Aussteller benannt ist. Der Rechtsverkehr muss durch die hergestellte Urkunde demnach auf einen Aussteller hingewiesen werden, der in Wirklichkeit nicht hinter der in der Urkunde verkörperten Erklärung steht (Identitätstäuschung); die schlichte Namenstäuschung ist demgegenüber nicht erfasst (BGH BeckRS 2020, 42039: Angeklagter unterschrieb im Beisein des Geschädigten eine Quittung über den Empfang von Geld unter Gebrauch eines falschen Namens). Ob die Erklärung wahr ist, ist wiederum ohne Belang, weil § 267 StGB nicht den Inhalt, sondern die Echtheit der Urkunde schützt.

221 **Verfälschen** ist jede nachträgliche Änderung des beweiserheblichen Inhalts einer Urkunde; maW wird dem ursprünglichen Aussteller eine Erklärung untergeschoben. Konstruktiv ist das Verfälschen einer echten Urkunde das Herstellen einer unechten Urkunde durch Unterdrücken einer echten (§ 267 I Alt. 1 und § 274 StGB treten aber hinter § 267 I Alt. 2 StGB zurück, BGH NStZ-RR 2020, 176).

222 **Sonderfall:** Ursprünglicher Aussteller einer Urkunde als Täter?

Nach der hM kann auch der Aussteller einer Urkunde diese verfälschen, wenn er unbefugt handelt. Dies ist der Fall, wenn die Urkunde dem Rechtsverkehr schon zugänglich gemacht ist oder der Aussteller in anderer Weise die Verfügungsgewalt über sie verloren hat, so dass ein legitimes Beweisinteresse eines Dritten an der Unversehrtheit und ordnungsgemäßen Verwendung der Urkunde entstanden ist.

Demgegenüber lehnt ein Teil der Lit. dieses Ergebnis mit der formalisierten Begründung ab, der Aussteller einer Urkunde könne sich selbst keine Erklärung unterschieben. Da die Verfälschungsalternative Spezialfall des Herstellens ist, setze sie als Ergebnis eine unechte Urkunde voraus. Die Anhänger dieser Auffassung subsumieren diese Konstellation daher ausschließlich dem Tatbestand der Urkundenunterdrückung.

Für die hM spricht, dass der Aussteller einer Urkunde, nachdem er diese in den Rechts- und Beweisverkehr entlassen hat, dieser wie jeder andere Dritte gegenübersteht. Soll § 267 StGB tatsächlich die Sicherheit und Zuverlässigkeit des Rechtsverkehrs iSd Beweisverkehrs schützen, besteht kein Bedürfnis dem Aussteller eine nachträgliche Änderungsbefugnis zuzubilligen.

223 **Gebrauchmachen** von einer Urkunde ist gegeben, wenn die Urkunde dem Rechts- und Beweisverkehr so zugänglich gemacht wird, dass die Möglichkeit der Kenntnisnahme besteht. In der Rspr. ist anerkannt, dass eine Urkunde auch gebraucht, wer eine Fotokopie oder ein Lichtbild von dieser vorlegt (vgl. Rn. 217).

224 Das **Konkurrenzverhältnis** zwischen den Tathandlungen des Herstellens/Verfälschens und des Gebrauchens ist umstritten. Nach der

Rspr. stellt das Gebrauchen der Urkunde im Rechtsverkehr die *materielle Beendigung* der einheitlichen Tat dar (BGH StV 2021, 363; NStZ-RR 2019, 29), wenn der Täter schon beim Herstellen/Verfälschen den Willen hatte, die Urkunde zu gebrauchen (sonst ist der spätere Gebrauch eine selbständige Tat, die zum Herstellen/Verfälschen in Tatmehrheit steht). Konstruktiv stellt sich das Herstellen/Verfälschen als mitbestrafte Vortat dar (nach aA ist das Gebrauchen mitbestrafte Nachtat).

Wird eine gefälschte Urkunde dem ursprünglichen Tatplan entsprechend mehrfach gebraucht, liegt dennoch nur eine Urkundenfälschung vor (BGH NStZ-RR 2019, 29; wistra 2014, 349). Damit gegebenenfalls zusammenhängende Betrugsversuche werden durch die Urkundenfälschung zur Tateinheit verklammert.

3. Subjektiver Tatbestand

Der subjektive Tatbestand erfordert Vorsatz hinsichtlich aller objektiven Tatbestandsmerkmale, wobei dolus eventualis genügt. **225**

Weiterhin erfordert der subjektive Tatbestand Täuschungsabsicht (überschießende Innentendenz). Nach hM ist insoweit dolus directus 2. Grades ausreichend (eine mM verlangt dolus directus 1. Grades). Nach der allgemeinen Abgrenzungsformel zur Bestimmung von Absichtsmerkmalen ist (abstrakt) danach zu fragen, ob das Merkmal das Motiv des Täters umschreibt oder lediglich auf die Rechtsgutsbeeinträchtigung hinweist. Im Fall des § 267 StGB muss der Täter nicht zwingend die Verfälschungshandlung vornehmen, um den Rechtsverkehr zu täuschen, weshalb dolus directus 2. Grades ausreicht. **226**

Besondere Aufmerksamkeit ist geboten bei mehraktigen Fälschungsvorgängen. Typisch ist hier die Konstellation, in welcher der Täter an der Originalurkunde Veränderungen vornimmt, weil er diese als Kopiervorlage verwenden möchte. Eine Urkundenfälschung an der Originalurkunde scheitert regelmäßig am Kriterium der überschießenden Innentendenz, da diese Kopiervorlage niemals dem Rechtsverkehr zugänglich gemacht werden sollte. Aus nämlichem Grund kommt auch eine Urkundenunterdrückung nicht zum Tragen. Hinsichtlich der erstellten Kopie stellt sich im Anschluss die Problematik, ob diese den Anforderungen des Urkundenbegriffes genügt (Rn. 217). **227**

B. Fälschung technischer Aufzeichnungen

Nachdem § 267 StGB nur Urkunden, dh (menschliche) Gedankenerklärungen erfasst, ist der Tatbestand nicht anwendbar auf mechanisch **228** oder elektronisch generierte Erklärungen. Diese Lücke schließt § 268 StGB (seine Intention ist analog § 267 StGB der Echtheitsschutz, wobei dieser nicht auf den Aussteller, sondern „auf die Herkunft aus einem vorgegebenen unbeeinflussten Herstellungsprogramm eines selbsttätig und ordnungsgemäß arbeitenden technischen Geräts bezogen“ ist, BGH NStZ 2016, 42), dessen Anwendungsbereich in § 268 II StGB mit technischen Aufzeichnungen umschrieben ist. Kernmerkmal einer technischen Aufzeichnung ist, dass die Aufzeichnung ganz oder zum Teil selbsttätig durch das technische Gerät bewirkt wurde. Nach der hM müssen Entstehung und Gestalt der Darstellung dem technischen Prinzip der Automation zuzuweisen sein. Fotokopien etwa unterfallen daher nicht dem Anwendungsbereich des § 268 StGB, weil der „Input“ (gescanntes Original) dem „Output“ (gedruckte Kopie) entspricht. Neben den in § 268 II StGB genannten Voraussetzungen muss die Darstellung, um „Aufzeichnung“ zu sein, eine gewisse *Dauerhaftigkeit* aufweisen. Die hM verlangt insofern, dass die Information in einem selbständig verkörperten, vom Gerät abtrennbaren, Stück enthalten ist. Klassische Beispiele technischer Aufzeichnungen sind die Fahrtenscheibe eines Lkw oder das Ticket eines Parkautomaten, mangels Dauerhaftigkeit nicht aber der Kilometerzähler eines Pkw. Erfasst ist auch (im Hinblick auf steuerliche Erklärungspflichten relevant) der Ausdruck eines Geldspielautomaten über die an diesem getätigten Umsätze (BGH NStZ 2016, 42).

229 **Beispiel:** Der Täter verändert an einem Parkticket des Vortages die Angaben dergestalt, dass dieses seine Parkberechtigung für den heutigen Tag ausweist und legt das Ticket sodann hinter die Windschutzscheibe seines Pkw. Der kommunale Parküberwacher erkennt den Schwindel und stellt eine Verwarnung aus.

1. Eine Urkundenfälschung nach § 267 StGB kommt nicht in Betracht, weil es sich bei dem automatisch erstellten Parkticket um keine Gedankenerklärung handelt (Arg.: Existenz des § 268 StGB).

2. Der Täter hat sich nach § 268 StGB strafbar gemacht. Das Parkticket ist eine von einem Automaten selbsttätig (Errechnung der Parkzeit anhand eingeworfener Münzen) bewirkte Aufzeichnung, die zum Beweis der Parkberechtigung allgemein verständlich ist, vgl. § 268 II StGB. Als Tathandlungen wurden sowohl das Verfälschen (beweiserheblicher Inhalt des Parkscheins wurde nachträglich verändert) und das Gebrauchen (Verkehrsüberwacher hatte Möglichkeit der Kenntnisnahme) verwirklicht. Da der Täter den Parkschein verändert hat, um ihn zu benutzen, stellt das Gebrauchen die

materielle Beendigung des Verfälschens dar, dh es handelt sich um eine Tat im materiellen Sinn.

3. § 274 StGB wurde durch die Vornahme von Veränderungen am echten Parkschein nicht verwirklicht, weil das Beweisführungsrecht allein dem Parkenden zukommt, der den Nachweis seiner Berechtigung zu erbringen hat. Zudem fehlt es an der Nachteilszufügungsabsicht, da es dem Täter allein darum ging, die Ahndung seines Parkverstoßes zu verhindern.

4. §§ 263, 22, 23 I StGB sind nicht erfüllt. Das Verwarnungsgeld ist nicht Teil des geschützten Vermögens (Arg.: es dient nicht wirtschaftlichen Zwecken, vgl. BT/2 Rn. 194). Auch hinsichtlich der ersparten Parkgebühr liegt keine Vermögensverfügung vor, weil diese nicht von den Parküberwachern erhoben wird, die Täuschung aber nur auf jene abzielte.

5. Schließlich stellt das Verhalten des Täters auch kein Erschleichen von Leistungen (§ 265a StGB) dar, da der Parkautomat kein Leistungsautomat ist, zumal dieser jedenfalls ordnungsgemäß bedient wurde, weshalb es schon an der Tathandlung des Erschleichens fehlt. Auch Zutritt zur Einrichtung wurde nicht erschlichen, weil keine den Zugang hindernde Umschließung umgangen wurde.

Unecht ist eine technische Aufzeichnung, wenn sie „überhaupt nicht oder nicht so, wie sie als Gegenstand vorliegt, das Ergebnis eines in seiner Selbsttätigkeit von Störungshandlungen unbeeinflussten Aufzeichnungsvorgangs ist, obwohl der Gegenstand diesen Anschein erweckt" (Schönke/Schröder/*Heine/Schuster* § 268 Rn. 31). Nicht erfasst wird daher derjenige Täter, der das Gerät nur mit unrichtigen Daten beschickt, die durch den Automatisierungsvorgang korrekt wiedergegeben werden. **230**

Das **Herstellen** einer unechten Aufzeichnung besteht in der „Nachahmung einer technischen Aufzeichnung, die ihr den Anschein gibt, sie stamme aus einem selbsttätig arbeitenden technischen Gerät" (Schönke/Schröder/*Heine/Schuster* § 268 Rn. 38). § 268 III StGB enthält einen Unterfall des Herstellens. Nicht erfasst sind Manipulationen, die den konkreten Funktionsablauf des Geräts nicht berühren, bspw. wenn der Täter beim Abwiegen von Ware im Supermarkt das Wiegegut anhebt, mit der Folge des Ausweises eines geringeren Gesamtgewichts (und Preises) auf dem durch die elektronische Waage erstellten Aufkleber. Denn in diesem Fall wirkt er allein auf das Bezugsobjekt ein. **231**

Verfälschung einer technischen Aufzeichnung bedeutet deren Veränderung in solcher Weise, dass sie zur unechten technischen Auf- **232**

zeichnung wird, also der Täter eine Aufzeichnung in beweiserheblicher Weise verändert und so den Anschein eines authentischen Aufzeichnungsergebnisses erweckt.

233 **Gegenblitzfall:** Der Täter brachte eine Gegenblitzanlage in seinem Auto an. Als er bei zu schnellem Fahren geblitzt wurde, löste die Anlage aus. Aufgrund der Überbelichtung des Bildes war der Fahrer auf dem Blitzerfoto nicht erkennbar. § 268 I StGB liegt nicht vor, weil die technische Aufzeichnung nicht verfälscht wurde, diese wird erst bewirkt. Auch § 268 III StGB ist nicht verwirklicht, da der Aufzeichnungsvorgang an sich fehlerfrei ist. Dass der Täter auf dem Beweisfoto nicht erkennbar ist, liegt vielmehr an einem Mangel der Technik. § 274 StGB scheidet aus, weil die Funktionsweise der Gegenblitzanlage gerade die Entstehung einer Aufzeichnung verhindert, so dass eine technische Aufzeichnung, die beschädigt werden konnte, nicht besteht. § 303 StGB ist schließlich nicht gegeben, da keine körperliche Einwirkung auf die Substanz des Beweisfotos stattfand. Zwar ist es argumentativ möglich, auf die Minderung dessen bestimmungsgemäßer Brauchbarkeit abzustellen, aber diese beruht nicht auf der körperlichen Einwirkung auf die Messanlage.

C. Fälschung beweiserheblicher Daten

234 § 269 StGB trägt dem Umstand Rechnung, dass der Urkundenbegriff nur verkörperte Gedankenerklärungen umfasst und dehnt die Urkundendelikte deshalb auf den Bereich der beweiserheblichen Daten aus. Tatbestandsmäßig ist deren Speicherung oder Veränderung, wenn – und hier wird die Ausgestaltung entsprechend zu den analogen Urkundendelikten besonders deutlich – bei ihrer Wahrnehmung eine unechte oder verfälschte Urkunde vorliegen würde. Übersetzt bedeutet dies, dass der Täter beweiserhebliche Daten dem Berechtigten zurechenbar speichert oder verändert, obwohl diese Änderung der Daten nicht vom Berechtigten stammt. Daneben ist – ebenso wie bei den analogen Urkundendelikten – das Gebrauchen derartiger Daten strafbar.

235 Typische Fälle der Fälschung beweiserheblicher Daten sind etwa der eigenmächtige Gebrauch einer fremden Bankkarte (vgl. BT/2 Rn. 222), das Einloggen in einen fremden E-Mail-Account oder das Anlegen eines Benutzeraccounts (BGH NJW 2020, 3260). In letzterem Fall möchte der BGH aber danach unterscheiden, ob bei Anlegen des

Benutzerkontos eine Identitätsprüfung stattfindet. Ist dies der Fall, begründet bereits das Anlegen eine Fälschung beweiserheblicher Daten. Fehlt es an einer solchen Prüfung, kommt vor dem Hintergrund des Rechtsguts des § 269 StGB (Sicherheit und Zuverlässigkeit des Rechts- und Beweisverkehrs) allein das Austauschen der persönlichen Angaben zwischen den Vertragsparteien im Zuge eines konkreten Kaufangebots in Betracht.

Fall 12 (nach BGH NJW 2020, 3260): Burghard (B) braucht Geld. **236**
Aus diesem Grund errichtet er auf der Internetverkaufsplattform ebay einen Account auf den Namen einer nicht existierenden Person und tritt bei den Verkaufsgesprächen unter falschem Namen auf. Gerd (G) hat Interesse an einem von B angebotenen Kaffeevollautomaten zum Kaufpreis von 1.000 Euro. Weil er der von B verlangten Zahlungsmethode (Vorkasse) misstrauisch gegenübersteht, übersendet B ihm die elektronische Datei des Personalausweises des Friedrich (F), um über seine Identität zu täuschen. F hatte seinen Ausweis verloren; wie B in dessen Besitz kam, lässt sich nicht aufklären. Im Vertrauen auf die Existenz der Person des Verkäufers überweist der gutgläubige G nun per Vorkasse 1.000 Euro auf das von B angegebene Konto. Den erworbenen Kaffeevollautomaten erhält G nicht. Strafbarkeit des B?

Strafbarkeit des Burghard (B)

I. Betrug, § 263 I StGB, gegenüber und zu Lasten des G, zu eigenen Gunsten

1. B hat durch das Inserat des tatsächlich nicht existenten Kaffeevollautomaten sowohl über seine Leistungsfähigkeit als auch über seine Leitungswilligkeit getäuscht.

2. Infolgedessen unterlag G einem Irrtum, weil er davon ausging, die hinter dem Angebot stehende Person würde ihm nach Erhalt seiner Vorkasseleistung ihrerseits den Kaufgegenstand zukommen lassen.

3. G hat durch den Abschluss eines Kaufvertrags über ebay und die auf die Erfüllung seiner daraus resultierenden Verpflichtung gerichtete Überweisung eines Betrags von 1.000 Euro über sein Vermögen verfügt.

4. Bereits mit Abschluss des Kaufvertrags ist bei G ein Vermögensschaden entstanden (Eingehungsbetrug). Nachdem G die Kaufpreiszahlung erfüllt hat, orientiert sich die Schadensbemessung nach den Grundsätzen des sog. unechten Erfüllungsbetrugs. Im Gegensatz zu

einem Eingehungsschaden sind deshalb nicht Aktiva und Passiva miteinander zu vergleichen, sondern es sind die ausgetauschten Leistungsgegenstände zu bewerten. G's Auszahlungsanspruch gegenüber seiner Bank hat sich infolge der Überweisung um 1.000 Euro gemindert. Einen Gegenwert hat er hierfür nicht bekommen, insbesondere ist der Anspruch aus dem Kaufvertrag auf Übergabe und Übereignung bei wirtschaftlicher Betrachtung wertlos. G hat damit einen Vermögensschaden iHv 1.000 Euro erlitten.

5. B handelte vorsätzlich und mit der Absicht rechtswidriger Bereicherung.

6. B handelte zudem rechtswidrig und schuldhaft.

II. Fälschung beweiserheblicher Daten, § 269 I StGB

Indem B unter Falschpersonalien einen ebay-Account angelegt hat, könnte er sich einer Fälschung beweiserheblicher Daten schuldig gemacht haben.

1. Die Anmeldedaten sind als für die Abwicklung von Kaufverträgen und damit die Bestimmung der Kaufvertragsparteien wesentliche Informationen beweiserhebliche, elektronisch gespeicherte Daten.

2. Diese müsste B so gespeichert haben, dass bei deren Wahrnehmung, dh wenn die Daten, auf die B eingewirkt hat, lesbar wären, eine unechte Urkunde vorliegen würde.

B hat den Account unter Verwendung von Falschpersonalien selbst angelegt. Eine, für einen hypothetischen Vergleich maßgebliche, unechte Urkunde liegt vor, wenn die Erklärung nicht von dem stammt, der in ihr als Aussteller bezeichnet ist. Ebenso wie bei § 267 StGB ist die schlichte Namenstäuschung damit nicht erfasst. Vorliegend hat B einen Account auf der Plattform ebay eingerichtet und hierfür eine (wenn auch rudimentäre) Identitätsprüfung absolvieren müssen. Damit hat er über die Identität des vermeintlichen Accountinhabers getäuscht, weil es beim verbindlichen An- und Verkauf von Waren, anders als etwa bei Freemaildiensten o.ä., dem Vertragspartner auf die Identität seines Gegenübers ankommt.

3. B handelte vorsätzlich und zur Täuschung im Rechtsverkehr.

4. B handelte rechtswidrig und schuldhaft.

III. Missbrauch von Ausweispapieren, § 281 StGB

Die Übersendung des Scans des fremden Ausweises könnte zudem eine Strafbarkeit des B nach § 281 StGB begründen.

1. Gebrauchen meint, wie bei § 267 StGB, die Ermöglichung der sinnlichen Wahrnehmung der Urkunde bzw. des Ausweispapiers für das zu täuschende Gegenüber. Dies hat B durch das Übersenden des Scans grundsätzlich getan.

Fraglich ist aber, wie es sich auswirkt, dass er den Ausweis als solchen dem G nicht zugänglich gemacht, sondern nur einen Scan hiervon übersandt hat. In der Rspr. ist anerkannt, dass eine Urkunde auch gebraucht, wer eine Fotokopie oder ein Lichtbild von dieser vorlegt (BGHSt 24, 140). Der 5. Strafsenat des BGH hat diese Rspr. auf Daten übertragen. Als Gründe für die tatbestandliche Erfassung von Ausweisscans führt die Rspr. unter anderem an, dass nach dem allgemeinen Wortsinn ein Gebrauchen (des Originals) auch (mittelbar) durch die Vorlage eines Abbilds erfolgen kann und der „Schutz des Rechtsverkehrs durch Identitätsschutz" aufgrund der besonderen Beweiswirkung des Identitätspapiers betroffen sei. Dies ist deswegen auf Widerspruch gestoßen, weil im Bereich des § 267 StGB äußerst umstritten ist, ob die Benutzung einer Kopie einer unechten Urkunde, also das mittelbare Gebrauchen, tatbestandsmäßig ist (Rn. 217). Kopien kommt nämlich anerkanntermaßen keine Urkundeneigenschaft zu. Im Kern geht es bei dieser Diskussion darum, dass der Aussteller des Originals für die Übereinstimmung seiner Erklärung mit der Kopie nach der Verkehrsauffassung gerade keine Garantie übernimmt. Beschränkt sich der Erklärungsgehalt einer – als solche erkennbaren – Kopie aber auf den Umstand, dass sie ein Abbild einer Erklärung darstellt, kann mit ihrer Vorlage der von § 267 StGB nach hM intendierte Schutz des Beweisverkehrs nicht beeinträchtigt werden. Der Tatbestand des § 281 StGB stellt bezüglich des Tatobjekts aber nicht auf die Unechtheit der Urkunde ab, sondern verlangt die Vorlage des Ausweispapiers als solches. Damit geht es weniger um die Frage, ob das Tathandlungsmerkmal des Gebrauchens einer erweiterten Auslegung dergestalt zugänglich ist, dass vermittelt durch die Vorlage der Kopie zugleich das Ausweispapier vorgelegt wird. Der an die Verkörperung des Tatobjekts anknüpfende Wortlaut (Ausweis*papier*) steht bereits einer erweiternden Auslegung entgegen.

2. B hat sich nicht nach § 281 StGB strafbar gemacht (aA vertretbar).

Erg.: B hat sich wegen Betrugs in Tatmehrheit mit Fälschung beweiserheblicher Daten strafbar gemacht.

D. Urkundenunterdrückung

Prüfungsschema: § 274 StGB 237

I. Tatbestand

1. Objektiver Tatbestand

   a) Urkunde (s.o., nur echte Urkunden sind durch § 274 StGB geschützt)

   b) nicht oder nicht ausschließlich gehören (da kein Eigentumsdelikt, sind nicht die Eigentumsverhältnisse maßgebend, sondern die Berechtigung zur Beweisführung)

   c) Tathandlung

      aa) Vernichten = Beseitigen der Existenz der Urkunde

      bb) Beschädigen = Beeinträchtigung der Sachsubstanz oder Aufhebung der Funktionstauglichkeit zum Beweis

      cc) Unterdrücken = jede Handlung, durch die dem Beweisführungsberechtigten die Benutzung des Beweismittels dauernd oder zeitweilig entzogen oder vorenthalten wird

2. Subjektiver Tatbestand

   a) Vorsatz (d. e. genügt)

   b) Absicht, einem anderen Nachteil zuzufügen

      (Nach wohl hM genügt dolus directus 2. Grades, weil die Schädigung selten echtes Motiv des Täters sein wird. Eine aA verlangt dolus directus 1. Grades. Unter Nachteil ist jede Beeinträchtigung fremder Rechte zu verstehen, wobei nicht nur vermögensrechtliche Nachteile in Betracht kommen. Umstritten ist, ob die Vereitelung von Straf- und Bußgeldansprüchen einen Nachteil darstellt. EA verneint dies unter Berufung darauf, dass der Staat kein „anderer" iSd § 274 StGB sei, da § 274 StGB nicht den Rechtsverkehr als solches, sondern den einzelnen Berechtigten schütze. Eine aA beruft sich auf den Schutz des Strafanspruchs durch § 258 StGB)

II. Rechtswidrigkeit

III. Schuld

E. Mittelbare Falschbeurkundung

§ 271 StGB soll den Rechtsverkehr nicht vor unechten, sondern vor *inhaltlich unwahren* öffentlichen Urkunden schützen. Der Schutzbereich ist beschränkt auf öffentliche Urkunden, weshalb stets danach zu fragen ist, ob der erklärte Umstand von der Beweiskraft der Urkunde erfasst wird, dh ob die Urkunde hinsichtlich der Erklärung *dazu bestimmt* ist, Beweis für und gegen jedermann zu erbringen. Erfasst sind nur diejenigen Erklärungen, Verhandlungen und Tatsachen, auf die sich der öffentliche Glaube, also die volle Beweiswirkung für und gegen Jedermann, erstreckt (BGHSt 63, 182). Öffentliche Urkunden sind solche, die von einer öffentlichen Behörde oder einer mit öffentlichem Glauben versehenen Person innerhalb ihrer Zuständigkeit in der vorgeschriebenen Form aufgenommen sind. **238**

Erklärt bspw. die als Zeugin vernommene, sehr eitle Z ein um zehn Jahre jüngeres Alter, begeht sie keine mittelbare Falschbeurkundung, weil das Protokoll nur dazu bestimmt ist, Beweis darüber zu erbringen, dass die Aussage von der Zeugin getätigt wurde und einen bestimmten Inhalt hatte, nicht jedoch, dass diese wahr sei. Nach dem 3. Strafsenat des BGH (NStZ 2016, 675) besteht auch der besondere öffentliche Glaube des Handelsregisters nur darin, dass eine Erklärung bestimmten Inhalts abgegeben wurde, nicht aber, dass das Erklärte auch inhaltlich richtig ist. Folgerichtig hat der BGH deshalb den öffentlichen Glauben einer Gewerbeanmeldung verneint (BGH NStZ-RR 2019, 7).

Hierzu BGH NJW 2015, 802 m. Bespr. *Kudlich* JA 2015, 310: Die Angeklagte A war Mitarbeiterin der Zulassungsbehörde. Der Angeklagte B betrieb einen Servicebetrieb („Zulassungsdienst"), der Unternehmen anbot, für diese Umschreibungen der Zulassungsbescheinigungen Teil I und Teil II vornehmen zu lassen. Den Unternehmen war daran gelegen, dass eventuelle gewerbliche Voreintragungen aus den Fahrzeugpapieren „verschwanden". Die Angeklagten kamen überein, dass die Angeklagte A gegen einen „Bakschisch-Satz" von 20 Euro je Eintragung die gewünschten Umschreibungen vornahm. In 491 Fällen wurden auf diese Weise gewerbliche Voreintragungen aus den Zulassungsbescheinigungen entfernt und willkürliche Privatpersonen, die zu keinem Zeitpunkt **239** eine Verfügungsbefugnis über das jeweilige Fahrzeug hatten, in die Zulassungsbescheinigungen Teil I und Teil II eingetragen. Die Strafkammer hat u.a. die A wegen Falschbeurkundung im Amt und den B wegen Anstiftung hierzu verurteilt. Hiergegen Revision zum BGH.

1. Ausgangspunkt einer inhaltlichen Überprüfung des erstinstanzlichen Urteils hat vorliegend die Frage zu sein, ob die Zulassungsbescheinigungen Teil I und Teil II ein taugliches Tatobjekt iSd § 348 StGB, mithin eine öffentliche Urkunde, darstellen. Der BGH hat folgenden Maßstab formuliert:

- Nur solche Erklärungen, die Beweis für und gegen jedermann erbringen (s.o.)
- Indizien für eine erhöhte Beweiskraft sind regelmäßig solche Tatsachen, deren Angaben gesetzlich zwingend vorgeschrieben sind; umgekehrt hingegen regelmäßig nicht solche Tatsachen, die weder nach dem Gesetz, noch nach anderen Vorschriften zwingend anzugeben sind und deren unwahre Kundgabe die Wirksamkeit der Beurkundung nicht berührt.
- Fehlen solche Anhaltspunkte sind Beurkundungsinhalt, Verfahren und Umstände des Beurkundungsvorgangs, sowie eine Überprüfungsmöglichkeit des ausstellenden Amtsträgers hinsichtlich der Richtigkeit der Angaben heranzuziehen.

2. Nach dem BGH handelt es sich hiernach weder bei der Haltereigenschaft, noch bei der Verfügungsberechtigung um Tatsachen, die in einer Zulassungsbescheinigung Teil II mit der besonderen Beweiswirkung einer öffentlichen Urkunde iSd § 348 StGB beurkundet werden.

Grund: Die Zulassungsbescheinigung Teil II dokumentiert zwar, ebenso wie der Vorgänger des Fahrzeugbriefs, auf wen ein Fahrzeug zugelassen ist. Aus dieser Eintragung kann aber weder zwingend auf den Halter noch auf den Eigentümer geschlossen werden. Zweck der Zulassungsbescheinigung Teil II ist der Nachweis der Verfügungsberechtigung über das Fahrzeug im Zulassungsverfahren.

240 **Hauptproblem:** Abgrenzung zum Sonderdelikt des § 348 StGB

Täter – auch mittelbarer – des § 348 StGB kann nur ein zuständiger Amtsträger sein. Deshalb ist mittelbare Täterschaft nur dann denkbar, wenn der zuständige Amtsträger einen anderen zuständigen Amtsträger als Werkzeug benutzt.

(1) Ansonsten bleibt eine Teilnehmerstrafbarkeit möglich, wenn der Amtsträger bösgläubig ist und der Teilnehmer davon wusste, § 28 I StGB ist anwendbar.

(2) Ist der Amtsträger hingegen – wie vom Täter erwartet – gutgläubig, scheidet §§ 348, 26 StGB mangels Haupttat aus. Zu denken ist an § 271 StGB.

(3) Irrt der Hintermann über die Gutgläubigkeit, ist der Amtsträger nach § 348 StGB schuldig. Für den Hintermann kommt nur § 271 IV StGB in Betracht. Ob im Willen zur Tatherrschaft zugleich ein Teilnehmervorsatz zu erblicken ist, ist umstritten (s. hierzu Rn. 80).

(4) Bei einem Irrtum über die Bösgläubigkeit bleibt der Hintermann straflos, da § 348 StGB kein Verbrechen darstellt (vgl. § 30 I StGB) und eine dem § 159 StGB vergleichbare Norm nicht existiert (str., eine aA will § 271 StGB anwenden).

Unter mehreren OLGs war umstritten, ob die widerrechtliche Erteilung einer Prüfplakette („TÜV-Plakette") eine rechtlich erhebliche Tatsache iSd § 348 I StGB darstellt (BGH NStZ-RR 2019, 110). Der BGH hat hierzu nunmehr entschieden, dass die an einem Fahrzeugkennzeichen angebrachte Prüfplakette neben dem Termin der nächsten Hauptuntersuchung mit besonderer Beweiskraft (also für und gegen jedermann) beurkundet, dass das Fahrzeug zum Zeitpunkt der Durchführung der Hauptuntersuchung einen vorschriftsmäßigen Zustand aufwies (BGHSt 63, 182 m. Bespr. *Hecker* JuS 2019, 499). **241**

Kapitel 7. Ehrschutzdelikte

Literatur: *Ceffinato* JuS 2020, 495; *Hecker* JuS 2015, 81; *Jahn* JuS 2016, 751; *Satzger* Jura (JK), 2016, 1340.

Die Beleidigungsdelikte sind in den §§ 185–187 StGB beheimatet. Unterscheidungskriterien der einzelnen Tatbestände sind (a) die Abgrenzung zwischen Tatsachenäußerung und Werturteil und (b) die Äußerungsrichtung gegenüber dem Betroffenen selbst oder gegenüber Dritten. Schematisch lassen sich die Anwendungsbereiche der Tatbestände folgendermaßen voneinander abgrenzen: 242

§ 185 StGB	**§§ 186, 187 StGB**
– Werturteile jeder Adressierung – Tatsachenäußerungen ggü. dem Betroffenen	– Tatsachenäußerungen ggü. Dritten

Der tiefere Grund für diese Unterscheidung findet sich im Strafrahmen des § 185 StGB (bezogen auf das Grunddelikt) einerseits und demjenigen der §§ 186 f. StGB andererseits. Der Unterschied lässt sich durch den psychologisch-soziologischen Umstand erklären, dass Tatsachenäußerungen aufgrund des ihnen innewohnenden potentiellen Wahrheitsgehalts gegenüber Dritten die Gefahr in sich tragen, sich wie ein Lauffeuer zu verbreiten, mithin weiter getragen zu werden, wohingegen Werturteile aufgrund des Moments der persönlichen Stellungnahme einen weitaus geringeren Grad an Denunziationspotential aufweisen, ganz unbesehen davon, dass der Betroffene einer falschen Tatsachenäußerung diese kaum einem weiteren Personenkreis kundtun wird. 243

Die weitere Abstufung innerhalb der §§ 186 und 187 StGB richtet sich danach, ob die Unwahrheit der Tatsache objektiv feststeht (§ 187 StGB) oder der Beweis ihrer Richtigkeit nicht erbracht werden kann (§ 186 StGB). 244

A. Beleidigung

Beleidigung meint die *Kundgabe* der Nicht- oder Missachtung des sozialen Geltungs- und Achtungsanspruchs eines anderen (vgl. zum Ehrbegriff *Otto* § 32 Rn. 2 ff.). § 185 StGB stellt ein schlichtes Tätig- 245 keitsdelikt dar, dh die Kundgabe der Äußerung erfüllt den Tatbestand, ohne dass es darauf ankommt, ob die Beleidigung einen Adressaten/Dritten erreicht oder sich jemand in seiner Ehre herabgesetzt fühlt.

246 – An einer Kundgabe fehlt es, wenn die Äußerung über Dritte im engsten Familienkreis getätigt wird, sog. *beleidigungsfreie Sphäre*. Der Grund hierfür ist weniger in der Meinungsfreiheit des Einzelnen, als vielmehr in dem Umstand zu sehen, dass diesem ein Bereich zugebilligt wird, in welchem er sich ungehindert äußern können soll (*Wessels/Hettinger/Engländer* Rn. 442 f.).

Um Missverständnisse zu vermeiden: Eine beleidigungsfreie Sphäre kann es nicht geben, wenn Angehörige sich untereinander beleidigen.

247 – Eine Kundgabe ist auch nur gegeben, wenn die Äußerung unverdient erfolgt, dh eine tatbestandsmäßige Beleidigung liegt nicht vor, wenn die getätigte Tatsachenbehauptung zutreffend oder die Äußerung wertneutral ist.

248 – Die Kundgabe muss vom Vorsatz erfasst sein, woran es fehlt, wenn die Entäußerung der Erklärung in die Außenwelt überhaupt nicht gewollt ist, wie bspw. bei einem Tagebuch oder dem Entwurf eines Briefes, der von der berühmten Putzfrau abgesendet wird.

249 – Ein sozialer Geltungs- und Achtungsanspruch kann nur beeinträchtigt werden, wenn der Beleidigungsadressat auch (passiv) beleidigungsfähig ist. Hier sind insbesondere die Sonderkonstellationen der Beleidigung eines Einzelnen *unter einer Kollektivbezeichnung* (Voraussetzung: Der Kreis der potentiell Betroffenen ist hinreichend von der Allgemeinheit abgrenzbar, dh individualisierbar und eine Zuordnung des Einzelnen zur Gruppe ist zweifelsfrei möglich, hierzu BVerfG NJW 2016, 2643: „A.C.A.B.") und die Beleidigung eines *Kollektivs* (Voraussetzung: Das Kollektiv muss eine anerkannte gesellschaftliche oder wirtschaftliche Aufgabe erfüllen und einen einheitlichen Willen bilden können; nach einer mM ist die Beleidigungsfähigkeit des Kollektivs abschließend in § 194 III, IV StGB geregelt) zu beachten.

250 Die mittels einer Tätlichkeit begangene Beleidigung (Qualifikationstatbestand des § 185 Alt. 3 StGB) erfordert die körperliche Einwirkung auf die andere Person, aus der sich der ehrverletzende Sinn ergibt. Eine körperliche Berührung wird nicht verlangt, weil § 185 StGB die Ehre und nicht die körperliche Unversehrtheit schützt; insofern kann eine tätliche Beleidigung auch dann vorliegen, wenn ein Körperverletzungsvorsatz nicht festgestellt ist. Ein typisches Beispiel wäre das Anspucken.

251 Seit dem 3.4.2021 stellt es ebenfalls einen qualifizierenden Umstand dar, wenn die Beleidigung öffentlich, in einer Versammlung oder durch

Verbreiten eines Inhalts (§ 11 III StGB) begangen wird. Die Gesetzesänderung geht zurück auf das Gesetz zur Bekämpfung des Rechtsextremismus und der Hasskriminalität, womit der Grund der Strafrahmenausdehnung auf der Hand liegt. Der Gesetzgeber zielt auf sog. Hate-Speech Sachverhalte, dh die Beleidigung in sozialen Medien. Diese unterliegt – abgesehen von praktischen Schwierigkeiten bei der Täterermittlung – keinen tatbestandlichen Besonderheiten (*Ceffinato* JuS 2020, 495).

§ 193 StGB beherbergt mit der Wahrnehmung berechtigter Interessen einen speziell auf die Beleidigungsdelikte zugeschnittenen Rechtfertigungsgrund (eine zT diskutierte Anwendungserstreckung des § 193 StGB auf beleidigungsfremde Konstellationen ist mangels vergleichbarer Interessenlage abzulehnen). Formalbeleidigungen bleiben strafbar („aus der Form der Äußerung"). **252**

Folgendes Grundschema liegt § 193 StGB zugrunde (*Otto* § 32 Rn. 37 ff.): **253**

– Grundsätzlich müssen *eigene Interessen* iSv persönlichen Belangen betroffen sein. Fremde Interessen gehen den Äußernden grundsätzlich nicht nahe an, sind aber ausnahmsweise ausreichend, wenn der Täter zu ihnen in naher Beziehung steht. Allgemeine Interessen werden, als jeden Staatsbürger angehend, der Wahrnehmung eigener Interessen gleichgestellt.
– Berechtigt sind nur von der Rechtsordnung *als schutzwürdig angesehene, sozialethisch billigenswerte Interessen* (daran fehlt es etwa bei evident unwahren Tatsachenbehauptungen).
– Das Kriterium der Angemessenheit läuft auf eine *Abwägung* der widerstreitenden Interessen im Einzelfall hinaus.

Daneben ist bei Beleidigungssachverhalten stets die Rspr. des BVerfG zur Meinungsfreiheit im Blick zu behalten. Seit dem Lüth-Urteil (BVerfGE 7, 198) ist anerkannt, dass die einfache Schranke des Art. 5 II GG nicht ohne weiteres bedeutet, dass die Meinungsfreiheit ihre Grenze in den allgemeinen Gesetzen findet. Vielmehr müssen aufgrund des hohen Werts dieses Grundrechts die schrankenbildenden allgemeinen Gesetze im Lichte der Meinungsfreiheit ausgelegt werden (sog. Wechselwirkungslehre). Dies hat dazu geführt, dass das BVerfG sogar von einer Vermutung des Vorrangs der freien Rede ausgegangen ist. Gerade bei Hate-Speech Sachverhalten kann dies, aufgrund der Wirkung, die derartigen Äußerungen in der Kriminologie zugeschrieben wird und die auch Anlass des Gesetzgebers zur Schärfung des § 185 StGB waren, die Wechselwirkungslehre in ihr Gegenteil verkehren. Neuere Entscheidungen deuten aber darauf hin, dass das BVerfG seine bisherige Rspr. einschränkt (BVerfG NJW 2020, 2622; 2629; 2631; 2636), wenn es formuliert, Voraussetzung einer strafrechtlichen **254**

Sanktion sei eine „grundrechtlich angeleitete Abwägung“ bei der ein Indiz für einen Vorrang der Meinungsfreiheit nicht bestehe.

255 Wie die Verwirklichung der Meinungsfreiheit bei der Prüfung des § 185 StGB zweckmäßig umgesetzt werden kann, ist indes umstritten. In Betracht kommt sowohl eine teleologische Reduktion des Beleidigungstatbestands (BVerfGE 93, 266; vgl. auch BVerfG NJW 2020, 2622), als auch eine (teils in § 193 StGB eingebettete) rechtfertigende Wirkung der Grundrechte (BVerfGE 42, 143). Für die Klausur erscheint es zweckmäßig, iRd objektiven Tatbestands zunächst den Inhalt der Äußerung durch Auslegung zu ermitteln und vor dem Hintergrund des geschützten Rechtsguts zu beurteilen, ob eine Kundgabe der Nicht- oder Missachtung vorliegt. Die Abwägung des Ehrschutzes mit der Meinungsfreiheit sollte mit Blick auf § 193 StGB und das Verständis der hM von der Wahrnehmung berechtigter Interessen als Anwendungsfall einer Güter- und Pflichtenabwägung sodann auf Rechtswidrigkeitsebene erfolgen.

B. Üble Nachrede und Verleumdung

256 Ebenso wie beim Tatbestand der Beleidigung handelt es sich bei den §§ 186 f. StGB um schlichte Tätigkeitsdelikte. Da der Anwendungsbereich auf Tatsachenäußerungen beschränkt ist, eine Ehrverletzung mittels wahrer Tatsachenbehauptungen aber (abgesehen von der Formalbeleidigung) nicht möglich ist, ist die Unwahrheit der geäußerten Tatsache Tatbestandsmerkmal des § 187 StGB. Die Wahrheitsfeststellung ist in der Praxis jedoch häufig mit Schwierigkeiten behaftet. Diese Problematik löst § 186 StGB auf, der in seinem Aufbau § 187 StGB gleicht. Die Unwahrheit der geäußerten Tatsache wird hier durch die objektive Strafbarkeitsbedingung der Erweislichkeit der Wahrheit ersetzt.

257 **Fall 13:** Der wegen Steuerhinterziehung und Vorenthalten von Arbeitsentgelt vorbestrafte Bruno (B) wohnt mit seiner Lebensgefährtin Lisbeth (L) bei Frau Caspar (C) im Haus zur Miete. Da C erst nach Abschluss des Mietvertrags von den Vorstrafen des B erfuhr, kam es häufiger zu Streitigkeiten. Am 28.07.2021 wurde in die Wohnung der C eingebrochen, wobei die Haustür beschädigt und eine wertvolle Vase entwendet wurde. C hat sogleich den B im Verdacht und will diesen zur Rede stellen. Sie trifft jedoch nur die L an. Ihr gegenüber äußert sie, sie habe es ja schon immer gewusst. „Diebe“ und „Sachzerstörer“ wolle sie in ihrem Haus nicht dulden. Allerdings sei angesichts der schlechten Partie, die der B mit L gemacht habe, ein solches Abrutschen auch nicht verwunderlich. L, die sich vornehm zurückhält, bringt ihre Wut über die Äußerungen erst abends bei einer Unterredung mit B zum Ausdruck, indem sie die C eine „intolerante Person", „alte Funzel" und wegen der horrenden Miete „eine Halsabschneiderin" heißt. Die Polizei nahm in der Sache die Ermittlungen auf. Der Nachweis, dass B in die Wohnung eingebrochen ist und die Vase entwendet hat, kann nicht erbracht werden. Wie haben sich C und L strafbar gemacht?

A. Strafbarkeit der Frau Caspar (C)

I. § 185 oder § 186 StGB

1. Beleidigung ist die Kundgabe der Nicht- oder Missachtung in Bezug auf einen anderen iSe rechtswidrigen Angriffs dessen Ehre. Dabei erfasst § 185 StGB die Äußerung von herabsetzenden *Werturteilen* über den Achtungsanspruch des Rechtsgutsträgers und herabsetzende *Tatsachenbehauptungen*, die *gegenüber dem Betroffenen* selbst geäußert werden. Zusammengefasst: Werturteile gegenüber dem Betroffenen, Werturteile über den Betroffenen gegenüber Dritten und Tatsachenbehauptungen gegenüber dem Betroffenen. Keine Beleidigung stellt eine gegenüber der betroffenen Person erhobene Tatsachenbehauptung dar, die zutreffend ist. Tatsachenbehauptungen über den Betroffenen gegenüber einem Dritten sind dem Anwendungsbereich der §§ 186, 187 StGB zugeordnet.

a) C nannte den B einen „Dieb" und „Sachzerstörer". Es handelt sich um eine Tatsachenäußerung mit Elementen eines Werturteils. Dabei liegt in jeder ehrenrührigen Tatsachenbehauptung zugleich eine negative Bewertung. Da C vorliegend aber ihre Behauptungen im Kontext des Einbruchs, wegen dem sie den B zur Rede stellen wollte, aufstellt, haben diese einen substantiellen Bezug zur Vorgeschichte, weshalb es sich nicht um ein Werturteil, sondern eine Tatsachenäußerung handelt.

Diese wurde gegenüber der L abgegeben, so dass §§ 186, 187 StGB einschlägig sein sollten. Dann müsste die Tatsache in Beziehung auf einen anderen behauptet worden sein, dh der Beleidigte und der Empfänger der Mitteilung dürfen nicht personengleich sein. Dies trifft auf L zu. Allerdings handelt es sich bei ihr um die Lebensgefährtin des B. Der Grund für den vergleichsweise hohen Strafrahmen des § 187 StGB im Vergleich zu § 185 StGB (Höchstmaß 2–5 Jahre gegenüber 1-2 Jahre) und die damit verbundene Zuordnung von Tatsachenbehauptungen gegenüber Dritten zum Anwendungsbereich der §§ 186, 187 StGB liegt darin, dass Dritte diese Tatsachen eher in die Welt hinaustragen als der Betroffene selbst. Diese Gefahr besteht jedoch bei einer Äußerung gegenüber der Lebensgefährtin des Betroffenen ebenso wenig, da auch diese kein Interesse hat, ehrenrührige Tatsachen über ihr nahestehende Personen zu verbreiten. Deshalb ist ausnahmsweise trotz Tatsachenbehauptung gegenüber einem Dritten der Anwendungsbereich der §§ 186, 187 StGB nicht eröffnet.

b) Problematisch ist nun, dass sich nicht aufklären lässt, ob B die Vase gestohlen und die Haustüre zerstört hat, dh ob die behaupteten Tatsachen wahr sind. Die Auswirkung dieses Zweifels auf die Verwirklichung des Tatbestandes hängt damit von der dogmatischen Einordnung der Unwahrheit der behaupteten Tatsache ab.

aa) EA betrachtet die Unwahrheit der Tatsache innerhalb des § 185 StGB als Tatbestandsmerkmal. Verbleibende Zweifel schließen den Tatbestand damit aus.

bb) Eine aA möchte die Nichterweislichkeit der Wahrheit analog zur Regelung in § 186 StGB als objektive Bedingung der Strafbarkeit auffassen. Zweifel gehen hiernach zu Lasten des Angeklagten.

cc) Vorzugswürdig erscheint die zuerst genannte Ansicht, weil die Nichterweislichkeit der Wahrheit zu Lasten des Täters in § 186 StGB ausdrücklich geregelt ist, weshalb schon keine Regelungslücke im Bereich des § 185 StGB bestehen dürfte. Jedenfalls würde eine solche Analogie zu Lasten des Täters wirken.

2. In dubio pro reo ist die behauptete Tatsache wahr. § 185 StGB ist nicht verwirklicht.

AA vertretbar, mit dem Argument, dass der Beleidigte anderenfalls praktisch schutzlos gestellt würde. Dann liegt auch der Vorsatz der C vor, da sie wusste, dass die von ihr behaupteten Tatsachen ehrenrührig waren. Zu denken wäre an eine Rechtfertigung nach § 193 StGB. Das wahrgenommene berechtigte Interesse der C liegt in ihrem verteidigten Eigentum. Fraglich ist, ob die Äußerung auch ein erforderliches und angemessenes Mittel zur Erreichung des gebilligten Zwecks darstellt. Den Täter trifft eine nach den Umständen mehr oder weniger weitgehende Informationspflicht (*Otto* § 32 Rn. 40), dh der Täter muss alles ihm Zumutbare getan haben, um die Wahrheit/Unwahrheit der behaupteten Tatsache festzustellen. Frau C hatte direkt den B im Verdacht und wollte diesen zur Rede stellen. Nachforschungen hat sie keine angestellt, was jedoch nur dann schadet, wenn diese pflichtwidrig unterlassen wurden. Da es sich um einen schweren Vorwurf, Wohnungseinbruchdiebstahl und Sachbeschädigung, handelt, hätte die C zunächst abwarten müssen, bis die Polizei ihre Ermittlungen abgeschlossen hat, bevor sie voreilige Schlüsse äußert. Die bloße Tatsache, dass B wegen Steuerhinterziehung und Vorenthaltens von Arbeitsentgelt vorbestraft ist, rechtfertigt nicht die Erhebung des kommunizierten Vorwurfs. Eine Rechtfertigung nach § 193 StGB kommt wegen des pflichtwidrigen Unterlassens der C nicht in Betracht.

II. Beleidigung der L, § 185 StGB

1. Die Bezeichnung der L als „schlechte Partie", verbunden mit der Verantwortlichkeit für das Abrutschen des B, stellt ein Werturteil dar. Sie ist durch wertende Elemente der Stellungnahme und des Dafürhaltens geprägt. Anders als bei der Titulierung des B als „Dieb" fehlt hier ein konkreter Sachbezug. Durch diese Bezeichnung wurde auch der soziale Geltungs- und Achtungsanspruch der L beeinträchtigt.

2. C handelte vorsätzlich.

3. Eine Rechtfertigung der Äußerungen nach § 193 StGB kommt nicht in Betracht. Der Rundumschlag gegen L stellt nicht mehr das mildeste Mittel dar.

Erg.: C ist der Beleidigung gegenüber L schuldig. Die Tat wird nur auf Antrag verfolgt, § 194 StGB.

B. Strafbarkeit der Lisbeth (L)

§ 185 StGB

Die Bezeichnungen der C als „alte Funzel" und „Halsabschneiderin" stellen trotz ihres Anlassbezugs Werturteile dar, weil die wertenden Elemente der Äußerung im Vordergrund stehen. Allerdings wurden die Äußerungen nur gegenüber dem Lebensgefährten der L, dem B getätigt. Vertrauliche Äußerungen über Dritte im engen Familienkreis oder im Rahmen von Lebenspartnerschaften werden regelmäßig nicht als beleidigend angesehen (Rn. 246). Die Begründungen für eine derartige Ausnahme gehen auseinander. Teilweise wird die beleidigungsfreie Sphäre auf § 193 StGB gestützt, während die wohl hM bereits eine Begrenzung des Tatbestandes aufgrund einer verfassungskonformen Auslegung befürwortet.

Hintergrund dieser Ausnahme ist das Bedürfnis, sich innerhalb engster Vertrauensverhältnisse offen mitteilen zu können. Innerhalb dieser Verhältnisse kann der Täter auch regelmäßig damit rechnen, dass die Ehrverletzung nicht weitergetragen wird und deshalb der soziale Geltungs- und Achtungsanspruch des Beleidigten nach außen nicht erschüttert wird. Auch das BVerfG erkennt im Rahmen seiner Drei-Sphärentheorie eine unantastbare Intimsphäre an. Daraus folgt die Notwendigkeit eines strafrechtsfreien Raumes persönlicher Kommunikation.

Erg.: L bleibt straflos.

Kapitel 8. Aussagedelikte

Literatur: *Bosch* Jura 2015, 1295; *Hecker* JuS 2015, 182; *Hettinger/Bender* JuS 2015, 577.

Die Aussagedelikte der §§ 153 ff. StGB spielen, zusammen mit den weiteren Rechtspflegedelikten der §§ 164, 145d und 258 StGB, in der Praxis eine gewichtige Rolle. Insbesondere in der Hauptverhandlung muss der Sitzungsvertreter der Staatsanwaltschaft darauf bedacht sein, etwaige Widersprüche zwischen polizeilicher (richterlicher) Zeugenvernehmung und mündlicher Zeugenaussage zu erkennen. Auch für die Klausur sollten die Aussagedelikte, trotz relativ betrachtet geringer Bedeutung, nicht gänzlich beiseitegeschoben werden, da sie ohne größere Schwierigkeiten in jeden Sachverhalt als „Problemverlängerer" eingebaut werden können. Schon mit wenig Aufwand (Strukturkenntnis) lässt sich hier ein hoher Ertrag erzielen. **258**

A. Struktur

Die Aussagedelikte sind auf drei Säulen gestützt: falsche uneidliche Aussage (§ 153 StGB), Meineid (§ 154 StGB) und falsche Versicherung an Eides Statt (§ 156 StGB). Tathandlung ist jeweils das Tätigen einer falschen Aussage. Der Unterschied der einzelnen Delikte liegt in der zugrundeliegenden *Tatsituation*. Während bei der falschen uneidlichen Aussage ein Zeuge oder Sachverständiger vor Gericht (falsch) aussagt, verlangt der Meineid bei identischer Situation eine beeidete Aussage und dehnt darüber hinaus noch partiell den Täterkreis aus (bspw. auf die Partei im Zivilprozess). Gänzlich verschieden hiervon ist die Tatsituation beim Tatbestand der falschen Versicherung an Eides Statt, der an diese Sonderform der Beweiserhebung anknüpft und insbesondere im Arrest- und einstweiligen Verfügungsverfahren über die §§ 920 II, 294 I ZPO einen Anwendungsbereich hat. **259**

(Teil-)Variationen dieser Grundformen enthalten § 161 StGB (Fahrlässigkeitsstrafbarkeit), § 160 StGB (gesetzlich angeordnete mittelbare Täterschaft bei einem eigenhändigen Delikt) und § 159 StGB (Ausdehnung der versuchten Anstiftung auf die Vergehenstatbestände der §§ 153 und 156 StGB). **260**

B. Aufbau

261 **Prüfungsschema: § 153 StGB**

I. Tatbestand

1. Objektiver Tatbestand
   a) Falsche Aussage (Tathandlung)
   b) eines Zeugen oder Sachverständigen (Besondere Täterqualifikation = Sonderdelikt)
   c) Adressat: Gericht oder andere zur eidlichen Vernehmung von Zeugen/Sachverständigen zuständige Stelle
   d) Ggf. Qualifikation: unter Eid (§ 154 StGB)
2. Subjektiver Tatbestand

   Vorsatz, dolus eventualis genügt

II. Rechtswidrigkeit

III. Schuld

C. Einzelheiten

262 **Falsch** ist eine Aussage, wenn das Geäußerte nicht mit der objektiven Wirklichkeit übereinstimmt. Demgegenüber verlagert eine subjektive Theorie den Vorsatz des Täters in den objektiven Tatbestand, wenn sie eine Aussage als falsch erachtet, die nicht mit dem Vorstellungsbild des Täters deckungsgleich ist; abweichende Ergebnisse werden hierdurch nicht erzielt. Eine Pflichtentheorie stellt schließlich darauf ab, ob eine Verletzung der prozessualen Wahrheitspflicht stattgefunden hat und führt damit systemwidrig einen Fahrlässigkeitsmaßstab in den Bereich der §§ 153 f., 156 StGB ein.

263 Als Täter des § 153 StGB in Betracht kommen ausschließlich Zeugen oder Sachverständige, die vor einer zur eidlichen Vernehmung zuständigen Stelle aussagen. Der Hauptanwendungsfall der zuständigen Stelle ist in § 153 StGB mit dem Gericht direkt benannt. Staatsanwaltschaftliche und damit zugleich polizeiliche Vernehmungen eröffnen wegen § 161a I 3 bzw. § 163 III 3 StPO den Anwendungsbereich der Aussagedelikte nicht.

264 Für die Beeidigung einer Aussage sieht die StPO recht unspektakulär den sog. Nacheid vor, § 59 II StP; ist eine eidliche Vernehmung – in

anderen Verfahren – nicht vorgesehen, kommt § 154 StGB nicht in Betracht (BGHSt 64, 307). *Nach Abschluss der Aussage* erfolgt die Eidesleistung gemäß dem Muster des § 64 StPO. Da es sich bei § 154 StGB um ein Verbrechen handelt, ist der Versuch strafbar. Das Versuchsstadium, und damit auch dasjenige eines eventuellen strafbefreienden Rücktritts, ist jedoch mit dem Zeitraum der Eidesleistung („Ich schwöre es, so wahr mir Gott helfe") sehr schmal. Da sich der Nacheid zudem an die falsche Aussage anschließt und nicht mehr Teil dieser ist, stellt die vorhergehende Falschaussage eine vollendete und damit nicht mehr rücktrittsfähige falsche uneidliche Aussage dar. Abhilfe kann hier nur § 158 StGB schaffen.

Fall 14: Ansgar (A) will seinen Nebenbuhler Norbert (N), mit dem er um die Gunst der Brunhilde (B) streitet, außer Gefecht setzen, um mit B allein zu sein. Dazu möchte er dem N ein Brechmittel in sein Bier mischen. Da N jedoch ständig auf der Hut ist, will A den Kellner Helge (H) veranlassen, N das Mittel zu verabreichen. Er spiegelt dem H vor, dass es sich bei dem Mittel um ein harmloses Brausepulver á la Berliner Weiße mit Schuss handele. Er wolle seinem Freund N eine Freude bereiten, da diesem als Berliner das bayerische Bier nicht so recht schmeckt. H durchschaut jedoch den Plan, weil er als Medizinstudent in der Lage ist, Brausepulver von einem Brechmittel zu unterscheiden. Dennoch tut er dem A den gefallen, da N bei seinem letzten Besuch kein Trinkgeld gegeben hat. In kürzester Zeit bekommt N heftige Magenkrämpfe und muss sich mehrmals übergeben. **265**

H wird daraufhin vor dem Amtsgericht – Strafrichter – wegen Körperverletzung angeklagt. Um einen Freispruch zu erzielen, will H seine Freunde Stefan (S) und Peer (P) als Zeugen dafür benennen, dass er zur Tatzeit mit ihnen unterwegs war. Die Freunde spielen häufig zusammen Fußball, an besagtem Tag jedoch nicht. H sucht die beiden Freunde nacheinander auf, um mit ihnen über das Alibi zu sprechen. Er geht davon aus, dass S, der als Anwalt in einer Großkanzlei sehr beschäftigt ist, den gemeinsamen Abend vergessen hat und davon ausgehen wird, dass die Freunde an diesem Tag Fußball gespielt haben. Tatsächlich erinnert sich S gut an diesen Tag, weil er zu besagter Zeit mit der Praktikantin Tracy (T) in seinem Sportwagen unterwegs war, um diese zu beeindrucken. Dennoch erweist er H den Freundschaftsdienst und sagt für diesen günstig aus. Im Anschluss an seine Aussage wird S vereidigt. Der aufmerksame P hingegen, von dem H ausgeht, er würde sich an besagten Tag erinnern, gelangt erst aufgrund der Unterredung mit H zu der Überzeugung, die Freunde hätten an jenem Tag zusammen Fußball gespielt. Dementsprechend sagt er in der Hauptverhandlung aus und wird anschließend vereidigt. Da sowohl H als auch A als Mitangeklagter im Prozess schweigen und N nichts mitbekommen hat, wird H aufgrund der Aussagen von S und P freigesprochen. Das Gericht konnte nicht zu der Überzeugung gelangen, dass H etwas mit der Körperverletzung zu tun hatte. Strafbarkeit von H, A, S und P?

1. Tatkomplex: Das Geschehen im Wirtshaus

A. Strafbarkeit des Helge (H)

§§ 223 I, 224 I Nr. 1, 25 I Alt. 2 StGB

1. a) Die Verabreichung des Brechmittels ist eine üble unangemessene Behandlung, die das körperliche Wohlbefinden nicht nur unerheblich beeinträchtigt (Übergeben nach Magenkrämpfen). Es handelt sich um eine körperliche Misshandlung.

b) Die verursachten Magenkrämpfe sind ein durch das Brechmittel hervorgerufener pathologischer, dh negativ vom körperlichen Normalzustand abweichender Zustand und markieren damit eine Gesundheitsschädigung.

2. Der tatbestandliche Erfolgt ist kausal und zurechenbar verursacht durch die Verabreichung des Brechmittels. Zwar hat N das Bier selbst konsumiert, dies jedoch in Unkenntnis von der Zugabe des Brechmittels. Diese Tatherrschaft kraft überlegenen Wissens hat H ausgenutzt, § 25 I Alt. 2 StGB.

3. Fraglich ist, ob mit dem Brechmittel ein gesundheitsschädlicher Stoff gem. § 224 I Nr. 1 StGB (Rn. 91) beigebracht wurde. Nach der hM ist, wegen der einheitlichen Strafdrohung in § 224 I StGB, auch für Nr. 1 zu fordern, dass die Substanz nach ihrer Art und dem konkreten Einsatz zur (erheblichen) Gesundheitsschädigung *geeignet* ist. Eine aA will Nr. 1 demgegenüber als zumindest einfach schädigende Beibringung von Stoffen mit der *konkreten Gefahr* einer erheblichen Schädigung im Einzelfall verstehen. Vorliegend erleidet N heftige Magenkrämpfe, was eine erhebliche Gesundheitsschädigung darstellt. Da H das Mittel in das Bier schüttet, hat er es auch beigebracht.

4. H handelte vorsätzlich, da er das Geschehen erkannt hat.

5. Rechtswidrigkeit/Schuld

Erg.: H ist strafbar wegen gefährlicher Körperverletzung.

B. Strafbarkeit des Ansgar (A)

I. §§ 223 I, 224 I Nr. 1, 25 II StGB

A selbst hat dem N kein Brechmittel verabreicht. Auch eine Zurechnung der Handlung des H als eigene nach den Regeln der Mittäterschaft scheidet aus. Zwar hat H den Plan des A erkannt. Dieser ging aber von der Gutgläubigkeit des H aus, weshalb es an einem gemeinsamen Tatplan fehlt.

II. §§ 223 I, 224 I Nr. 1, 25 I Alt. 2 StGB

Die zur Gesundheitsschädigung führende Verabreichung des Brechmittels durch H könnte dem A nach § 25 I Alt. 2 StGB zurechenbar sein. Voraussetzung ist, dass A, vermittelt durch einen Verursachungsbeitrag, Tatherrschaft über das Geschehen hatte. Nach aA genügt jeder Verursachungsbeitrag, wenn er mit Täterwillen geleistet wurde. Problematisch an der Konstruktion der mittelbaren Täterschaft ist vorliegend, dass das vermeintliche Werkzeug H wider Erwarten bösgläubig war.

1. Die Rspr. würde auf der Grundlage der von ihr vertretenen subjektiven Theorie auch bei einem voll verantwortlichen Tatmittler zur Annahme mittelbarer Täterschaft gelangen, weil der A die Tat als eigene wollte und aufgrund seiner Annahme, H würde seinem Plan entsprechend handeln, auch Willen zur Tatherrschaft hatte.

2. Demgegenüber würde die Tatherrschaftslehre eine Zurechnung ablehnen, da der Hintermann über den voll verantwortlichen Tatmittler keine Herrschaft ausübt. Vielmehr durchschaute H den gesamten Plan des A, weshalb es diesem an einer Wissensüberlegenheit fehlt.

Umstritten ist innerhalb der Tatherrschaftslehre nur die Folgefrage, wie der Hintermann stattdessen zu bestrafen ist. Denkbar wäre ein Versuch der mittelbaren Deliktsbegehung, als auch daneben die Annahme einer vollendeten Anstiftung.

3. Für die Rspr. spricht das Ergebnis. Der Hintermann kann wegen des vollendeten Delikts bestraft werden, wobei nur ein Vorsatzproblem vorliegt. Letztlich würde damit aber eine reine Gesinnungsstrafbarkeit statuiert, die eine hinreichend klare Erfassung des mittelbaren Täters aufgrund der Herbeiführung des tatbestandlichen Erfolgs unter eigener Herrschaft verhindert.

III. §§ 223 I, 224 I Nr. 1, 25 I Alt. 2, 22, 23 I StGB

Anmerkung: Es handelt sich um eine versuchte Körperverletzung in mittelbarer Täterschaft und nicht um eine versuchte mittelbare Täterschaft. Letzteres wäre nur anzunehmen, wenn die Haupttat nicht ins Versuchsstadium gekommen wäre. Die Existenz der versuchten mittelbaren Täterschaft ist zudem schon im Grundsatz streitig (eA will § 30 I StGB anwenden, aA versteht „Bestimmen" nur als Anstiftung).

1. Eine vollendete Körperverletzung in mittelbarer Täterschaft liegt nicht vor (s.o.), der Versuch ist strafbar, §§ 223 II, 224 II StGB.

2. Vorbehaltloser Tatentschluss

A`s Vorsatz war darauf gerichtet, mittels des H als Werkzeug eine gefährliche Körperverletzung zu begehen. A wollte, dass der H dem N in Verkennung der Lage das Brechmittel als Brausepulver verabreicht. Nach seiner Vorstellung hatte er Tatherrschaft kraft überlegenen Wissens, da H nicht davon ausgehen sollte, sein Verhalten würde den Tatbestand einer Körperverletzung erfüllen. Er hatte auch hinsichtlich der körperlichen Misshandlung und der Gesundheitsschädigung mittels der Beibringung eines gesundheitsschädlichen Stoffes Vorsatz, da es gerade sein Ziel war, den N außer Gefecht zu setzen und er die den Qualifikationstatbestand begründenden Umstände kannte.

3. Unmittelbares Ansetzen

Fraglich ist, wann bei einem Versuch in mittelbarer Täterschaft unmittelbar zur Verwirklichung des Tatbestandes angesetzt wird.

a) Möglich wäre eine Differenzierung danach, ob der Tatmittler gutgläubig (dann Versuchsbeginn mit dem aus der Hand Geben des Geschehens) oder bösgläubig (dann Versuchsbeginn erst, wenn der Tatmittler in die Opfersphäre eintritt) ist.

b) Nach aA beginnt der Versuch mit der Einwirkung des Hintermanns auf den Tatmittler.

c) Nach einer weiteren Ansicht ist das unmittelbare Ansetzen des Tatmittlers maßgebend.

d) Die hM nimmt Versuchsbeginn an, wenn der mittelbare Täter die Herrschaft über das Geschehen aus der Hand gibt. Das Versuchsstadium beginnt damit regelmäßig schon dann, wenn der mittelbare Täter den Tatmittler aus seinem Einflussbereich entlässt, so dass das jeweilige Rechtsgut aus seiner Sicht bereits konkret gefährdet ist.

e) A hat nach seiner Vorstellung unmittelbar zur Tat angesetzt, als er sich nach der Instruktion des H wieder auf seinen Platz gesetzt hat. Aus seiner Sicht hat er damit das weitere Geschehen aus der Hand gegeben, so dass die körperliche Unversehrtheit des N bereits konkret gefährdet erscheint. Denn nach der Vorstellung des A wird der Tatmittler H ohne wesentliche Zwischenschritte zur Tatbestandsverwirklichung ansetzen. Irrelevant ist dabei, dass H sich gar nicht steuern lassen wollte, weil er den Plan des A durchschaute. Zwar kann A der Taterfolg mangels Tatherrschaft über H nicht zugerechnet werden. Allerdings hat A durch das Einwirken auf H selbst unmittelbar angesetzt.

4. Rechtswidrigkeit/Schuld

Erg.: A ist strafbar wegen versuchter gefährlicher Körperverletzung in mittelbarer Täterschaft.

IV. §§ 223 I, 224 I Nr. 1, 26 StGB

1. Eine vorsätzlich begangene, rechtswidrige Haupttat des H liegt vor, weil H das Geschehen umrissen hat und vollverantwortlich handelte (s.o.).

2. Objektiv hat A bei H den Tatentschluss zur Begehung einer gefährlichen Körperverletzung hervorgerufen.

3. Vorsatz bzgl. Bestimmens?

A ging davon aus, H sei gutgläubig, so dass er Tatherrschaft über ihn hätte. Tatsächlich war H bösgläubig. A wollte damit mittelbarer Täter und nicht Anstifter sein.

a) EA verneint deshalb den Anstiftervorsatz, weil Täterwille und Anstiftervorsatz etwas kategorial Unterschiedliches seien. Die Annahme von Anstiftervorsatz in der vorliegenden Konstellation sei deshalb eine bloße Unterstellung.

b) Die hM bejaht demgegenüber das Vorliegen von Anstiftervorsatz. Wer Täterwille habe, habe auch Anstiftervorsatz, da der Wille zur Anstiftung als Minus im Willen zur Täterschaft enthalten sei.

c) Diese Umdeutung des Vorsatzes ist aber nur dann möglich, wenn die Anstiftung nicht mit einer höheren Strafe belegt ist als die Täterstrafe. Sie scheidet daher im Verhältnis von § 154 zu § 160 StGB aus, weil die Strafandrohung für die Täterschaft in § 160 StGB geringer ist, als diejenige für die Anstiftung zu § 154 (s.u.).

A handelte auch bzgl. der vorsätzlichen rechtswidrigen Haupttat vorsätzlich. Der Umstand, dass H die Körperverletzung vollverantwortlich begangen hat, ist eine unwesentliche Abweichung vom vorgestellten Kausalverlauf.

4. Rechtswidrigkeit/Schuld

Erg.: A ist strafbar wegen Anstiftung zur gefährlichen Körperverletzung. Die versuchte Körperverletzung in mittelbarer Täterschaft tritt hinter die vollendete Anstiftung im Wege der Gesetzeskonkurrenz (Subsidiarität) zurück.

2. Tatkomplex: Freundschaftsdienste

A. Strafbarkeit des Stefan (S)

I. § 153 StGB

1. Aussage ist die unmittelbar gesprochene Schilderung von Tatsachen, dh von vergangenen oder gegenwärtigen Ereignissen. Falsch ist die Aussage, wenn sie im Hinblick auf den Vernehmungsgegenstand der Wahrheit nicht entspricht, also die Wirklichkeit unzutreffend wiedergibt. Der Wahrheitspflicht unterliegen die Angaben, die Gegenstand der Vernehmung sind (§ 68 StPO). Der *Beurteilungsmaßstab* ist allerdings umstritten.

a) Nach der objektiven Theorie ist maßgeblich, ob der Inhalt der Aussage mit der objektiven Sachlage übereinstimmt.

b) Nach der subjektiven Theorie ist der Vergleich des Aussageinhalts mit dem Vorstellungsbild der aussagenden Person entscheidend.

c) Die Pflichttheorie schließlich hebt auf die Verletzung der prozessualen Wahrheitspflicht ab. Falsch ist eine Aussage demnach, wenn sie nicht dasjenige Wissen der Aussageperson wiedergibt, das diese bei pflichtgemäßer Prüfung ihres Wahrnehmungs- und Erinnerungsvermögens haben könnte.

d) Die Aussage des S stimmt nicht mit der objektiven Sachlage überein und verletzt die Wahrheitspflicht des S. Darüber ist sich dieser auch bewusst. Seine Aussage ist falsch.

2. Vor einer zuständigen Stelle meint eine Stelle, die zur eidlichen Vernehmung von Zeugen und Sachverständigen zuständig ist. Exemplarisch hervorgehoben sind *Gerichte*.

3. Täter des § 153 StGB können nur Zeugen und Sachverständige sein. Diese Stellung kann nur eine unmittelbar vor der zuständigen

Stelle aussagende Person haben; der „Zeuge vom Hörensagen“ wird also nicht von § 153 StGB erfasst. Da sich im Zivilprozess die Stellung von Partei und Zeuge gegenseitig ausschließen, fallen unbeeidete Parteiaussagen nicht unter § 153 StGB (die eidliche Falschaussage einer Partei wird aber von § 154 StGB erfasst).

S hat vor Gericht als Zeuge falsch ausgesagt. Da § 153 StGB ein schlichtes Tätigkeitsdelikt ist, ist der Tatbestand bereits mit Abschluss der Vernehmung („Keine weiteren Fragen“) vollendet (*Otto* § 97 Rn. 37).

4. S handelte vorsätzlich. Er hat die objektive Falschheit der Aussage und die Zuständigkeit des Gerichts zur eidlichen Vernehmung erfasst.

Erg.: S ist strafbar der falschen uneidlichen Aussage

II. § 154 I StGB

1. Ein Eid ist die förmliche Versicherung der Wahrheit einer Aussage. Die Förmlichkeit bestimmt sich nach den jeweiligen Verfahrensvorschriften. Im Strafprozess ist der sog. Nacheid die Regel.

2. Falsch schwören bedeutet, dass sich der Eid auf eine inhaltlich falsche Aussage beziehen muss, deren Wahrheit beschworen wird.

S hat seine zuvor vorsätzlich getätigte Falschaussage beschworen. Auch handelte er vorsätzlich, da er insbesondere die Zuständigkeit der den Eid abnehmenden Stelle für gegeben hielt und die Unrichtigkeit seines Aussageinhalts, sowie die Verpflichtung zu wahrheitsgemäßen Angaben kannte.

Erg.: S ist strafbar wegen Meineids. Dieser ist lex specialis zu § 153 StGB.

III. § 258 I StGB

1. *Vortat* des H ist die gegenüber N begangene gefährliche Körperverletzung. Damit bestand ein materiell begründeter Sanktionsanspruch des Staates, der Gegenstand einer Vereitelung sein kann.

2. Die Vereitelung einer *Strafe* setzt voraus, dass nicht nur eine rechtswidrige und tatbestandsmäßige, sondern auch eine verschuldete Tat gegeben ist, bei der weder ein persönlicher Strafausschließungsgrund noch ein Verfahrenshindernis eingreift. Die Vortat des H war auch strafbar.

3. *Vereiteln* ist die *Besserstellung des Vortäters* im Hinblick auf den staatlichen Anspruch auf Verhängung der Strafe, verursacht durch

die Tathandlung (vgl. BT/2 Rn. 248 ff.). § 258 I StGB ist ein Erfolgsdelikt, dh allein die Vornahme der Vereitelungshandlung führt nicht zur Vollendung, vielmehr muss es tatsächlich zu einer Besserstellung des Vortäters kommen. Dies ist erfüllt, wenn ohne das Eingreifen des Täters eine frühere Bestrafung des Vortäters mit an Sicherheit grenzender Wahrscheinlichkeit erfolgt wäre (BGH NJW 2016, 3110). Aufgrund der begünstigenden Falschaussage des S musste H freigesprochen werden. Damit wurde der tatsächlich bestehende staatliche Strafanspruch beeinträchtigt.

4. Kausalität zwischen Falschaussage und Freispruch liegt in Form kumulativer Kausalität (dazu Rn. 12) zwischen den Aussagen von S und P vor.

5. Hinsichtlich der Tathandlung und des Vereitelungserfolgs wird direkter Vorsatz vorausgesetzt, hinsichtlich der Vortat genügt nach hM bedingter Vorsatz. Hier kam es S gerade darauf an, seinem Freund H einen Freundschaftsdienst zu erweisen, ihn also besser zu stellen.

Erg.: S ist strafbar wegen Strafvereitelung. Diese steht, da sie im Vergleich zu § 154 StGB ein unterschiedliches Rechtsgut schützt, dazu in Tateinheit.

IV. § 164 StGB ist nicht verwirklicht, weil keine konkrete andere Person verdächtigt wurde.

Exkurs (OLG Stuttgart bei *Jahn* JuS 2018, 591): Tatsächliche Behauptungen in Bezug auf eine in Wirklichkeit nicht existierende Person unterfallen § 164 II StGB nicht; der Angeklagte hatte ein Fahrverbot verwirkt, fand über eine Internetseite aber Kontakt zum unbekannten U, der gegen Geldzahlung den Anhörungsbogen ausfüllte und angab, eine nicht existente Person Y sei der Fahrer.

V. § 145d II Nr. 1 StGB

Der Tatbestand erfasst die versuchte Täuschung über den Beteiligten an einer rechtswidrigen Tat und will die Strafrechtspflege vor unnützer Inanspruchnahme und der damit verbundenen Schwächung der Verfolgungsintensität schützen. S hat dem H nur ein falsches Alibi verschafft, ohne die Verfolgungsorgane auf eine falsche Spur zu führen.

B. Strafbarkeit des Peer (P)

I. § 153 StGB

Legt man den Maßstab der subjektiven Theorie an, ist die Aussage P`s nicht falsch, da der Aussageinhalt mit dem Vorstellungsbild des

P übereinstimmt. Auch die Pflichttheorie kommt zu diesem Ergebnis, da bei weiterer kritischer Prüfung der Aussage, P zu keinem anderen Ergebnis gekommen wäre. Die objektive Theorie kommt hingegen zu dem Ergebnis einer falschen Aussage, weil diese nicht mit der Wirklichkeit übereinstimmt. Allerdings fehlt es am Vorsatz. Dieser muss sich neben der Zuständigkeit des Gerichts auch auf die objektive Falschheit der Aussage beziehen. P war aber davon überzeugt, am Tattag mit H beim Fußball gewesen zu sein.

II. § 161 I StGB

1. Objektiv hat P eine falsche Aussage beschworen.

2. P ist kein Fahrlässigkeitsvorwurf zu machen. Dem Sachverhalt sind keine Anhaltspunkte für eine Verletzung der objektiven Sorgfaltspflicht zu entnehmen. Die Pflicht eines Zeugen ist es nur, sein Gedächtnis zur Erinnerung des richtigen Sachverhalts anzustrengen. Eine allgemeine Erkundigungs- oder Nachforschungspflicht zur Vorbereitung auf die Vernehmung trifft den Zeugen nicht, vgl. *Fischer* § 161 Rn. 6.

III. § 258 I StGB

Der objektive Tatbestand der Strafvereitelung ist erfüllt, da auch P`s Aussage zusammen mit der des S (kumulativ) kausal für den Freispruch und damit für die Vereitelung des staatlichen Strafanspruchs wurde. Allerdings fehlt es sowohl am direkten Vorsatz hinsichtlich der Vereitelung, als auch am mindestens bedingten Vorsatz hinsichtlich der Vortat, weil P davon ausging, tatsächlich mit H unterwegs gewesen zu sein.

Erg.: P bleibt straflos.

C. Strafbarkeit des Helge (H) bzgl. der Aussage des S

I. §§ 154 I, 26 StGB

Zwar liegt eine vorsätzlich begangene, rechtswidrige Haupttat des S vor, der objektiv auch von H zu seiner Falschaussage bestimmt wurde. Allerdings fehlt es am Vorsatz des H bzgl. des Bestimmens des S. H ging davon aus, S würde gutgläubig falsch aussagen. Er hatte deshalb Täterwillen und keinen Anstiftungswillen. Selbst die hM, die im Täterwillen den Willen zur Anstiftung als Minus mit enthalten sieht, lehnt in der vorliegenden Konstellation den Anstiftungsvorsatz ab. Die Anstiftung ist vorliegend mit einer höheren Strafe (§ 26 StGB: „gleich einem Täter" → § 154 StGB: „Freiheitsstrafe nicht unter einem Jahr", dh Strafrahmen 1–15 Jahre, wegen

§ 38 II StGB) bedroht, als die mittelbare Täterschaft (§ 160 StGB: „Freiheitsstrafe bis zu zwei Jahren oder mit Geldstrafe“). Die Umdeutung des Vorsatzes wäre für den Täter nachteilig, da sie die gesetzlich vorgesehene Privilegierung des mittelbaren Täters in § 160 StGB umgehen würde.

II. §§ 154 I, 25 I Alt. 2 StGB

Bei eigenhändigen Delikten, als auch bei Sonderdelikten, wenn dem Hintermann die Sondereigenschaft fehlt, ist mittelbare Täterschaft nicht möglich. Der Meineid stellt wie alle Aussagedelikte ein eigenhändiges Delikt dar.

III. § 160 I StGB

§ 160 StGB stellt einen gesetzlich geregelten Fall mittelbarer Täterschaft dar. Unter den Anwendungsbereich fallen deshalb nur die Konstellationen, in denen die aussagende Person gutgläubig falsch aussagt. S war bösgläubig.

1. Nach der hM liegt dennoch eine Vollendung des § 160 StGB vor, da die Vorsatztat des S die von H gewollte unvorsätzliche Tat umfasst. Aufgabe des § 160 StGB sei es, diejenigen Fälle zu erfassen, die als Anstiftung nicht erfasst werden können.

2. Nach aA stellt sich der Vorsatz des S als Exzess dar, der nach allgemeinen Grundsätzen nicht zugerechnet werden kann, weshalb nur ein Versuch des Verleitens (§ 160 II StGB) in Betracht kommt.

3. Verleiten meint ein Einwirken auf den Willen der aussagenden Person durch beliebige Mittel. Subjektiv muss die Einwirkung darauf gerichtet sein, die andere Person zu einer unvorsätzlichen Falschaussage zu bringen. Damit ist ein Verständnis des § 160 I StGB als allgemeiner Auffangtatbestand nicht vereinbar, weil es eine Extension der Strafbarkeit zu Lasten des Täters bedeuten würde. Auch dogmatisch ist der auf einer fehlgehenden Anwendung der Deliktsform der Pflichtdelikte beruhende Kunstgriff der hM nicht vonnöten, weil der Gesetzgeber in § 160 II StGB eine Versuchsstrafbarkeit vorgesehen hat.

Erg.: H ist nicht wegen § 160 I StGB strafbar.

IV. §§ 160 II, 22, 23 I StGB

1. Vollendung ist nicht eingetreten, da H den S nicht verleitet hat. Der Versuch ist strafbar nach § 160 II StGB.

2. Der Tatentschluss des H war darauf gerichtet, den zerstreuten und aus seiner Sicht gutgläubigen S in den Glauben zu versetzen, die Freunde hätten zur Tatzeit miteinander Fußball gespielt. Er wollte damit auf den Willen des S einwirken und diesen zu einer unvorsätzlichen Falschaussage bringen.

3. Durch die Unterredung mit S, in der H auf das vermeintliche Fußballspiel zu sprechen kam, hat er die kritische Schwelle zum „Jetzt geht`s los" überschritten.

4. Rechtswidrigkeit/Schuld

Erg.: H ist strafbar wegen versuchter Verleitung zur Falschaussage.

V. §§ 258 I, 25 I Alt. 2 StGB

Voraussetzung einer mittelbaren Täterschaft ist das Vorliegen aller objektiven Tatbestandsmerkmale beim mittelbaren Täter, wobei die Tathandlung über § 25 I Alt. 2 StGB zugerechnet werden kann. Zwar wollte H den S dazu veranlassen, durch seine Falschaussage kausal für den Freispruch zu werden. § 258 I StGB verlangt jedoch die Vereitelung, dass „ein anderer" bestraft wird. Die persönliche Selbstbegünstigung ist tatbestandslos. Derjenige, zu dessen Gunsten die Tat begangen wird, kann nicht Täter und damit auch nicht mittelbarer Täter der Strafvereitelung sein.

Auch ein untauglicher Versuch der Strafvereitelung in mittelbarer Täterschaft kommt nicht in Betracht, da sich H nicht eine Situation vorstellt, die, wenn sie Vorliegen würde, die Voraussetzungen eines Straftatbestandes erfüllt.

VI. §§ 258 I, 26 StGB

Es liegt eine Strafvereitelung, begangen durch S, vor, zu der dieser von H bestimmt wurde. Dass S vorsätzlich die Strafvereitelung beging, kann als unwesentliche Abweichung des Kausalverlaufs begriffen werden (aA vertretbar). Auch der Vorsatz des H bzgl. des Bestimmens des S kann mit der hM als Minus im Tätervorsatz enthalten begründet werden (s.o.). Allerdings enthält § 258 V StGB einen persönlichen Strafausschließungsgrund. Da eine dem § 257 III 2 StGB vergleichbare Regelung fehlt und eine Analogie zu Lasten des Anstifters wirken würde, bleibt der Vortäter, der einen nicht an der Vortat Beteiligten zur Strafvereitelung anstiftet, straflos.

Eine derartige Selbstbegünstigung ist nach der Rspr. auch dann straflos, wenn die Befürchtung eigener Strafverfolgung unbegründet ist.

D. Strafbarkeit des Helge (H) bzgl. der Aussage des P

I. § 160 StGB

1. H hat auf den Willen des P eingewirkt und damit dessen unvorsätzliche Falschaussage verursacht.

2. Allerdings ging H davon aus, P würde sich an den besagten Tag erinnern und er müsse in ihm den Willen zu einer vorsätzlichen Falschaussage hervorrufen. Die Einwirkung war deshalb nicht darauf gerichtet, eine andere Person zu einer unvorsätzlich falschen Aussage zu bringen. Eine Umdeutung des Anstiftervorsatzes in einen Täterwillen kommt nicht in Betracht. Der Täterwille ist als „Mehr" nicht im „Weniger" des Anstiftervorsatzes enthalten. Demgegenüber will eine mM auch bei Verleitung einer vermeintlich bösgläubigen Person zur Falschaussage ein vollendetes Delikt annehmen. Begründet wird dies damit, dass bei einer Verurteilung wegen versuchter Anstiftung nicht zum Ausdruck käme, dass der Hintermann den von ihm erstrebten äußeren Erfolg erreicht hat.

II. Eine Strafbarkeit nach **§§ 154 I, 26 I StGB** ist nicht gegeben, weil keine vorsätzlich begangene, rechtswidrige Haupttat vorliegt. P hat unvorsätzlich falsch ausgesagt. Demgegenüber will eine vereinzelt gebliebene mM eine vollendete Anstiftung als Auffangbeteiligungsform annehmen, weil eine mittelbare Täterschaft mangels Täterqualität bei eigenhändigen Delikten nicht möglich ist. Dies widerspricht offensichtlich § 26 StGB, wonach eine Teilnahme nur an vorsätzlicher Haupttat möglich ist.

III. §§ 154 I, 30 I StGB

1. Der Anstiftungserfolg ist nicht eingetreten. Eine vorsätzliche Haupttat wurde von P nicht begangen.

2. Vorsatz des H, den P zu einem Verbrechen (§ 12 I StGB) anzustiften. Der Meineid ist ein Verbrechen. H ging davon aus, P würde sich an alles erinnern, er hatte somit den Willen, bei P den Tatentschluss zur Begehung eines Meineids hervorzurufen.

3. Aus Sicht des H bestand eine unmittelbare konkrete Gefährdung der staatlichen Rechtspflege, da P nach erfolgter Aussprache fest entschlossen war auszusagen, dass die Freunde zur Tatzeit zusammen gewesen wären.

4. Rechtswidrigkeit/Schuld

Erg.: H ist strafbar wegen versuchter Anstiftung zum Meineid. Die mitverwirklichte versuchte Anstiftung zur falschen uneidlichen

Aussage (§§ 159, 153, 30 I StGB = Erweiterung des § 30 StGB für die Variante der versuchten Anstiftung zum Vergehen (!) der §§ 153, 156 StGB) tritt dahinter aus Spezialitätsgründen zurück.

IV. §§ 258 I, 26 StGB ist mangels vorsätzlicher Haupttat nicht verwirklicht. Zudem hindert § 258 V StGB eine Bestrafung.

V. §§ 258 I, 25 I Alt. 2 StGB ist ebenfalls nicht verwirklicht, da kein Wille des H zur Ausnutzung der Herrschaft kraft überlegenen Wissens bestand. Zudem ist H als derjenige, zu dessen Gunsten die Tat begangen wird, kein „anderer".

VI. §§ 258 I, 30 I StGB ist bereits konstruktiv ausgeschlossen. Es handelt sich bei der Strafvereitelung um kein Verbrechen.

Erg.: H hat das Briefing mit S und P zu unterschiedlichen Zeiten durchgeführt. Die versuchte Verleitung zur Falschaussage und die versuchte Anstiftung zum Meineid stehen zueinander in Tatmehrheit, § 53 StGB.

Stichwortverzeichnis

Die Zahlen beziehen sich auf Randziffern.